ERICH WYLUDA

Studien zur Entstehung des preußischen Beamtentums

Schriften zur Verfassungsgeschichte

Band 9

Lehnrecht und Beamtentum

Studien zur Entstehung des preußischen Beamtentums

Von

Dr. Erich Wyluda

DUNCKER & HUMBLOT / BERLIN

Alle Rechte vorbehalten
© 1969 Duncker & Humblot, Berlin 41
Gedruckt 1969 bei Buchdruckerei Bruno Luck, Berlin 65
Printed in Germany

Vorwort

Betrachtet man das moderne Beamtenrecht in seiner heutigen Gestalt, so entdeckt man zahlreiche Eigentümlichkeiten, die uns aus der gegenwärtigen Rechtsordnung heraus nur schwer erklärlich sind. Oft scheinen die Regelungen keinen praktischen Nutzen nach sich zu ziehen, so daß für uns der Grund ihres Entstehens nicht ersichtlich ist. Manche Bestimmungen gar laufen unserem Rechtsempfinden völlig zuwider.

Ein besonders deutliches Beispiel ist der Eid, den jeder Beamte bei seinem Dienstantritt abzulegen hat. Diese Vorschrift ist um so unverständlicher, als ein Angestellter, der zumindest bei einfacheren Tätigkeiten häufig in gleicher Weise eingesetzt wird wie der Beamte, lediglich formlos versichern muß, er werde das Amtsgeheimnis wahren.

Die Hoffnung, daß diese und ähnliche Erscheinungen des heutigen Beamtenrechts sich aus seiner Geschichte erklären lassen, trügt. Zieht man nämlich den Rahmen verhältnismäßig eng und betrachtet man lediglich die Geschichte des Beamtentums moderner Prägung, so finden sich auch in ihr zahlreiche Ungereimtheiten, für die eine einfache und eindeutige Erklärung nicht ersichtlich ist. Es bleibt daher nur der Weg, den Sinn bestimmter Regelungen bei den Vorläufern unseres Beamtenrechts zu suchen.

Sehr schnell stößt man dabei auf das Lehnrecht, einen der in Betracht kommenden Vorgänger. Auch in diesem Rechtskreis hatte der Lehnmann seinem Herrn z. B. einen Eid zu leisten.

Der Gedanke liegt daher nahe, daß das Beamtenrecht dieses und andere Institute des Lehnrechts übernommen hat.

Zur Prüfung dieser These gilt es vor allem zu untersuchen, in welcher Periode das moderne Beamtentum entstand. Weiterhin fragt es sich, ob es in dieser Zeit öffentliche Aufgaben der Vasallen übernahm. Denn in jener Epoche müßte am ehesten eine weitgehende Gleichbehandlung beider Stände nachzuweisen sein, die zu einem Übergang lehnrechtlicher Elemente in das Beamtenrecht geführt haben könnte. Diese Rezeption und das Ausmaß der Entsprechungen von Lehn- und Beamtenrecht sollen dann am Beispiel des Eides dargelegt werden.

Inhaltsverzeichnis

Abkürzungsverzeichnis 14

1. Kapitel

Zu Geschichte und Wesen des Lehnrechts

A. Begründung für die Darstellung von Lehnrecht und Lehnwesen 15
B. Die Geschichte des Lehnwesens 15
    I. Das Lehnwesen der Merowingerzeit 15
        1. Die Vasallität 16
        2. Das Benefizium 17
    II. Das karolingische Lehnwesen 17
        1. Die Landvergabe an Vasallen als Regelfall 17
        2. Der Anlaß für die Vereinigung von Vasallität und Benefizium 18
        3. Die Begründung des Lehnverhältnisses 19
        4. Die Erblichkeit der Lehen 20
        5. Die Lehnobjekte 21
            a) Die Vielfalt der Lehnobjekte 21
            b) Ämter und Gerichtsbarkeiten als Lehen 22
        6. Die Doppelvasallität 24
        7. Die Kronvasallen 24
        8. Ergebnis 25
    III. Das klassische Lehnwesen 26
        1. Die Bedeutung des Lehnrechts für die Nachfolgestaaten des
           Karolingerreiches 26
            a) Lehnrechtliche Besonderheit in Frankreich: Die Ligesse .. 26
            b) Die Bedeutung des Lehnrechts in Deutschland 27
                aa) Otto I. 27
                bb) Konrad II. 28
                cc) Friedrich I. 28

2. Die Heerschildordnung 29
3. Hof- und Heerfahrt als Vasallendienste 29
4. Die Natur des Lehnverhältnisses im klassischen Lehnwesen .. 30
5. Die Ministerialen 31
    a) Der Status der Ministerialen 31
    b) Die Dienstlehen 31
    c) Die Rangerhöhung der Ministerialen 32
    d) Die Ministerialen in den Territorien 33

IV. Das Lehnwesen in der Zeit der Rechtsbücher 33
1. Das Wesen der Lehnverhältnisse nach dem Sachsenspiegel 34
2. Die Bedeutung des römischen Rechts für das Lehnrecht 34
3. Die Bedeutung des Lehnwesens für die Verwaltung 35

V. Die Zeit der Rezeption 35
1. Das Wesen des Lehnverhältnisses 36
2. Das Verhältnis des Lehnwesens zur Verwaltung 36
3. Bürger- und Bauernlehen 37
4. Die Zünfte 37
5. Bergrechtliche Verleihungen 38

VI. Das Lehnwesen des 18. und 19. Jahrhunderts 39
1. Das Lehen als privatrechtliches Institut 39
2. Das Lehnwesen in Preußen 39

C. *Ergebnis* 40

2. Kapitel

Die Zeit des Übergangs (vom 14. bis ins 19. Jahrhundert)

A. *Mögliche Ursachen für die weitgehende Übereinstimmung von Lehn- und Beamtenrecht* 42

    I. Gleiche Aufgaben als Grund für gleiche Rechtsinstitute 43

    II. Übernahme lehnrechtlicher Institute in das Beamtenrecht 43

    III. Merkmale einer Übergangszeit 44

Inhaltsverzeichnis 9

B. *Die Übergangszeit in Brandenburg-Preußen* 44

  I. Gründe für die Übernahme der bisher von den Lehnleuten versehenen Verwaltungsaufgaben durch die Beamten 45

    1. Die geschichtliche Situation 45
    2. Machtverluste der Landesherren durch Verschleuderung der Regalien 46
      a) Die Zeit vor den Hohenzollern 46
        aa) Nutzung der Regalien durch die Landesherren selbst .. 46
        bb) Übertragung landesherrlicher Regalien und Besitzungen auf andere Rechtsträger 47
          α) Erwerb der Regalien durch die Städte 48
          β) Der Adel als Inhaber der Regalien 49
        cc) Die Erwerbsobjekte 49
      b) Die Zeit der Hohenzollern 50
        aa) Die Erwerbsobjekte 51
        bb) Die Belehnung als Belohnung 52
    3. Machtzuwachs der Stände durch den Erwerb der Regalien 52
      a) Die Angehörigen der Stände als Gerichtsobrigkeiten 54
      b) Die Mitglieder der Stände 55
    4. Zwischenergebnis 55

  II. Nebeneinander von lehn- und beamtenrechtlichen Institutionen .. 55

  III. Gleichartige Verwaltungsfunktionen von Lehnleuten und Beamten 56

    1. Machtzuwachs des Landesherrn 56
    2. Erlasse des Landesherrn an Vasallen und Beamte gemeinsam 56
      a) Die nichtdifferenzierende Aufzählung von Lehnleuten und Beamten 57
      b) Die Bedeutung der Worte „Amtmann" und „Beamter" 59
      c) Gründe für die gemeinsame Nennung von Lehnleuten und Beamten 60
      d) Die Verweisung von einer Gruppe der Verwaltungsträger auf die andere 61
      e) Zwischenergebnis 63
      f) Das Ende der Übergangsperiode in der Verwaltung 63

  IV. Die Gleichbehandlung von Lehnleuten und Beamten auf Gebieten, die mit ihrer Verwaltungstätigkeit nur mittelbar zusammenhängen 64

    1. Die Exemtion 64

- a) Die Exemtion im engeren Sinne 65
  - aa) Das Hofgericht 65
  - bb) Die Ebenbürtigkeit des Richters mit den Parteien 66
  - cc) Die Exemtion der Beamten 67
  - dd) Sachliche Differenzierungen bei der Exemtion 67
  - ee) Die Einheitlichkeit der Exemtion von Lehnleuten und Beamten 69
  - ff) Der Personenkreis der Eximierten 70
  - gg) Das Ende der Exemtion im engeren Sinne 70
- b) Die Exemtion im weiteren Sinne 71
  - aa) Die Exemtion von bürgerlichen Diensten 71
  - bb) Die Exemtion von Steuern 71
    - α) Die Exemtion von indirekten Steuern 72
    - β) Die Exemtion von direkten Steuern 74
  - cc) Die Exemtion von Zöllen 75
  - dd) Die Exemtion von Ausfuhrverboten 77
  - ee) Sonstige Exemtionen im weiteren Sinne 79
  - ff) Zwischenergebnis 79

2. Der Kriegsdienst 81
   - a) Die Verpflichtung der Lehnleute zum Kriegsdienst 81
   - b) Die Verpflichtung der Beamten zum Kriegsdienst 82
   - c) Die Änderung der Heeresorganisation 85
   - d) Der Kriegsdienst der Beamten am Beginn des 19. Jahrhunderts 87
   - e) Die Rechtsgrundlage des Heeresdienstes 87

3. Das Verbot, das Land zu verlassen oder in andere Dienste zu treten 88
   - a) Das für Lehnleute geltende Verbot 88
   - b) Das für Beamte geltende Verbot 89

4. Die Ligesse 90
   - a) Die Ligesse bei den Vasallen 90
   - b) Die Ligesse bei den Beamten 91

5. Das Besoldungswesen 93
   - a) Der Zweck der Belehnungen 93
   - b) Der Zweck der Besoldung 94
   - c) Zwischenergebnis 95

Inhaltsverzeichnis

    6. Das precarium 96
    7. Amts- oder Adelsverleihung gegen Geld 97
    8. Ergebnis 98
V. Lehnleute in Beamtenstellungen 99
    1. Die zentrale Verwaltung 99
        a) Die Beamten am Hofe 99
            aa) Die Inhaber der obersten Hofämter 99
            bb) Die kurfürstlichen Räte 100
                α) Der „Rat und Diener" 102
                β) Der „Mann und Diener" 103
        b) Das Beamtenrecht als Sonderform des Lehnrechts? 104
            aa) Gegengründe 105
                α) Unterschiedlichkeit der Quellen einzelner Verwaltungsstellen 105
                β) Mehrere Quellen des Beamtenrechtes 107
            bb) Zwischenergebnis: Das Beamtenrecht ist keine Sonderform des Lehnrechtes 109
            cc) Erklärung der Zwischenformen 109
        c) Die Stände als Berater des Landesherrn 110
        d) Der Geheime Rat 111
        e) Die oberen Instanzen der Zentralverwaltung 112
        f) Zwischenergebnis 113
    2. Die Verwaltung in den Provinzen 113
        a) Die Landeshauptleute 113
        b) Die Amtmänner 116
        c) Die Schulzen 118
    3. Zwischenergebnis 119
    4. Der Kampf der Vasallen um ihren Platz in der Beamtenschaft 119
        a) Die Ausbildung als Voraussetzung für die Aufnahme in die Beamtenschaft 120
        b) Die doppelte Treubindung des als Beamter tätigen Vasallen 120
        c) Das Beamtenverhältnis als persönliches Band zum Herrscher 122
    5. Die Trennung von Lehn- und Beamtenwesen 123
VI. Das Generalerbpostmeisteramt zwischen Lehn- und Beamtenwesen 124
C. Ergebnis 126

3. Kapitel

Lehneid und Beamteneid

A. *Der Treuebegriff* 127
    I. Das Fehlen des Treueides in der gallorömischen Vasallität 127
    II. Die Einführung der Treue in das Vasallitätsverhältnis 128
        1. Der negative Kern der Treue 129
        2. Die Ethisierung der Treue 129
        3. Die Relativierung der Vasallität durch die Treue 130
        4. Die nicht-ethisierende Auffassung von der Treue 130

B. *Der Treueid in Lehn- und Beamtenrecht* 132
    I. Die umfassende Treuformel im Lehneid 132
    II. Die Aufzählung von Einzelpflichten in den Eiden 133
        1. Die „consilium-atque-auxilium"-Formel 134
        2. Die Formel „getreu, hold, gehorsam und gewärtig" 136
            a) Im Lehneid 136
            b) Im Beamteneid 138
        3. Die Formel „Nutzen und Frommen fördern, Schaden und Nachteil wenden" 139
            a) Im Lehneid 140
            b) Im Beamteneid 141
        4. Die Pflicht, dem Herrn alles Wissenswerte mitzuteilen 143
            a) Im Lehneid 144
            b) Im Beamteneid 144
        5. Die Pflicht zur Geheimniswahrung 145
        6. Die Pflicht, keinen gegen den Herrn gerichteten Plan zu unterstützen 147
        7. Die Verpflichtung zur Unbestechlichkeit 147
        8. Die „Auffangformel" in Lehn- und Beamteneid 148
        9. Zwischenergebnis 150
    III. Bekräftigungsformeln in Lehn- und Beamteneid 151
        1. Die Formel „nach höchstem Vermögen" 151
        2. Die Formel „an arg und ane geverde" 152
    IV. Der Diensteid 153
        1. Im Beamteneid 153
        2. Im Lehneid 154
    V. Die Wandlungen des Beamteneides seit dem 18. Jahrhundert 156

C. *Ergebnis* 159

4. Kapitel

Ergebnis und Ausblick

A. Ergebnis	160
B. Ausblick	160
Quellen- und Literaturverzeichnis	164

Abkürzungsverzeichnis

a. A.	=	anderer Ansicht
a.a.O.	=	am angegebenen Orte
ähnl.	=	ähnlich
AGO	=	Allgemeine Gerichtsordnung für die Preußischen Staaten in der Fassung v. 1793
ALR	=	Allgemeines Landrecht für die Preußischen Staaten
Annalen	=	Annalen des Deutschen Reiches für Gesetzgebung, Verwaltung und Statistik, herausgegeben von Georg Hirth und Max Seydel, München und Leipzig
BayVerfGH	=	Bayerischer Verfassungsgerichtshof
BBG	=	Bundesbeamtengesetz vom 22. 10. 1965
BVerfGE	=	Entscheidungen des Bundesverfassungsgerichts — Amtliche Sammlung
bzw.	=	beziehungsweise
c.	=	causa
cap.	=	Kapitel
ders.	=	derselbe
d. h.	=	das heißt
Dig.	=	Digesten in Corpus Juris Civilis — 17. Auflage von Paul Krüger und Theodor Mommsen — Berlin 1963
DÖV	=	Die öffentliche Verwaltung, Zeitschrift für Verwaltungsrecht und Verwaltungspolitik — Stuttgart
Einl.	=	Einleitung
Forschungen	=	Forschungen zum Deutschen Recht — Im Auftrage der Akademie für Deutsches Recht herausgegeben von Franz Beyerle, Herbert Meyer und Karl Rauch — Weimar
GG	=	Grundgesetz für die Bundesrepublik Deutschland vom 23. 5. 1949
m. E.	=	meines Erachtens
MGH	=	Monumenta Germaniae historica
Nr.	=	Nummer
o. a.	=	oben angeführt
qu.	=	quaestio
RBG	=	Reichsbeamtengesetz vom 31. 3. 1873
Rdnr.	=	Randnummer
S.	=	Seite
SLR	=	Lehnrecht des Sachsenspiegels
sog.	=	sogenannt
Sp.	=	Spalte
Tit.	=	Titel
u. a.	=	unter anderem
usw.	=	und so weiter
vgl.	=	vergleiche
Vorträge und Forschungen	=	Vorträge und Forschungen, Herausgegeben vom Konstanzer Arbeitskreis für mittelalterliche Geschichte, geleitet von Theodor Mayer
z. B.	=	zum Beispiel
ZRG GA	=	Zeitschrift der Savigny-Stiftung für Rechtsgeschichte, Germanistische Abteilung — Weimar

Erstes Kapitel:

Zu Geschichte und Wesen des Lehnrechts

A. Begründung für die Darstellung von Lehnrecht und Lehnwesen

Zur Beantwortung der Frage, ob und in wieweit lehnrechtliche Elemente in unserem heutigen Beamtenrecht enthalten sind, bedarf es zunächst einer Darstellung des Lehnrechts. Dabei gilt es nicht nur festzustellen, ob die Gruppe von Menschen, deren Beziehungen untereinander und zu Dritten durch diesen Rechtskreis geregelt wurden, überhaupt ähnliche Funktionen wahrnahm.

Es ist darüber hinaus darauf zu achten, ob sie diese Aufgaben als Verwaltungsträger ihres Landes tatsächlich in einem ähnlichen Ausmaß wie die modernen Beamten versahen. Denn lediglich wenn dies zu bejahen ist, wird eine derartige Funktion auch ihre Spuren im Lehnrecht hinterlassen haben. Sollte dagegen die Verwaltungstätigkeit für die Lehnleute nichts als eine untergeordnete Nebenbeschäftigung gewesen sein, so dürfte sie kaum ihren Niederschlag in besonderen Bestimmungen des Lehnrechts gefunden haben. Nur im ersteren Fall erscheint daher ein Vergleich des Beamtenrechts mit dem Lehnrecht sinnvoll.

Ferner ist zu prüfen, ob die allgemeine Stellung der Lehnleute im Gemeinwesen derjenigen entspricht, die heute die Beamten einnehmen.

Ein Abriß des Lehnrechts und seiner Institutionen allein gewährt jedoch kein einigermaßen treffendes und vollständiges Bild von der Stellung der Lehnleute. Ihre Bedeutung ergibt sich nicht nur aus dem Lehnrecht und seinen Instituten. Es sind vielmehr die gesamten Lebensumstände zu berücksichtigen, da zwischen ihnen und den rechtlichen Gegebenheiten eine stete Wechselwirkung besteht. Lehnrecht und Lehnwesen bilden eine untrennbare Einheit und müssen hier daher in ihren Grundzügen und ihrem geschichtlichen Werden aufgezeigt werden.

B. Die Geschichte des Lehnwesens

I. Das Lehnwesen der Merowingerzeit

Das Lehnwesen setzte sich nach herkömmlicher Lehre aus zwei Elementen zusammen, dem persönlichen der Vasallität und dem dinglichen des Benefiziums[1].

---
[1] *Mitteis - Lieberich* S. 55; *Conrad* I S. 106.

1. Kapitel: Zu Geschichte und Wesen des Lehnrechts

1. Die Vasallität

Die Ursprünge der Vasallität liegen auch heute noch im Dunkel. Früher wurde die Auffassung vertreten, sie habe sich aus der germanischen Gefolgschaft entwickelt[2] und die merowingischen Antrustionen[3] seien ursprünglich gleichbedeutend mit den vassi dominici gewesen[4].

Heute neigt man eher zu der Ansicht, die Vasallität entstamme in ihrer ursprünglichen Form dem gallorömischen Rechtskreis[5]. Sie wurde durch die Kommendation begründet, mit der der Vasall versprach, dem Herrn zu dienen und ihm zu gehorchen[6]. Dafür hatte ihm dieser Schutz und Unterhalt zu gewähren[7].

Die Dienste waren zunächst nicht näher bestimmt. Der Herr konnte jeden beliebigen Dienst fordern[8], insbesondere niedere Knecht-, später aber in der Hauptsache Kriegsdienste[9].

Eine zweite Wurzel der Vasallität sieht man allerdings auch heute noch in der germanischen Gefolgschaft[10]. Durch sie wurde das Moment der Treue — begründet durch den ursprünglich zumindest für Antrustionen üblichen Treueid[11], der nun auch von den Vasallen zu leisten war — in die Vasallität alten Stils eingeführt[12]. So entstand eine neue Art der Vasallität[13].

Aus einem einseitigen, herrschaftsrechtlichen Gehorsamsverhältnis wurde durch das Eindringen des Begriffs der Treue ein Vertrag, der zu gegenseitigen Leistungen verpflichtete. Die Vertragsparteien standen einander nun gleichberechtigt gegenüber[14].

---

[2] *Roth* Feudalität S. 259 ff.; hierher tendierend wohl auch *Brunner - v. Schwerin* II S. 362; dagegen schon *Waitz* Lehnwesen S. 98, 108; vgl. auch *Rosenstock* S. 378 ff., nach dem das Lehnrecht aus dem Hausrecht entstanden ist.

[3] *Brunner - v. Schwerin* II S. 134 betrachten sie als besondere Gruppe des königlichen Gefolges, während *Mitteis - Lieberich* S. 22 und *Ganshof* Lehnswesen S. 3 trustis und comitatus, d. h. Gefolgschaft, gleichsetzen.

[4] *Roth* Beneficialwesen S. 382.

[5] So schon *Strykius* S. 5; *Waitz* Abhandlungen S. 305; *Mitteis* Lehnrecht S. 33; *Mitteis - Lieberich* S. 55; *Conrad* I S. 107.

[6] Zu den Formalien der Kommendation siehe *Ehrenberg* S. 22 ff.

[7] *MGH Form.* S. 158 Nr. 43.

[8] *Mitteis - Lieberich* S. 55; *Ganshof* Lehnswesen S. 7.

[9] *Conrad* I S. 107.

[10] Vgl. dazu *Eichhorn* Staatsgeschichte I S. 657 f.; *Gierke* I S. 93 ff.; zur Gefolgschaft: *Below* S. 220 f.

[11] *MGH Form.* S. 55 Nr. 18.

[12] *Scheyhing* S. 63.

[13] *Mitteis - Lieberich* S. 47, 56.

[14] *Mitteis* Lehnrecht S. 14; *Ganshof* Lehnswesen S. 6.

B. Die Geschichte des Lehnwesens

In dieser Form kannten die Franken seit der Merowingerzeit die Vasallität als eine zum Dienst verpflichtende Institution[15]. Die Dienstverpflichtung galt jedoch nur insoweit, als es mit der Eigenschaft als freier Mann zu vereinbaren war[16].

2. Das Benefizium

Auch das Benefizium, das spätere dingliche Element des Lehnwesens, war bereits in der Merowingerzeit bekannt. Das Wort „beneficium" war damals allerdings noch kein terminus technicus, sondern wurde häufig in dem ursprünglichen Wortsinne von „Wohltat" gebraucht[17]. Es bezeichnete also nicht unbedingt eine Landvergabung[18]. Krongut war lediglich das häufigste Objekt dieser Leihe auf Lebenszeit[19]. Das zeigen z. B. die Landschenkungen der Merowinger[20].

Hin und wieder traten Fälle auf, in denen der Herr seiner Pflicht zum Unterhalt des Vasallen dadurch nachkam, daß er ihm ein Benefizium verlieh[21]. Ein solches Zusammentreffen beider Institutionen kam jedoch selten vor und war rein zufällig[22].

II. Das karolingische Lehnwesen

1. Die Landvergabe an Vasallen als Regelfall

Eine Änderung trat zur Zeit der Karolinger ein. Diese bevorzugten bei den Landschenkungen mehr und mehr ihre Vasallen[1], so daß die Landvergabe an sie schließlich zum Regelfall wurde.

Die Gründe sind darin zu sehen, daß die Herren durch eine solche Verleihung mit verhältnismäßig geringer Mühe ihrer Unterhaltspflicht nachkamen[2]. Zum anderen ergab sich der Vorteil, daß die Vasallen

---

[15] *Ganshof* Lehnswesen S. 13.
[16] *Ganshof* Lehnswesen S. 6.
[17] *Mitteis* Lehnrecht S. 107 f.; *Ganshof*, Lehnswesen S. 9.
[18] *Mitteis* Lehnrecht S. 108.
[19] *Mitteis - Lieberich* S. 56; *Schröder - v. Künßberg* S. 174.
[20] *Mitteis - Lieberich* a.a.O.; vgl. *Brunner* I S. 308; *Brunner - v. Schwerin* II S. 330 f.
[21] *Conrad* I S. 107.
[22] *Ganshof* Lehnswesen S. 13.
[1] *Conrad* I S. 107; *Schröder - v. Künßberg* S. 174; *Krawinkel* Lehnswesen S. 23, 28 ist der Ansicht, daß nicht das Land selbst verliehen wurde, sondern lediglich die Immunität und die fiskalischen Einkünfte, so daß der Benefiziar ein ihm auf Zeit vom Staat verliehenes Hoheitsrecht ausübte. Ablehnend *Conrad* I S. 109.
[2] *Conrad* I S. 107.

dadurch in den Stand gesetzt wurden, den dem Herrn geschuldeten Diensten nachzukommen. Diese bestanden jetzt hauptsächlich in Kriegsdiensten, und zwar mehr und mehr als gutgerüstete Reiter[3].

Außerdem konnten die Herrscher durch derartige Vergabungen sicher sein, daß die Verwaltung von Landesteilen in die Hände von Leuten kam, die ihnen treu ergeben waren. Ihre Treue wurde durch die Gewährung solcher Geschenke noch verstärkt. Allein die Dankbarkeit für die Zuwendung gebot ihnen eine besonders gewissenhafte Erfüllung der Verwaltungsaufgaben. Denn es wurden nicht nur Ländereien, sondern auch die in ihrem Bereich auszuübenden öffentlichen Ämter verliehen. Als weitere Objekte für Verleihungen dienten sehr bald ebenfalls Zölle, Forstrechte, Fischereien usw.[4]

Auch unter Karl dem Großen und selbst noch im „späteren Mittelalter" gab es aber unbelehnte Vasallen, die häufig als missi eine bedeutende Rolle bei der Verwaltung des Reiches spielten[5]. Andererseits wurden hier und da noch Benefizien an Nichtvasallen vergeben[6].

Trotz dieser Ausnahmen erscheint es gerechtfertigt, von einem „karolingischen Lehnwesen" zu sprechen. Denn während dieser Zeit entstand aus der Vasallität und dem Benefizium ein ganzes System von Institutionen und Rechtssätzen, eben das Lehnrecht[7].

2. *Der Anlaß für die Vereinigung von Vasallität und Benefizium*

Bis heute ist nicht eindeutig geklärt, welches der äußere Anlaß für die Vereinigung beider Institutionen war. Lange Zeit war man der Ansicht, die Entstehung des Lehnwesens sei auf die Einfälle der Araber im Frankenreich zurückzuführen[8]. Diese hätten durch eine überlegene Reiterei Karl Martell ebenfalls zum Aufbau eines Reiterheeres auf der Grundlage des Benefizialwesens gezwungen[9].

Die moderne Lehre führt die Vereinigung von Vasallität und Benefizium nicht mehr auf ein bestimmtes Ereignis zurück. Man begründet sie mit dem Zusammenwirken einer Reihe von außen- und innenpolitischen Faktoren. U. a. wird auf den Kampf aller gegen alle verwiesen,

---

[3] *Schröder - v. Künßberg* S. 174; *Conrad* I S. 108; *Mitteis - Lieberich* S. 57; *Ganshof* Lehnswesen S. 14.
[4] *Schröder - v. Künßberg* S. 174.
[5] Siehe unten 1. Kap. B II 7.
[6] *Mitteis* Staat S. 63; *Mitteis - Lieberich* S. 57.
[7] *Mitteis - Lieberich* S. 57; *Ganshof* Lehnswesen S. 13; *Mitteis* Staat S. 63; *Gierke* I S. 125.
[8] *Brunner* ZRG GA 8, 13, 24, 36; so noch *v. Schwerin* in *Brunner - v. Schwerin* II S. 277 ff.; gegen diese Ansicht *Dopsch* Benefizialwesen S. 118 ff.; *Mitteis* Staat S. 61 Anm. 1; ders. ZRG GA 68, 528; *Mitteis - Lieberich* S. 57; *Krawinkel* Benefizialrecht S. 11 ff.
[9] Vgl. dazu *Conrad* I S. 108 f.

der mit dem zunehmenden Verfall der Merowingerherrschaft im Frankenreich entbrannte[10]. Es galt also, eine möglichst große Zahl von Parteigängern auf die eigene Seite zu ziehen, um für derartige Kämpfe gerüstet zu sein. Dem Königtum konnte es daher zunächst nur recht sein, wenn die mit einem Benefizium beliehenen Vasallen Teile davon wiederum an eigene Vasallen unterverliehen (Subinfeudation). Denn so entstand eine ganze Lehnpyramide, deren Spitze der König bildete. Die Untervasallen waren zwar „mediatisiert", der König hatte aber insofern Einfluß auf sie, als sie aufgrund der Treupflicht an ihre Herren gebunden waren. Diese ihrerseits hatten dem König als Vasallen Treue geschworen[11]. Der Herrscher vermehrte so nicht nur die Stärke seiner Kriegsmacht, sondern er intensivierte dadurch auch die Verwaltung des Landes in seinem Sinne.

So wurde bereits in dieser Zeit eine Erscheinung offenbar, die sich im Laufe des 9., 10. und 11. Jahrhunderts mehr und mehr verstärken sollte: Schon das fränkische Reich mußte sich zur Erreichung wichtiger Staatsziele des Lehnrechtes — hauptsächlich noch in der Form von Normen, die auf zwischen den Parteien abgeschlossenen Lehnverträgen beruhten — bedienen.

3. Die Begründung des Lehnverhältnisses

In fränkischer Zeit wurde das Vasallenverhältnis dadurch begründet, daß die zukünftigen Lehnleute sich kommendierten, anschließend einen Treueid leisteten und dann eventuell ein Benefizium erhielten[12]. Im klassischen Lehnwesen[13] des 10.—13. Jahrhunderts entstand das Lehnverhältnis normalerweise durch die Leistung der Mannschaft (homagium) und des Treueides (fides, fidelitas) sowie durch die Einräumung der Lehnsgewere (Investitur)[14].

An die Stelle der fränkischen Kommendation trat die Mannschaft, jedoch hatte sich der Ritus nicht geändert. Die persönlichen Bindungen zwischen Lehnherr und Lehnmann wurden nunmehr durch Mannschafts- und Eidesleistung hergestellt, so wie es früher durch Kommendation und Eid geschehen war[15].

Als neben die Kommendation der Treueid getreten war, wurde aus einem einseitigen Unterwerfungsakt ein gegenseitiges Pflichtenverhältnis. Begründet wurde es durch einen Vertrag, der beiden Parteien

---

[10] *Mitteis* Lehnrecht S. 126; *Conrad* I S. 108; *Ganshof* Lehnswesen S. 14.
[11] *Mitteis - Lieberich* S. 55; *Conrad* I S. 108.
[12] *Ganshof* Lehnswesen S. 25 ff.; 37 ff.; siehe oben 1. Kap. B II 1.
[13] Vgl. zu diesem Begriff *Ganshof* Lehnswesen S. 65.
[14] *Mitteis* Lehnrecht S. 479; *Conrad* I S. 254.
[15] *Mitteis* S. 479.

Rechte gab und Pflichten auferlegte[16]. Die Erfüllung der aus dem Vertrag erwachsenden Pflichten wurde dadurch bedingt, daß auch die andere Partei ihren Verpflichtungen nachkam. Der Herr konnte daher von dem Lehnmann nur dann Treue verlangen, wenn er selbst treu war[17].

So erklärt es sich, daß der einmal geschlossene Vertrag grundsätzlich nicht einseitig aufkündbar war[18]. Nur ein Treubruch berechtigte zur einseitigen Lösung des Vertragsverhältnisses[19]. Er konnte z. B. darin bestehen, daß der Herr dem Lehnmann nach dem Leben trachtete, die Ehre seiner Frau angriff oder ihm trotz Kommendation den Schutz versagte[20].

4. Die Erblichkeit der Lehen

Bei dem Kommendationsvertrag im strengen Sinne handelte es sich um die höchstpersönliche Verpflichtung zweier Parteien. Der Herr nahm also eine Person wegen bestimmter Eigenschaften, die sie allein hatte, in seine Vasallität auf. Umgekehrt war es genauso[21]. Daraus ergab sich, daß diese Sonderverbindung sowohl mit dem Tode des Herrn (Herrenfall; bei Königen Thronfall) als auch mit dem des Mannes (Mannfall) endete[22]. Da in der hier behandelten Zeit die Vasallität das entscheidende Element des Lehnwesens und der treibende Faktor in seiner Geschichte war[23], wurde auch das Benefizium ursprünglich nur auf Lebenszeit verliehen. Es endete mit dem Tode einer Vertragspartei[24].

Schon im 9. Jahrhundert aber versuchte man diese Folge auszuschließen. Das geschah beim Herrenfall dadurch, daß man dem Mann das Lehen — unabhängig vom Fortleben des Herrn — für die Dauer seiner Lebenszeit verlieh. Beim Tode des Herrn hatte der Lehnmann lediglich dem neuen Herrn zu huldigen[25]. Die Rechtsfolgen des Mannfalles umging man entweder, indem das Benefizium auf mehrere Leiber verliehen wurde oder indem der Vasall seinen Sohn noch zu eigenen Lebzeiten dem Herrn kommendierte. Er zwang diesen damit rechtlich zur Fortsetzung des Lehnverhältnisses[26].

---

[16] *Mitteis* Lehnrecht S. 46, 79; vgl. *Ganshof* Lehnswesen S. 71.
[17] *Mitteis* Lehnrecht S. 81.
[18] *Ganshof* Lehnswesen S. 31.
[19] *Mitteis* Lehnrecht S. 87.
[20] MGH Cap. I, 215 Nr. 105 c. 8; *Mitteis* Lehnrecht S. 88 f.
[21] *Ganshof* Lehnswesen S. 48.
[22] *Stutz* ZRG GA 20, 244 ff.; *Ganshof* a.a.O.; *Brunner - v. Schwerin* II S. 341; *Schröder - v. Künßberg* S. 174.
[23] *Brunner - v. Schwerin* II S. 368; *Mitteis* Lehnrecht S. 16; *Ganshof* Lehnswesen S. 45.
[24] *Brunner - v. Schwerin* II S. 341; *Conrad* I S. 108; *Schröder - v. Künßberg* S. 174; *Mitteis - Lieberich* S. 57.
[25] *Mitteis - Lieberich* a.a.O.
[26] *Mitteis* Lehnrecht S. 167 f.; vgl. auch *Ganshof* Lehnswesen S. 48 f.

B. Die Geschichte des Lehnwesens

Im Laufe der Zeit setzte sich diese Übung derart durch, daß sie sich zur herrschenden Gewohnheit verdichtete. Spätestens seit 877 stand mit dem von Karl dem Kahlen erlassenen Kapitular von Quierzy[27] fest, daß die Benefizien im allgemeinen erblichen Charakter hatten[28]. Diese Erblichkeit ist nicht so zu verstehen, daß der Erbe mit dem Tode des Erblassers ipso iure in das Lehen folgte. Es handelte sich nur um einen rechtlichen Leihezwang. Man hielt den Herrn also für verpflichtet, dem Erben das zunächst heimgefallene Lehen erneut zu verleihen[29].

Hier zeigt sich bereits ein erster Ansatzpunkt für eine Verdinglichung des Lehnrechts. Noch aber war die Vasallität das wesentliche Element des Lehnwesens[30]. Die Benefizien wurden *wegen* der Zusage von Vasallendiensten verliehen[31]. Ebenso machte man die Verleihungen rückgängig, *weil* der Dienst unzureichend geleistet worden war[32].

In dieser Zeit begründete allein die Vasallität die Dienstpflicht. Der Dienst wurde noch nicht von einem bestimmten Lehen geschuldet und geleistet[33].

5. Die Lehnobjekte

a) Die Vielfalt der Lehnobjekte

Die Fülle der Lehnobjekte erweiterte sich mit der Zeit derart, daß eine abschließende Aufzählung unmöglich erscheint[34].

So wurden einmal körperliche Gegenstände, wie z. B. Grundstücke, Güter, Kirchen und Klöster[35], als Benefizien verliehen. Daneben gab es sog. Renten-Lehen, bei denen das Lehnobjekt in dem Recht auf ein Einkommen bestand[36]. Auch Lehen an anderen Rechten, wie Marktgebühren, Zoll- und Münzrechten, kannte man[37].

---

[27] *MGH Cap.* II, 358 ff. Nr. 281; vgl. dazu *Mitteis* Lehnrecht S. 168 ff.

[28] Es kann hier dahingestellt bleiben, ob die von *Ganshof* Lehnswesen S. 50 geäußerte Ansicht richtig ist, daß dieses Kapitular die Erblichkeit der Benefizien als herrschende Gewohnheit lediglich feststellt, nicht die Erblichkeit einführt. Vgl. auch *Mitteis* Lehnrecht S. 174 f.; *Brunner - v. Schwerin* II S. 346.

[29] *Brunner - v. Schwerin* II S. 345; *Mitteis - Lieberich* S. 57 f.

[30] *Ganshof* Lehnswesen S. 45.

[31] *Mitteis* Lehnrecht S. 129.

[32] *Ganshof* Lehnswesen S. 44 f.

[33] *Mitteis* Lehnrecht S. 129 f., 521 f.; *Mitteis - Lieberich* S. 57 (Vasallität als causa des Lehens); *Ganshof* Lehnswesen S. 52.

[34] *Waitz* DVG VI S. 14; *Mitteis* Lehnrecht S. 471.

[35] *Mitteis* a.a.O.; *Waitz* DVG IV S. 212 f.

[36] *Ganshof* Lehnswesen S. 122 f.

[37] *Ganshof* Lehnswesen S. 121.

b) Ämter und Gerichtsbarkeiten als Lehen

Schließlich gehören hierher die Ämter und Gerichtsbarkeiten, deren „Verleihung" mehr und mehr üblich wurde[38].

Bei der Übertragung gerichtlicher Funktionen auf Vasallen ist zu beachten, daß die damalige Gerichtsbarkeit einen großen Teil jener staatlichen Tätigkeiten umfaßte, die wir heute Verwaltung nennen[39]. Das bedeutet, daß die Grafen neben der Gerichtsbarkeit im modernen Sinne auch die Polizeigewalt und die Aufsicht über Verkehrswesen und Märkte innehatten. Außerdem oblag ihnen mit der Finanzverwaltung die Einziehung der Steuern, sonstigen Abgaben, Friedensgelder und Bannbußen. Daneben waren sie Führer des militärischen Aufgebots ihres Bezirks[40].

Noch im Hochmittelalter verstand man unter dem Begriff des Amtes einen mehr oder weniger genau umschriebenen Kreis öffentlicher Aufgaben[41].

Schon die ersten Karolinger vergaben Grundherrschaften und Güter an die Grafen, die Vertreter der öffentlichen Gewalt[42], ohne daß ein direkter Zusammenhang zwischen diesen beiden Dingen zu erkennen ist. Der Grund ist vielmehr darin zu sehen, daß die Herrscher bemüht waren, die Zahl ihrer eigenen Vasallen durch Angehörige der oberen sozialen Ränge zu vermehren.

Noch heute ist die Frage umstritten, ob die Ämterleihe auf dem Wege über die Amtsgutleihe üblich wurde[43] oder ob die Amtslehen einen selbständigen Lehntypus darstellten, der ohne den Umweg über das Amtsgut entstand[44]. Einig ist man sich jedoch darüber, daß am Ende der Karolingerzeit die wichtigeren Ämter, wie Bistümer, Markgrafschaften und Grafschaften in den Formen des Lehnrechtes vergeben wurden[45].

---

[38] *Ganshof* a.a.O.; *Mitteis* Lehnrecht S. 196, 473.
[39] *Mitteis* Lehnrecht S. 316.
[40] *Conrad* I S. 103; *Brunner - v. Schwerin* II S. 223 ff.
[41] *Scheyhing* S. 115.
[42] *Ganshof* Lehnswesen S. 17.
[43] So *Brunner - v. Schwerin* II S. 227, 344; *Conrad* I S. 108; wohl auch *Waitz* DVG IV S. 215; vgl. auch *Gierke* II S. 95; ähnlich *Rosenstock* S. 22.
[44] *Mitteis* Lehnrecht S. 202; wohl auch *Ganshof* Lehnswesen S. 40 f., 54 f.; ohne eigene Stellungnahme *Ebel* S. 12 f.; diese Streitfrage taucht nicht auf bei *Krawinkel* Lehnswesen S. 28, da er davon ausgeht, daß der Benefiziar auch bei der Grundstücksleihe kein dingliches Recht erhält, sondern ihm vom Staat ein Hoheitsrecht delegiert wird. Diese „Entdinglichung" führt dazu, daß die Grundstücksleihe ebenfalls als Verleihung eines Rechtes angesehen wird; hiergegen ohne Begründung *Ebel* S. 13.
[45] *Waitz* DVG IV S. 215; *Brunner - v. Schwerin* II S. 229; *Conrad* I S. 108; *Mitteis* Lehnrecht S. 199; *Scheyhing* S. 53: Vergabe von Ämtern schon unter Karl dem Großen in lehnrechtlichen Formen.

Hierzu kam es, weil die Könige und Kaiser seit Karl dem Großen bemüht waren, die verhältnismäßig schwach gestützte eigene Herrschaft zu festigen. Sie veranlaßten daher insbesondere die Vertreter der Staatsgewalt, in die königliche Vasallität einzutreten. Somit entstand zwischen König und Graf zunächst ein doppeltes Rechtsverhältnis. Daraus ergab sich eine doppelte Treupflicht: Neben die Treue, zu der die Grafen als Amtsträger der königlichen Macht verpflichtet waren, trat die des Vasallen[46].

Dem mittelalterlichen Denken war die Abstraktion ungewohnt, so daß ihm die letztere, auf dem persönlichen Band der Vasallität beruhende Treue verständlicher erschien. Denn das lediglich theoretisch begründete Treueverhältnis zwischen dem Herrscher und den amtlichen Vertretern seiner Macht war für sie nur schwer faßbar[47].

So war es nur eine Frage der Zeit, bis die Vergabe der honores, der Ämter[48], völlig dem Lehnrecht unterstellt wurde. Hieraus ergab sich zunächst noch keine Schwächung der Verwaltung[49]. Die mit der Hinwendung zum Lehnstaat verbundene Dezentralisierung war solange unbedenklich, wie die Verleihung öffentlicher Ämter widerrufen werden konnte[50]. Sie bedeutete also dann keine Gefahr für den Staat, wenn man einem unfähigen oder ungetreuen Amtsträger das ihm übertragene Amt in lehnrechtlichen Formen wieder abnehmen konnte[51].

Im Gegenteil gewährleistete gerade die persönliche Verpflichtung als Vasall am ehesten eine ordentliche Amtsführung[52]. Denn eine wirksame Kontrolle war wegen der erheblichen räumlichen Ausdehnung des Reiches[53] und der schlechten Nachrichtenverbindungen[54] nur schwer durchzuführen.

Eine Schwächung der Verwaltung trat erst ein, als die Ämter de facto erblich wurden[55]. Das geschah etwa um die gleiche Zeit wie bei anderen Benefizien[56]. Die Erblichkeit festigte die Stellung der Amts-

---

[46] *Ganshof* Lehnswesen S. 22, 53 f.; ders. Fränkisches Lehnswesen S. 40; *Waitz* Abhandlungen S. 310.
[47] *Ganshof* Fränkisches Lehnswesen a.a.O.
[48] *Mitteis* Lehnrecht S. 203 f.; *Ganshof* Lehnswesen S. 55 f.
[49] *Mitteis* Lehnrecht S. 204.
[50] *Ganshof* Lehnswesen S. 47.
[51] *Lotz* S. 10.
[52] *Mitteis* Lehnrecht S. 199.
[53] Vgl. dazu *Mitteis - Lieberich* S. 55.
[54] *Mitteis* Lehnrecht S. 49 Anm. 115.
[55] a. A. *Mitteis* Lehnrecht S. 204, der die Erblichkeit für keine Schwächung hält, da unwürdige Erben von den honores ferngehalten werden konnten. Immerhin war aber das Recht des Herrschers, Männer seiner Wahl mit den Ämtern zu betrauen, durch die Erblichkeit bereits gemindert.
[56] *Ganshof* Lehnswesen S. 56.

träger derart, daß die sowieso schon geschwächte Position des Königs weiterhin Machtverluste hinnehmen mußte[57].

6. Die Doppelvasallität

Darüber hinaus wurde die königliche Macht durch die bereits in fränkischer Zeit bekannte, spätestens ab 824 zulässige[58] Doppelvasallität gemindert. Sie schuf die Möglichkeit, daß ein Vasall sich mehreren Lehnherren verpflichten konnte[59]. Die Vasallenbindungen verloren dadurch viel von ihrer ursprünglichen Verbindlichkeit. Das führte schließlich so weit, daß der Vasall mehrerer Herren sich so verhalten konnte, als sei er niemandes Vasall[60]. Da das auch für die Lehnleute des Königs galt, wurde dessen Stellung immer unsicherer.

Dies alles führte dazu, daß im 9. und am Anfang des 10. Jahrhunderts häufig Kronvasallen — die vassi dominici casati — dem Königtum im Kampf gegen die erstarkten örtlichen Machthaber, die Herzöge, Markgrafen und Grafen, helfen mußten[61].

7. Die Kronvasallen

Diese Kronvasallen, die jeweils das Vertrauen des Königs besaßen[62], mußten immer zur Ausführung königlicher Befehle bereit sein. Sie befanden sich zum Teil in der unmittelbaren Umgebung des Königs[63], d. h., sie hielten sich bei Hofe auf und wurden dort versorgt.

Ein anderer Teil wurde von den Karolingern in allen Teilen des Reiches — namentlich in Grenz- oder neuerworbenen Gebieten[64] — angesiedelt, indem man ihnen dort Benefizien verlieh. Träger von honores waren sie jedoch nicht[65], so daß sich der König immer auf ihren Dienst, notfalls auch auf den ihrer Leute verlassen konnte.

Eine Sonderstellung nahmen die Königsvasallen auch insofern ein, als sie den Treueid wie die Bischöfe, Äbte und Grafen in die Hände der missi dominici leisteten. Diese waren selbst häufig vassi dominici[66]. Die übrigen Vasallen dagegen legten den Eid zusammen mit allen anderen Untertanen vor den Grafen ab[67].

---

[57] *Ebel* S. 33; *Ganshof* Lehnswesen S. 62.
[58] *Mitteis* Lehnrecht S. 104 f.
[59] *Mitteis* Lehnrecht S. 556.
[60] *Ganshof* Lehnswesen S. 107.
[61] *Ganshof* a.a.O.
[62] *Ganshof* Lehnswesen S. 24.
[63] *Roth* Beneficialwesen S. 383.
[64] *Roth* a.a.O.
[65] *Ganshof* Lehnswesen S. 24, 62.
[66] *Ganshof* Fränkisches Lehnswesen S. 40.
[67] *Ganshof* Lehnswesen S. 24.

B. Die Geschichte des Lehnwesens

Die eben erwähnten missi dominici waren eine weitere, von den Merowingern geschaffene und von den Karolingern zur Vollendung gebrachte[68] Waffe im Kampf gegen die nach mehr Selbständigkeit strebenden örtlichen Gewalthaber[69].

Die im allgemeinen als Königsboten bezeichneten Amtsträger, die aber rechtlich Vertreter waren[70], wurden ursprünglich durch den König je nach Bedürfnis für besondere Aufträge aus dem Gefolge ernannt[71].

In karolingischer Zeit wurde die Entsendung von missi zu einer regelmäßigen Einrichtung gemacht. Man war hierzu gezwungen, weil die Königsboten nach der Beseitigung des Herzogtums das Bindeglied zwischen dem König und den Grafen darstellten[72]. Die jeweils für ein Jahr ernannten missi wurden aus dem Kreis der Magnaten erwählt[73]. Sie hatten den allgemeinen Auftrag, die Rechte des Königs wahrzunehmen. Gleichzeitig sollten sie die geistlichen und weltlichen Machthaber kontrollieren[74]. Dieses Instrument der Zentralgewalt war allerdings bald zur Wirkungslosigkeit verurteilt. Es verfiel, als Ludwig I. die Ernennung der missi von der Mitwirkung des Reichstages abhängig machte und territoriale Gewalthaber zu Königsboten ernannte[75].

8. Ergebnis

Als Ergebnis des bisher Dargelegten zeigt sich, daß nicht die Grundstücks-, sondern die Ämterleihe das Wesentliche war. Nicht die Verleihung jeweils einiger Mansi, also einiger Hufen Landes[76], sondern die Lehen an Grafschaften, Vogteien und Regalien sind der Grund für die bedeutende Rolle dieses Rechtsinstituts in der deutschen Rechtsgeschichte[77]. Sie waren es, die das Bild des damaligen staatlichen Lebens prägten und das fränkische Reich zu einem Lehnstaat machten.

Diese Folgerung ist unabhängig von der Entscheidung der Frage, ob die Vergabe von Ämtern nach Lehnrecht selbständig oder auf dem Wege über die Grundstücksleihe entstanden ist.

---

[68] *Mitteis - Lieberich* S. 75.
[69] Zum Institut der missi dominici siehe *Tellenbach* S. 46; *Dopsch* Wirtschaftsentwicklung I S. 165 f.
[70] Sie werden daher von *Brunner - v. Schwerin* II S. 254 als „Macht- oder Gewaltboten" bezeichnet; vgl. auch *Schröder - v. Künßberg* S. 143; *Mitteis - Lieberich* S. 75.
[71] *Brunner - v. Schwerin* a.a.O.
[72] *Schröder - v. Künßberg* S. 142.
[73] *Mitteis - Lieberich* S. 75 f.; *Schröder - v. Künßberg* S. 143.
[74] *Schröder - v. Künßberg* a.a.O.; *Brunner - v. Schwerin* II S. 255.
[75] *Mitteis - Lieberich* S. 76; *Schröder - v. Künßberg* S. 145; *Brunner - v. Schwerin* II S. 261.
[76] *Mitteis - Lieberich* S. 39.
[77] *Ebel* S. 33.

III. Das klassische Lehnwesen

Das klassische Lehnwesen des 10.—13. Jahrhunderts[1] war gekennzeichnet durch eine ständige Zunahme der Bedeutung des dinglichen Elements. Dennoch blieb auch jetzt die Vasallität der führende und wesentliche Teil des Lehnverhältnisses.

1. Die Bedeutung des Lehnrechts für die Nachfolgestaaten des Karolingerreiches

Allerdings entspricht es nicht den tatsächlichen Gegebenheiten, wenn man in dieser Allgemeinheit von einem „klassischen Lehnwesen" spricht. Es gab auch in karolingischer Zeit gewisse, durch besondere örtliche Gegebenheiten hervorgerufene Verschiedenheiten innerhalb des Lehnrechts. So bildete es sich in seiner Gesamtheit im Westen des Reiches erheblich schneller fort als in Ostfranken. Im großen und ganzen ergab sich jedoch ein einheitliches System des Lehnwesens und seiner Institute[2].

Davon konnte nach dem Auseinanderfallen des karolingischen Imperiums und der Entstehung selbständiger Teilreiche nicht mehr die Rede sein.

Die nationalen Verschiedenheiten auf dem Gebiet des Lehnrechts wurden immer größer. Einzelne Elemente wurden in den Ländern unterschiedlich betont bzw. zurückgedrängt. Hierdurch ergaben sich schließlich auch bedeutende Unterschiede bei der bewußten Fortbildung des Lehnrechts. Von entscheidender Bedeutung war vor allem die Frage, wie es den jeweiligen Herrschern gelang, das Lehnwesen in ihren Staatsaufbau einzugliedern[3].

a) Lehnrechtliche Besonderheit in Frankreich: Die Ligesse

In Frankreich schufen die Könige um die Mitte des 11. Jahrhunderts ein neues Institut: die Ligesse. Sie diente dazu, das Lehnwesen dem Staat und ihrer eigenen Machtposition nutzbar zu machen.

Noch im selben Jahrhundert wurde dieses Institut in Süditalien und England rezipiert. Das System der Ligesse erlaubte dem Vasallen ursprünglich nur, mehrere Herren zu haben. Einer von ihnen nahm eine bevorrechtigte Sonderstellung ein. Der Vorteil für den Vasallen lag

---

[1] Vgl. oben 1. Kap. B II 3; dort wurde auch bereits die Art und Weise der Begründung eines Lehnverhältnisses in dieser Zeit dargestellt.
[2] *Mitteis* Lehnrecht S. 225 f.
[3] *Mitteis* Lehnrecht S. 225 f.; siehe auch *Ganshof* Lehnswesen S. 68; vgl. z. B. für Frankreich *Kienast* S. 15 ff.

darin, daß er gleichzeitig von mehreren Herren Lehen empfangen konnte.

Allein dem Bevorrechtigten hatte der Lehnmann vorbehaltlos zu dienen[4]. Gegen Ende des 12. Jahrhunderts wurde dem Vasallen gestattet, homo ligius mehrerer Herren zu werden[5]. Um Interessenkollisionen dieser Herren zu vermeiden, schuf man eine Rangfolge unter ihnen. Bei jeder neuen Mannschaftsleistung machte der Lehnmann einen Vorbehalt zugunsten der vorhergehenden. Darüber hinaus erreichten es die französischen und englischen Könige, daß in alle Mannschaftsleistungen der Vasallen ein Treuvorbehalt zu ihren Gunsten aufgenommen wurde[6].

In Deutschland dagegen setzte sich die Ligesse nicht durch. Trotz der Versuche der Hohenstaufen, einen Treuvorbehalt zugunsten des Königs einzuführen, verbreitete sich dieses System nicht in dem erhofften Maße[7].

Im Westen des Landes, der schon aufgrund seiner geographischen Lage den Gedanken des französischen Lehnrechtes in besonderem Maße ausgesetzt war, findet man des öfteren die Ligesse verwirklicht[8]. Im Osten dagegen bildete das Auftreten dieses Instituts die Ausnahme[9].

b) Die Bedeutung des Lehnrechts in Deutschland

aa) Otto I.

Im allgemeinen ging man in Deutschland unter dem Zwang der Umstände andere Wege, um das Lehnrecht in den Staat einzugliedern.

So gelang es in früher Zeit bereits Otto I., eine Auflösung des Reiches zu verhindern, indem er bei seiner Thronbesteigung im Jahre 936 alle Herzöge huldigen ließ. Er machte sie damit zu seinen Vasallen[10].

Im Laufe seiner weiteren Regierungszeit erreichte er es, die Bedeutung des Lehnrechts in den Hintergrund zu drängen. Er belebte den Gedanken des Vertrages zwischen dem Herrscher und den territorialen

---

[4] Zum Ganzen *Ganshof* Lehnswesen S. 109; siehe auch *Mitteis* Lehnrecht S. 565.
[5] Vgl. hierzu im einzelnen *Mitteis* Lehnrecht S. 571 f.; *Ganshof* Lehnswesen S. 110.
[6] *Ganshof* a.a.O.
[7] *Ganshof* Lehnswesen S. 111.
[8] Vgl. dazu *Ganshof* a.a.O.
[9] In späterer Zeit war das Institut dort immerhin nicht ganz unbekannt. Ein Beispiel findet sich bei *Raumer* I Nr. 10 S. 165 (Urk. v. 1441):
„... und sullen uns behulfen seyn obir ydermenniglichen ußgeslossen das reych und Eren erbhern den Konig und dy crone czu behemen...".
[10] *Mitteis* Lehnrecht S. 418; *Ganshof* Lehnswesen S. 64.

Gewalten neu. Das hatte zur Folge, daß er sogar über die Herzogtümer relativ frei verfügen konnte[11].

Überhaupt trat bei der Ämterbesetzung das Lehnrecht ein wenig zurück. Zwar geschah sie häufig in den äußeren Formen dieses Rechtes, dahinter stand jedoch der allein vom Willen des Herrschers abhängige hoheitliche Akt der Amtseinsetzung. Das wurde besonders dadurch offenbar, daß das Recht einer Dynastie auf einen bestimmten Amtsbezirk anerkannt wurde[12].

bb) Konrad II.

Unter Konrad II. lebte das Lehnrecht wieder auf[13]. Dies führte dazu, daß nunmehr die Lehen ganz allgemein erblich wurden[14].

cc) Friedrich I.

Schließlich, nach einem erneuten Niedergang seiner Bedeutung, erlebte das Lehnrecht unter Friedrich I. eine Blütezeit. Bereits vorher war die Einbeziehung der Kirche in den Reichslehnverband gelungen[15].

So nutzte dieser Herrscher nun die Machtmittel des Lehnrechtes zur Verfolgung seiner Ziele, u. a. zur Festigung und Reorganisation des Reiches[16]. Friedrich I. ging so weit, den — in der Praxis allerdings nicht eingehaltenen — Grundsatz aufzustellen, daß alle Vergabungen von Reichsgut Lehnsnatur hätten[17].

Auch die Gerichte wurden nach Lehnsrecht erworben. Die Gerichtsgewalt ging mit Ausnahme derjenigen der Markgrafen vom König aus[18]. Für bestimmte Sachen mußten die höheren Richter sogar den Bann persönlich einholen. Sie hatten dabei dem König einen Amtseid zu leisten. Der Herrscher wiederum durfte den Bann nur verweigern, wenn das Gericht nach Lehnrecht nicht ordentlich erworben war[19]. Es zeigt sich hier ein Leihezwang, der seinen Grund darin hatte, daß die Gerichtslehen, also auch die Fahnlehen, nicht für längere Zeit erledigt bleiben durften. Diese Regelung beruhte auf dem Gedanken, daß die öffentliche Rechtsordnung und die Gerichtsorganisation intakt und funktionsfähig bleiben müßten[20].

---

[11] *Mitteis* a.a.O.
[12] Dies ist allenfalls bei manchen Grafschaften der Fall. Vgl. zum Ganzen *Mitteis* Lehnrecht S. 419, insbes. Anm. 553 und 556.
[13] *Mitteis* Lehnrecht S. 420.
[14] *Ganshof* Lehnswesen S. 145; *Schröder - v. Künßberg* S. 443.
[15] *Mitteis* Lehnrecht S. 423.
[16] *Ganshof* Lehnswesen S. 121.
[17] *Mitteis* Lehnrecht S. 426.
[18] *Schröder - v. Künßberg* S. 618 f.; *Mitteis* a.a.O.
[19] *Mitteis* Lehnrecht S. 426 f.
[20] *Mitteis* Prozesse S. 122.

Neben den oben[21] erwähnten hohen Gewalten wurden auch zahllose andere Ämter und Rechte verliehen: Marktgebühren, Zoll- und Münzrechte, die Ämter von Burggrafen, Vögten, Meiern, Steuereinnehmern usw[22].

Gegen Ende der Regierungszeit Friedrichs I. bildete sich ein neuer Reichsfürstenstand, der in erster Linie lehnrechtlich bestimmt war. So galt als Reichsfürst nur derjenige, der unmittelbar vom König beliehen worden war. Er mußte selbst Vasallen haben, durfte dagegen von anderen weltlichen Herren kein Lehen tragen[23]. Außerdem war es für die Zugehörigkeit zu diesem Stand erforderlich, daß die Gebietsherrschaft mit einem Mindestmaß an Hoheitsrechten, u. a. der Gerichtshoheit, ausgestattet war[24].

2. Die Heerschildordnung

In der Zeit des klassischen Lehnwesens schloß sich der Kreis der Lehnfähigen insgesamt nach außen ab. Nur wer zu dem Kreis gehörte, wer also einen Platz in der sog. Heerschildordnung[25] hatte, konnte ein rechtes Lehen empfangen. Dieses verpflichtete immer zum Kriegsdienst[26]. Innerhalb der Heerschildordnung gab es eine Rangfolge. Sie reichte vom König herunter bis zum einschildigen Ritter, der zwar Lehen empfangen, aber keine ausgeben konnte[27]. Im 12. Jahrhundert wurde die Heerschildordnung dahingehend erweitert, daß auch die Dienstmannen, die Ministerialen also, und die rangniederen Ritter in sie aufgenommen wurden[28].

3. Hof- und Heerfahrt als Vasallendienste

Die zu leistenden Vasallendienste, insbesondere der eben erwähnte Waffendienst, wurden eingeschränkt.

Im Deutschland der damaligen Zeit konnte nicht wie früher von den Vasallen jeder mit ihrer Würde zu vereinbarende Dienst gefordert werden. Die Dienste waren meist auf Hof- und Heerfahrt eingeengt[29].

---

[21] 1. Kap. B III 1 b cc.
[22] *Ganshof* Lehnswesen S. 121.
[23] *Mitteis* Lehnrecht S. 436; Conrad I S. 299; vgl. auch *Ganshof* Lehnswesen S. 179.
[24] Vgl. *Conrad* I a.a.O.
[25] Siehe hierzu *Eichhorn* Staatsgeschichte II S. 378 f.; auch *Ficker* Heerschild.
[26] *Conrad* I S. 255; *Schröder - v. Künßberg* S. 431.
[27] *Conrad* I S. 255; *Ganshof* Lehnswesen S. 179.
[28] *Schröder - v. Künßberg* S. 432.
[29] *Mitteis* Lehnrecht S. 591.

Die Hoffahrtspflicht besagte, daß der Vasall unter gewissen zeitlichen und örtlichen Beschränkungen zum Besuch der Hoftage verpflichtet war[30]. Daneben hatte er auf den besonderen Ruf des Herrn hin zu erscheinen[31].

Ebenso wurde ihm durch die Pflicht zur Heerfahrt auferlegt, unter ähnlichen zeitlichen und örtlichen Einschränkungen an Rom- und Reichsheerfahrten innerhalb Deutschlands teilzunehmen[32]. Hiervon konnte er sich seit der Mitte des 12. Jahrhunderts befreien, wenn er bereit war, eine Heersteuer zu zahlen[33].

4. Die Natur des Lehnverhältnisses im klassischen Lehnwesen

Das klassische Lehnwesen war gekennzeichnet durch eine Lockerung des Treuebandes zwischen Herrn und Vasall. Dementsprechend nahm die Bedeutung des Benefiziums ständig zu[34]. Der Endpunkt dieses Prozesses fiel ungefähr mit dem Ende des klassischen Lehnwesens am Anfang des 13. Jahrhunderts zusammen. Er war erreicht, als sich die Auffassung durchsetzte, daß der Lehnmann die ihm auferlegten Pflichten nicht wegen des bestehenden Vasallitätsverhältnisses zu erfüllen habe, sondern weil ihm ein Lehen verliehen worden war[35]. Die vorher bestehende Reihenfolge wurde umgekehrt. Man sah das Lehen nunmehr als Rechtsgrund für die zu erbringenden Dienste an. Man diente also jetzt *vom* Lehen[36]. Das hatte zur Folge, daß man sich durch einen Verzicht auf das Lehen auch der als Vasall geschuldeten Pflichten entledigen konnte[37].

Eine weitere Lockerung des Lehnverhältnisses folgte aus der sich verbreitenden Doppelvasallität[38]. Dieses Rechtsinstitut des Lehnwesens wurde für den Bestand des Reiches besonders gefährlich. Es ermöglichte Frankreich und England, sich für den Kriegsfall die Hilfe, zumindest aber die Neutralität der deutschen Grenzfürsten zu sichern. Als Gegenwert übertrugen sie ihnen Rentenlehen, die meist in einer Anweisung auf den Kronschatz bestanden[39]. Eine solche Politik wurde den genannten Ländern durch ihre weitaus bessere Finanzverwaltung ermöglicht[40].

---

[30] *Mitteis* Lehnrecht S. 623.
[31] *Mitteis - Lieberich* S. 121.
[32] Vgl. dazu *Mitteis* Lehnrecht S. 593 ff.; *Mitteis - Lieberich* a.a.O.
[33] *Mitteis* Lehnrecht S. 613 f.
[34] Siehe oben 1. Kap. B III.
[35] *Mitteis - Lieberich* S. 120; vgl. auch *Ganshof* Lehnswesen S. 164.
[36] *Mitteis* Lehnrecht S. 522; für Frankreich: S. 311.
[37] *Mitteis - Lieberich* S. 120.
[38] Siehe oben 1. Kap. B II 6.
[39] *Ganshof* Lehnswesen S. 122 f.; *Mitteis* Lehnrecht S. 479.
[40] *Mitteis - Lieberich* S. 120.

5. Die Ministerialen

In die Zeit des klassischen Lehnrechts fiel auch der Versuch der Könige und Kaiser, mit Hilfe eines anderen Standes die Vorherrschaft des hohen Adels zu brechen. Sie wollten mit den Reichsministerialen[41], die auch Dienstmannen genannt wurden, eine reichseigene, nichtfeudale Verwaltung aufbauen[42].

a) Der Status der Ministerialen

Schon in fränkischer Zeit hatte es diese Unfreien in gehobenen Stellungen gegeben[43]. Im Mittelalter besserte sich ihre Stellung, da sie dem König im Kampf gegen den Adel treu zur Seite standen.

Außerdem wurde ihre Rechtsstellung dadurch angehoben, daß sie erblich wurde. Ferner wurden die genauen Rechte und Pflichten der Ministerialen in den Territorien bereits im 11. Jahrhundert durch Dienstrechte festgelegt[44].

Ihre Unfreiheit äußerte sich in ihrer persönlichen, einseitig nicht lösbaren Dienstpflicht[45], die durch Geburt entstand. Außerdem hatte der Herr die Befugnis, diese Leute an andere weiterzugeben[46]. Schließlich bedurften die Dienstmannen, wenn sie heiraten wollten, des Ehekonsenses[47].

Die Dienste der Ministerialen bestanden in Kriegs-, Hof- und später vor allem in Verwaltungsdiensten[48].

Die Verwendung der Mitglieder dieses Standes zu seinen Diensten war für den Herrn besonders vorteilhaft, weil im Dienstverband zunächst noch der Grundsatz absoluten Gehorsams galt. Die für den Herrn oft unangenehmen Seiten der den Lehnleuten obliegenden Treue, vor allem das hieraus erwachsende Widerstandsrecht, zeigten sich hier nicht[49].

b) Die Dienstlehen

Schon früh wurden den Ministerialen sog. Dienstlehen übertragen[50], die jedoch ursprünglich im Rang unter den Ritterlehen standen[51]. Dies

---
[41] Dazu ausführlich *Bosl* Reichsministerialität Teil I + II.
[42] *Mitteis - Lieberich* S. 136.
[43] *Mitteis - Lieberich* a.a.O.; *Conrad* I S. 297; *Gierke* I S. 180.
[44] *Conrad* a.a.O.; *Mitteis - Lieberich* a.a.O.
[45] *Schröder - v. Künßberg* S. 473.
[46] *Schröder - v. Künßberg* S. 475; dazu *Kluckhohn* S. 62 f.; *Riedel* I, XVII Nr. 1 S. 230 (Urk. v. 28. 11. 1269).
[47] *Bosl* S. 82.
[48] *Mitteis - Lieberich* S. 136; *Schröder - v. Künßberg* S. 473.
[49] *Mitteis* Lehnrecht S. 445.
[50] *Winter* S. 47 spricht von einer „Verdinglichung der Ministerialität".
[51] *Ganshof* Lehnswesen S. 130; vgl. auch *Schröder - v. Künßberg* S. 479; zum Ganzen *Kluckhohn* S. 72 ff.

änderte sich, als im Laufe des 12. Jahrhunderts offenbar eine große Zahl von Edlen in die Ministerialität eintrat.

Der Anlaß lag wohl darin, daß vor allem die Fürsten dazu übergegangen waren, die ihnen zur Verfügung stehenden Lehen an Dienstmannen zu vergeben. Die auf den Erhalt von Lehen angewiesenen Ritter waren daher gezwungen, sich in die Ministerialität zu ergeben[52]. Sie behielten aber anscheinend ihre Lehnfähigkeit und die sonstigen Rechte, die sie als freie Ritter gehabt hatten.

c) Die Rangerhöhung der Ministerialen

So war es nur noch ein Schritt, bis auch denjenigen, die durch Geburt zum Ministerialenstand gehörten, diese Rechte zuerkannt wurden. Seit der Mitte des 12. Jahrhunderts erwarben sie allgemein die volle Lehnfähigkeit[53].

Der Sachsenspiegel weigerte sich noch zu Beginn des 13. Jahrhunderts, die Dienstlehen als rechte Lehen anzuerkennen, da für sie keine Mannschaft geleistet wurde[54]. In der Praxis jedoch wurden sie bereits im 12. Jahrhundert als rechte Lehen angesehen[55]. So ist es durchaus erklärlich, daß aus der Vasallität treurechtliche Elemente in das Dienstverhältnis eindrangen und es seines absoluten Charakters beraubten[56].

Als auch das Element der Unfreiheit verschwand, handelte es sich nicht mehr um die Ministerialität im ursprünglichen Sinne. Mit ihr hatte die jetzige nur noch den Namen gemein. In Wahrheit waren diese sog. Ministerialen jetzt ausschließlich Lehnleute mit all deren Rechten und Pflichten. Es war daher nur konsequent, wenn die Dienstmannen schließlich zum Adel gezählt und mit den Rittern zu einem Stand verschmolzen wurden[57].

Trotz der Rangerhöhung ging wegen der niedrigen Stufe dieses Standes in der Heerschildordnung der Kontakt mit dem Königtum verloren.

---

[52] *Schröder - v. Künßberg* S. 430, 479; *Ganshof* Lehnswesen S. 111; *Kluckhohn* S. 31; vgl. auch *Conrad* I S. 297; a. A. *Winter* S. 38.

[53] *Schröder - v. Künßberg* S. 480; mit anderer Begründung *Bosl* S. 68; vgl. auch *Winter* S. 4.

[54] SLR 63 § 1: Swelk gut deme namme ane manscap gelegen wert, dat ne het nen recht len, alse dat gut dat de herre sime denstmanne liet ane manscap to hoverechte: dar scal he hoverechte af plegen unde nicht lenrechtes. — Zitiert nach *Eckhardt* S. 81 f.

[55] Vgl. *Ganshof* Lehnswesen S. 130; *Mitteis* Lehnrecht S. 446.

[56] *Mitteis* a.a.O.

[57] *Conrad* I S. 297; *Schröder - v. Künßberg* S. 480; *Mitteis - Lieberich* S. 136; *Riedel* I, XVII Nr. 28 S. 441 ff. (Urk. v. 1311). In diesem Halberstädtischen Lehnregister werden „miles" und „ministeriales" durcheinander aufgezählt, ohne daß ein Unterschied erkennbar ist. Manche Lehnleute werden sogar als „miles et ministerialis" bezeichnet.

B. Die Geschichte des Lehnwesens

Auch stiegen — zum Teil bedingt durch die Beleihung mit Lehen — die Eigeninteressen. Sie wurden bald derart übermächtig, daß der im 11. und 12. Jahrhundert gemachte verheißungsvolle Ansatz einer Verwaltung des Reiches durch die Reichsministerialen scheiterte. Eine „Reichsbeamtenschaft" bildete sich aus ihnen nicht[58].

d) Die Ministerialen in den Territorien

Auch die erstarkten Territorialherren erkannten, daß die Ministerialen nicht das geeignete Mittel waren, um eine neue Verwaltung aufzubauen. Ein im Erzbistum Köln unternommener Versuch, das Territorium mit ihrer Hilfe zu regieren, scheiterte spätestens Ende des 13. Jahrhunderts, nachdem auch hier auf alle Dienstmannen Lehnrecht angewendet wurde[59]. Als daher die Fürsten feststellten, daß das Lehnrecht mit dem Dienstrecht nicht zu überwinden war, bauten sie eine von einem Beamtentum getragene Verwaltung auf[60]. Für diese entstand ein eigenes neues Recht. Aus den ministerialischen Lehnämtern wurden echte Staatsämter. Begünstigt wurde das vor allem dadurch, daß gegenüber den Ministerialen zu dieser Zeit noch kein Leihezwang bestand[61].

So entstand der moderne Staat ab 1250 nicht im Reich, sondern in den deutschen Territorien. Das Reich war durch den anhaltenden Verlust von öffentlichen Machtmitteln, wie Bannherrschaft, Hoch- und Niedergerichtsbarkeit, Grafengewalt und Regalien[62], zu sehr geschwächt, um entscheidende Impulse geben zu können[63].

IV. Das Lehnwesen in der Zeit der Rechtsbücher

Mit dem zuletzt Dargestellten befinden wir uns bereits in der Zeit der Rechtsbücher.

Eingeleitet wurde diese Epoche durch den Sachsenspiegel, ein Rechtsbuch, das durch Eike von Repgow in der Zeit zwischen 1215 und 1235

---

[58] Vgl. dazu *Mitteis* Lehnrecht S. 447 f.; *Bosl* S. 85. Der Versuch, die Verwaltung des Reiches mit Hilfe der Dienstmannen durchzuführen, erinnert an den süditalisch-sizilischen Normannenstaat. In ihm war das persönliche Treueverhältnis derart verstärkt, daß die ganze Person vom Dienst erfaßt wurde, ohne einen Rückhalt an dinglichen Besitzrechten zu haben. Vgl. dazu *Mitteis* Lehnrecht S. 414. Es ist aber zu beachten, daß dort die Verwaltung von echten Vasallen, also freien Personen, durchgeführt wurde. Dagegen bildete sich im Frankreich des 13. Jahrhunderts eine echte, besoldete Beamtenschaft heraus. *Ganshof* Lehnswesen S. 177.
[59] *Mitteis* Lehnrecht S. 452.
[60] *Bosl* S. 85 mit aber zu weitgehenden Folgerungen.
[61] *Mitteis* Lehnrecht S. 448.
[62] Vgl. hierzu auch *Bechstein* S. 32.
[63] *Mitteis* Lehnrecht S. 449; *Conrad* I S. 309; vgl. auch *Lotz* S. 7.

geschaffen wurde[1]. Nach seinem Vorbild entstanden die späteren süddeutschen Spiegel, der Deutschen- und der Schwabenspiegel[2].

Die Wirkung des Sachsenspiegels war so groß, daß er bereits im 13. Jahrhundert in Norddeutschland wie ein Rechtsbuch behandelt wurde[3]. Er galt im wesentlichen auch in der Mark Brandenburg und wurde die Grundlage für das sog. gemeine Sachsenrecht, das subsidiär hinter das geltende Orts- und Landesrecht trat[4]. Ein besonderes märkisches Recht hat es also nicht gegeben[5].

1. Das Wesen der Lehnverhältnisse nach dem Sachsenspiegel

Im Lehnrecht dieser Zeit, das stark vom Sachsenspiegel beherrscht war, fallen zwei Dinge besonders auf: Die Zahl der zur Verleihung geeigneten Objekte war praktisch unüberschaubar geworden[6]. Außerdem war der Prozeß der Verdinglichung derart fortgeschritten, daß das dingliche Element jetzt klar den Vorrang hatte[7].

Das zeigt sich z. B. in einer Glosse zum Sachsenspiegel, in der sich zwei Definitionen des Lehns finden. Die eine lautet:

„Das lehn ist der rittere solt, der yn zcu gefugit ist von des riches gute adir von der herrin eygen ...".

An anderer Stelle findet sich die Erläuterung:

„Lehngud ist anderes nicht als die gülde, die von des riches oder von der Herren eigen gefellet, das dan gelegen wirt der ritterschaft dorch irer manschaft willen, davor er dienen muß"[8].

Das Lehngut steht in beiden Fällen im Mittelpunkt der Betrachtung.

Der Schluß ist daher gestattet, daß es nach damaliger Auffassung das beherrschende Element war, aus dem die Regelung der gesamten Dienstpflicht folgte.

2. Die Bedeutung des römischen Rechts für das Lehnrecht

Bereits im 12. Jahrhundert hatten sich die Glossatoren und später die Postglossatoren bemüht, die Rechte des Herrn und des Vasallen am

---

[1] *Schröder - v. Künßberg* S. 721; *Conrad* I S. 352; *Mitteis - Lieberich* S. 180; *Ficker* Sachsenspiegel S. 135 f. nennt die Zeit zwischen 1224 und 1232.

[2] *Mitteis - Lieberich* S. 180.

[3] *Conrad* I S. 352.

[4] *Conrad* a.a.O.; *Mitteis - Lieberich* S. 181.

[5] *Bornhak* Rechtsgeschichte S. 28 f.

[6] Vgl. *Homeyer* II, 2 S. 282.

[7] *Ganshof* Lehnswesen S. 168.

[8] *Homeyer* II, 1 S. 344; II, 2 S. 274; zur Datierung ders. II, 1 S. 73 ff.

Lehen in die Institute des römischen Rechts einzuordnen. In der Zeit der Rechtsbücher schufen sie schließlich die später allgemein anerkannte Lehre, daß eine Teilung des Eigentums vorliege. Dem Allodialeigner und Lehnherrn stand nunmehr das dominium directum zu, während der Vasall das dominium utile, eine Art zum Nießbrauch berechtigendes Eigentum, erwarb[9].

3. Die Bedeutung des Lehnwesens für die Verwaltung

Wie bereits dargelegt[10], nahm in diesem Zeitabschnitt die Bedeutung der Vasallen- und Dienstmannenbindungen für die Verwaltung der öffentlichen Angelegenheiten allmählich ab.

Zwar waren die Amtsträger häufig Lehnleute oder Ministerialen, auf die Lehn- oder Dienstrecht anzuwenden war. Daneben jedoch gewann die Übertragung des Amtes, die nach ihren rechtlichen Gegebenheiten als Auftrag angesehen werden kann, an Eigenbedeutung.

Dabei trat das persönliche Element der Treupflicht des Lehn- oder Dienstmannes nicht gänzlich zurück. Diese Pflicht wurde vielmehr durch die Übertragung eines Amtes aktualisiert. Eine isolierte Betrachtung des Amtes als Auftrag würde daher den historischen Gegebenheiten nicht gerecht[11]. Die Treupflicht umfaßte auch die Amtspflicht. Wo erstere mangels vasallitischer oder ministerialischer Bindungen nicht vorhanden war, wurde eine allein auf der Stellung als Amtsträger beruhende Treubindung geschaffen[12].

V. Die Zeit der Rezeption

In der Rezeption modifizierte das römisch-italienische Recht in Form des lombardischen Lehnrechtsbuches (libri feudorum)[1] auch das deutsche Lehnrecht.

Bei ihm handelte es sich also nicht um eine ursprünglich gemeinrechtliche Quelle[2]. Es wurde im Laufe des 15. und 16. Jahrhunderts zusammen mit dem hauptsächlich übernommenen Justinianischen Corpus Iuris rezipiert, weil es diesem in der sog. accursischen Rezension angefügt war[3]. Nach der Rezeption wurde es als subsidiäres Reichsrecht an-

---

[9] *Ganshof* Lehnswesen S. 142 f.; vgl. für die spätere Zeit *Schröder - v. Künßberg* S. 792, 878; in Preußen später Einordnung des Lehns als „nießlicher Brauch": vgl. *Mylius* II, V Nr. 5 Sp. 13 f. (Mandat v. 1573).
[10] Siehe oben 1. Kap. B III 5 c + d.
[11] Näher hierzu *Scheyhing* S. 119.
[12] Vgl. zum Ganzen *Scheyhing* S. 113 ff., besonders S. 119 f.
[1] Hier benutzte Textausgabe: *Lehmann* Göttingen 1896.
[2] Vgl. *Mitteis* Lehnrecht S. 226 f.
[3] *Schröder - v. Künßberg* S. 759 f.

gesehen. Das Partikularrecht hatte also an sich den Vorrang. Insbesondere das auf dem Sachsenspiegel beruhende „Gemeine Sachsenrecht" leistete der Geltung der Libri Feudorum lange Widerstand[4]. Es wurde jedoch dadurch untergraben, daß man es mehr und mehr im Sinne der rezipierten Rechtsquellen auslegte[5].

1. Das Wesen des Lehnverhältnisses

Im Lehnrecht dieser Zeit ist bemerkenswert, daß sich trotz der Rezeption der bereits geschilderte Prozeß unverändert fortsetzte: Die beherrschende Stellung der dinglichen Seite des Lehnverhältnisses wurde weiter ausgebaut. Die Pflichten des Lehnmannes und des Lehnherrn waren nur noch insofern von Bedeutung, als bei ihrer Versäumung das Lehen verloren ging.

Ein Indiz für die Verdinglichung ist die jetzt allgemein verbreitete Ansicht, die Investitur habe dem Lehneid vorzugehen[6].

Auffallend ist ferner, daß das Hauptgewicht der Darstellung auf die *Rechte* der Vasallen gelegt wurde, von ihren *Pflichten* gegenüber dem Herrn dagegen sehr selten die Rede war. Die Waage hatte sich also zugunsten der Lehnleute gesenkt[7].

2. Das Verhältnis des Lehnwesens zur Verwaltung

Ein weiteres ist bemerkenswert: Das Lehnrecht war nicht mehr der Faktor, der das öffentliche Leben und insbesondere die Verwaltung des Landes allein oder zumindest hauptsächlich prägte. Es war kein wesentliches Charakteristikum des politischen Systems mehr. Noch immer gab es Ämter, die nach Lehnrecht verliehen wurden. Auch sonst hatte das Recht der Lehnleute in mancher für den Staat wesentlichen Frage eine gewisse Bedeutung[8]. Es nahm jedoch immer mehr den Charakter einer privatrechtlichen Institution an. Das Lehen wurde hauptsächlich als Grundstück angesehen, zu dessen Besitzwechsel gewisse Formalitäten

---

[4] *Mitteis - Lieberich* S. 181.

[5] *Conrad* II S. 342.

[6] Libri Feudorum (LF) II, 4; vgl. auch LF II, 7 § 1; ebenso für Frankreich: *Monast.* cap. VII (S. 90).

[7] Zu weitgehend *Mitteis - Lieberich* S. 118, die davon ausgehen, daß die LF bereits im Mittelalter die zentrifugale Tendenz des deutschen Lehnrechts verstärkt hätten. Zu dieser Zeit ist jedoch eine Ausstrahlung auf das deutsche Recht kaum nachweisbar. Andererseits nahm das Lehnrecht später andere Aufgaben wahr, so daß sich die zentrifugale Tendenz dann kaum noch auswirken konnte. Dies wird sogleich darzustellen sein.

[8] *Ganshof* Lehnswesen S. 184 f.

erforderlich waren. Ferner verpflichtete es den Inhaber unter Umständen zu gewissen Leistungen[9].

Erkennbar wird dies vor allem in der praktischen Lehnrechtsliteratur des 16. und 17. Jahrhunderts. Sie beschränkte sich darauf, die Bedeutung des Lehnrechts für den Staat sehr kurz abzuhandeln[10]. Dagegen wurden z. B. die Normen des Lehnerbrechtes[11] genau wie die Veräußerungs- und Verpfändungsvorschriften[12] in aller Breite dargestellt.

Hiermit deutete sich bereits der Rückzug des Lehnrechts auf das Gebiet des Privatrechts an. Die nachlassende Betätigung der Vasallen im staatlichen Bereich, insbesondere in der Verwaltung macht erklärlich, weshalb die Herrscher sich nach anderen Verwaltungsträgern umsehen mußten. Der gescheiterte Versuch mit den Ministerialen als Amtsträger hatte gezeigt, daß keiner der zu jener Zeit vorhandenen Stände in der Lage war, eine solche Aufgabe zur Zufriedenheit zu erfüllen. Es mußte also ein neuer, eben das Beamtentum, geschaffen werden.

Daß die Landesherren an diesem Verlauf der Dinge selbst allerdings nicht ganz schuldlos waren, wird später darzulegen sein[13].

3. Bürger- und Bauernlehen

Die früher so bedeutsame Heerschildordnung verlor ebenfalls immer mehr an Bedeutung, da häufig Lehen an Bürger und Bauern vergeben wurden[14]. Hierbei ist aber zu bedenken, daß es sich dabei nicht um rittermäßige Lehen handelte. Es waren also keine der bisher beschriebenen Lehen im engeren Sinne.

4. Die Zünfte

Es war überhaupt ein Charakteristikum jener Zeit, daß man sowohl den Begriff des Amtes als auch den des Lehens in einem sehr weiten Sinne verstand. Unter den Amtsbegriff fiel nicht nur das Amt im heuti-

---

[9] *Ganshof* Lehnswesen S. 183; vgl. auch die Definition bei *Melonius* Tit. I, Rdnr. 1; *Klebel* S. 201 f.
[10] Z. B. *Melonius*, der diese Seite nur in Tit. I, Rdnr. 7, Rdnr. 35, Tit. IV, Rdnr. 29 behandelt.
[11] *Melonius* Tit. II, Rdnr. 1—32; in Frankreich ist es ähnlich: vgl. *de Ardizone* cap. CXXXVII (S. 147—182) und *Monast.* cap. IX—XI (S. 100—160).
[12] *Melonius* Tit. III, Rdnr. 1—2, Tit. IV, Rdnr. 7; vgl. auch *de Ardizone* cap. CXVI (S. 121 R ff.); *Monast.* cap. XII (S. 165—171); siehe auch *Pistoris* II Consilium XI Rdnr. 15.
[13] Siehe unten 2. Kap. B I 2.
[14] Vgl. z. B. die Verleihung der Schulzengerichte: *Mylius* II, V Nr. 28 Sp. 41 ff. (Edikt v. 12. 3. 1685); II, V Nr. 30 Sp. 43 f. (Erklärung v. 23. 7. 1685). Lehen, die wegen ritterlicher Dienste vergeben wurden, galten schließlich als Ausnahme: *Mylius* II, V Nr. 4 Sp. 5 ff. (Edikt von 1569).

gen Sinne. Man bezeichnete insbesondere in Norddeutschland auch die Zünfte als „Ämter"[15]. Daneben erscheint der Ausdruck „Lehen" häufig synonym mit „Amt". So wurden z. B. den Gewandschneidern und Knochenhauern in Lüneburg durch Investitur und gegen Leistung des Lehneides und der „lenware" ihre „Ämter" übertragen[16].

5. Bergrechtliche Verleihungen

Außerdem kannte man bergrechtliche Verleihungen[17] und Arbeitslehen, die mit dem klassischen Lehnwesen nichts zu tun hatten. Sie zeigen uns aber immerhin, wie der Rechtsgedanke der Leihe auch in andere Lebensbereiche eindrang[18]. Mit dem hier allein bedeutsamen Begriff des Lehens im engeren Sinne, das ursprünglich nur durch die Zugehörigkeit des Beliehenen zur Heerschildordnung bestimmt wurde, hatten diese Lehen nichts gemein[19].

Sie waren nur Ausprägungen des Instituts der Leihe, ohne die spezifischen Merkmale der Lehen im engeren Sinne zu erfüllen. Man kann daher sagen, daß es sich bei ihnen um dem ursprünglichen Lehnwesen fremde Institute handelte, auf die man lediglich die technischen Vorschriften des Lehnrechts anwandte.

Zu Lehen im eigentlichen Sinne des Wortes wurden sie dadurch nicht. Sie dürfen daher bei der Untersuchung, ob lehnrechtliche Elemente in das Beamtenrecht übernommen worden sind, ebenso wie die vom weiten Amtsbegriff umfaßten Beispiele keine Berücksichtigung finden. Bei ihnen handelte es sich um Erscheinungen des damaligen Rechtslebens, denen man die Bezeichnung Lehen zuerkannte, ohne daß sie die Voraussetzungen des früheren klassischen Lehnbegriffes erfüllten.

Für die Verwaltung des Landes hatten sie außerdem keine Bedeutung. Ein Vergleich mit dem Beamtenwesen verspricht daher auch mangels einer einheitlichen Vergleichsgrundlage keinen Erfolg. Denn das Ergebnis könnte nur sein, daß der Begriff damals Rechtsinstitute deckte, die heute nicht mehr von ihm umfaßt werden. Es war also insoweit ein anderer Begriff.

---

[15] *Ebel* S. 22; noch weiter gehend *Keutgen* S. 138, der Amt gleich Beruf setzt.

[16] Dazu *Bodemann* S. XXVI ff.; vgl. dort S. 122 z. B. die Urkunde der Knochenhauer v. 1496. Auch in Preußen wurden die Zunft-, Gilde- und Privilegiensachen von der Lehnkanzlei bearbeitet: *Mylius* II, V Nr. 17 Sp. 34 (Instruktion v. 28. 7. 1668).

[17] Vgl. z. B. NCCM (1766) Nr. 39 Sp. 321, 328 (Revidierte Berg-Ordnung v. 29. 4. 1766).

[18] *Ebel* S. 25.

[19] *Ebel* S. 31.

VI. Das Lehnwesen des 18. und 19. Jahrhunderts

1. Das Lehen als privatrechtliches Institut

Auch in den folgenden Jahrhunderten bildete sich das Lehnrecht in den bereits dargestellten Bahnen fort.

Die lehnrechtliche Literatur im 18. und zu Beginn des 19. Jahrhunderts behandelte das Lehnrecht in erster Linie als privatrechtliches Institut[1].

Nur kurz wurden die Lehen gestreift, die für die Verwaltung des Staates eine — allerdings sehr geringe — Rolle spielten[2].

Das Lehen wurde daher häufig wie folgt definiert: Lehen ist das unter dem Vorbehalt des Obereigentums übertragene Eigentum, wobei beide Parteien zu gegenseitiger Treue verpflichtet werden[3].

Auch ein Blick in die Literatur, die das partikulare Lehnrecht jener Zeit behandelte, bestätigt den Eindruck, daß das Hauptanwendungsgebiet des Lehnrechts in privatrechtlichem Bereich lag[4].

Noch deutlicher trat die privatrechtliche Auffassung in den späteren Jahrzehnten des 19. Jahrhunderts hervor. In ihnen wurden Fragen des Lehnrechts in den Lehrbüchern über das deutsche Privatrecht und dessen Geschichte abgehandelt[5].

2. Das Lehnwesen in Preußen

Ein Beispiel aus Brandenburg-Preußen möge zeigen, welch geringe Bedeutung man dem Lehnwesen dort bereits vor dieser Zeit beimaß.

Schon 1717 wurde einem Großteil der Lehnträger freigestellt, das Lehen gegen eine jährliche Abgabe als Allodium zu erwerben[6]. Freilich

---

[1] Vgl. die Lehnrechtsbücher von *Boehmer* (3. und 8. Aufl.), *Buri* (Band 1—2), *Westphal, Gmeiner, Weber* (Band 1—4), *Paetz, Bachmann*; vgl. auch *Scheidemantel*, der das Lehnrecht zwar mit dem Staatsrecht zusammenfaßt, bei der Darstellung aber das Privatrechtliche stark betont.

[2] Vgl. z. B. *Gmeiner* S. 191—200.

[3] So z. B. *Boehmer* 3. Aufl. S. 2; auch 8. Aufl. S. 2; *Weber* I S. 18; *Scheidemantel* S. 25 (unter „Feudum" § 1); so auch 13 I 18 ALR; vgl. auch Buri I S. 447 f.

[4] Vgl. die Lehnrechtsbücher von *Kremer* (Band 1—2 — Österreich), *Zachariä* (Sachsen), *Mayr* (Bayern) und *Roth* (Mecklenburg).

[5] Z. B. *Beseler* II §§ 152—172 (S. 692—784); *Dahn* S. 316—342; *Eichhorn* Privatrecht S. 506—610; ders. Allodification, wo auf S. 9 f. deutlich wird, daß man allmählich die öffentlich-rechtliche Bedeutung des Lehnwesens für die frühere Zeit erkennt. Für die Gegenwart zieht man sie jedoch nur zur Auslegung des Privatrechtsinstituts heran: *Heusler* II §§ 106—109 (S. 153—167); *Gerber* §§ 103—137 (S. 171—224).

[6] *Mylius* II, V Nr. 59 Sp. 81 ff. (Edikt v. 5. 1. 1717). Zu den Einzelheiten: *Mylius* II, V Nr. 60 Sp. 83 ff. (Resolution v. 24. 2. 1717); II, V Nr. 61 Sp. 87 ff.

wurde diese Gelegenheit zum Erwerb von Eigentum nicht von allen Vasallen wahrgenommen. Ihren bisherigen Status mußten nur die sog. „illustren Lehen", unter die u. a. die Erbämter fielen[7], und die anderen, im eben genannten Edikt aufgezählten Lehen behalten.

Für Ostpreußen wurde im Jahre 1792 sogar bestimmt, daß eine gesetzliche Vermutung *gegen* die Lehneigenschaft eines Gutes bestehe[8].

Zu einer solchen Allodifikation wäre es sicher nicht gekommen, wenn die Lehnleute noch immer von so überragender Wichtigkeit für die Verwaltung gewesen wären, wie es in früheren Jahrhunderten der Fall gewesen war.

Da nicht alle Vasallen von der Möglichkeit der Allodifikation Gebrauch gemacht hatten, widmete das ALR dem Lehnrecht zwar noch einen besonderen Abschnitt. Wie die zeitgenössischen Juristen reihte es dieses Rechtsinstitut jedoch unter dem Titel „Vom geteilten Eigentume" ebenfalls in das Gebiet des Privatrechts ein[9].

C. Ergebnis

Als Ergebnis bleibt somit festzuhalten: Fast während der ganzen Zeit seiner Wirksamkeit spielte das Lehnrecht sowohl in privatrechtlicher als auch in öffentlich-rechtlicher Hinsicht eine Rolle.

Dabei muß man sich aber darüber klar sein, daß diese Einteilung und Wertung erst vom heutigen Standpunkt aus an das damalige Recht herangetragen wird. In früherer Zeit war eine derartige Unterscheidung von öffentlichem und Privatrecht nicht bekannt[1].

Während der Regierungszeit der fränkischen Könige, insbesondere der Karolinger, aber auch noch im Hochmittelalter, spielte das Lehnrecht eine überragende Rolle bei der Verwaltung des Reiches. Daneben hatte es schon damals seine Bedeutung auf nach heutigen Begriffen privatrechtlichem Gebiet. Es waren in der Hauptsache die mit Ämtern begabten Lehnleute, die die Aufgaben versahen, mit denen heute Beamte[2] betraut sind. In funktionaler Hinsicht sind sie also unseren Beamten vergleichbar.

(Resolution v. 27. 4. 1717); II, V Nr. 62 Sp. 89 ff. (Assekuration v. 30. 6. 1717); II, V Nr. 63 Sp. 95 ff. (Reskript v. 30. 4. 1718); II, V Nr. 66 Sp. 109 ff. (Resolution v. 23. 2. 1720); II, V Nr. 74 Sp. 123 f. (Deklaration v. 28. 8. 1721), die besagt, daß Schulzen- und Bauerlehen nicht mehr im Lehnnexus stehen. Aus *NCCM* (1806) Nr. 5 Sp. 33 ff. (Reskript v. 18. 1. 1806) ergibt sich sogar, daß in Westpreußen bereits 1546 alle Lehen allodifiziert worden sind.

[7] *Mylius* II, V Nr. 66 Sp. 109 ff. (Resolution vom 23. 2. 1720).
[8] *NCCM* (1792) Nr. 33 Sp. 911 f. (Deklaration v. 9. 4. 1792); eine derartige Vermutung findet sich bereits bei *Melonius* Tit. IV Rdnr. 25.
[9] §§ 13—679 I 18 ALR.
[1] Vgl. *Gierke* I S. 126.
[2] Zu ihnen werden in diesem Sinne auch die Richter gerechnet.

C. Ergebnis

Ähnlichkeiten ergeben sich ebenfalls in ihrer Stellung zum Volk und in ihrem Verhältnis zur Regierungsgewalt. Beide Gruppen treten dem Volk als Vertreter der Obrigkeit entgegen. Für die Inhaber der Regierungsgewalt sind sie, jedenfalls nach der Idealvorstellung beider Institutionen, als Werkzeuge und Vertrauensleute tätig[3]. Dabei spielt es keine Rolle, ob diese Regierungsgewalt von einem einzelnen Herrscher oder von einer vom Volk gewählten, vielköpfigen Regierung verkörpert wird.

Im Laufe seiner weiteren Geschichte verschob sich zwar das Hauptgewicht des Lehnrechts allmählich von der Verwaltung des Staates mehr auf privatrechtliche Bindungen und auf den schließlich ganz im Vordergrund stehenden Grundstücksverkehr. Seine Bedeutung für die Verwaltung verlor es jedoch endgültig und gänzlich erst im 19. Jahrhundert.

Bereits vorher allerdings wurde die Schaffung eines neuen Berufsstandes erforderlich, der in der Lage war, die früher von den Vasallen versehenen Aufgaben zu übernehmen. Als Nachfolger in der Verwaltungstätigkeit entstand daher das Beamtentum.

Der Übergang lehnrechtlicher Elemente in das Beamtenrecht erscheint somit, besonders wenn man die Gleichartigkeit der Aufgaben bedenkt, durchaus möglich. Eine Untersuchung dieses Problems könnte also Aufklärung über manche beamtenrechtliche Regelung geben, die aus sich selbst heraus unverständlich erscheint.

---

[3] Noch weitergehend *Lotz* S. 10 und *Winters* S. 15, die die Auffassung vertreten, daß vor allem die damaligen Grafen alle Kriterien des heutigen Beamtenbegriffes erfüllen.

Zweites Kapitel

Die Zeit des Übergangs. (Vom 14. bis ins 19. Jahrhundert)

A. Mögliche Ursachen für die weitgehende Übereinstimmung von Lehn- und Beamtenrecht

Als die Landesherren sich mit dem Beamtentum ein neues Instrument zur Ausübung der Verwaltung schufen, waren sie daran interessiert, gleichzeitig die Bedeutung der lehnrechtlichen Institute und der Lehnleute in diesem Bereich zu mindern und eventuell ganz zu beseitigen. Sie kannten die aus diesen Instituten sich ergebenden Gefahren am besten, waren doch sie selbst oder ihre Vorfahren ursprünglich Lehnleute und Amtsträger gewesen. Erst nach und nach hatten sie die Landeshoheit und eine gewisse Selbständigkeit vom Reich erworben[1]. Die Gefahr, ein Gleiches könne sich in ihren Territorien ereignen, wurde durch das Entstehen des Beamtentums und die Übernahme vieler verwaltender Funktionen durch diese Berufsgruppe verringert. Dennoch konnten sie sich bei der Schaffung eines Beamtenrechtes natürlich nicht gänzlich von Instituten, Vorstellungen und Gedankengängen trennen, die ihnen im Zusammenhang mit den bisherigen Verwaltungsträgern vertraut waren.

In der neueren Literatur liest man zuweilen, das Beamtenrecht sei in seiner Frühzeit von lehnrechtlichen Vorstellungen beherrscht gewesen[2]. Zumindest sei die persönliche Treubindung zwischen dem Dienstherrn und dem Beamten nach dem Vorbild lehnrechtlicher Institute geschaffen worden[3]. Für diese Ansicht wird weder eine Begründung gegeben, noch wird dargelegt, aufgrund welcher geschichtlichen Begebenheiten man eine Rezeption von Teilen des Lehnrechts durch das Beamtenrecht annimmt.

---

[1] Siehe *Lotz* S. 26 f.; vgl. allerdings *Mylius* II, III Nr. 8 Sp. 14 (Mandat v. 17. 9. 1652), in dem noch von „Unserm hohen Churfürstlichen Ampt" die Rede ist. Zwar mag das nur noch eine Floskel sein, es zeigt aber immerhin, daß die Erinnerung an das ursprüngliche Wesen der nunmehr landesherrlichen Würde nicht ganz verloren gegangen ist. Eine Untersuchung über die inhaltliche Wandlung des Begriffes „Amt" würde den Rahmen dieser Arbeit sprengen.

[2] *Behnke* S. 71; vgl. auch Acta Borussica I Einl. S. 119 f.

[3] *Scheyhing* S. 120; weitergehend Everling S. 32, der meint, die Treubindung des Beamten sei direkt auf das Lehnrecht zurückzuführen.

A. Ursachen für Übereinstimmung von Lehn- und Beamtenrecht

Eine solche Begründung ist aber notwendig, denn es könnte zumindest zwei unterschiedliche Ursachen für eine teilweise Übereinstimmung von Lehn- und Beamtenrecht geben. Die beiden möglichen Ursachen differieren so erheblich voneinander, daß die Annahme der einen oder anderen das Ergebnis dieser Untersuchung entscheidend mitbestimmen muß.

I. Gleiche Aufgaben als Grund für gleiche Rechtsinstitute

Zum einen könnte man auf den Gedanken kommen, daß gar keine Rezeption stattgefunden hat. Konsequenterweise müßte man dann weiter behaupten, das Beamtenwesen enthalte nur deshalb so viele auch dem Lehnrecht bekannte Einrichtungen, weil den Beamten in einer späteren Zeit die gleichen Aufgaben oblagen, die vorher die Lehnleute zu erfüllen hatten[1].

Die Ähnlichkeiten müßten dann allein darauf zurückzuführen sein, daß die gleiche Zweckrichtung beider Rechtskreise — nämlich die Aufrechterhaltung einer funktionierenden Verwaltung zu gewährleisten — zur Entstehung ähnlicher oder gar gleicher Rechtsinstitute geradezu zwang[2].

Man müßte in diesem Falle die Auffassung vertreten, daß eine ordnungsgemäße Verwaltung einzig und allein mit Hilfe dieser sowohl im Lehn- als auch im Beamtenrecht vorhandenen Elemente denkbar war und ist. Denn es ist unwahrscheinlich, daß die damaligen Herrscher ohne zwingende Notwendigkeit Elemente in das neue Beamtenrecht übernahmen, deren Gefährlichkeit und Nachteile sie bereits beim Lehnrecht kennengelernt hatten. Man denke z. B. nur an die *gegenseitige* Treupflicht.

II. Übernahme lehnrechtlicher Institute in das Beamtenrecht

Zu berücksichtigen ist aber, daß das Beamtenrecht erst entstand, als das Lehnrecht bereits voll ausgebildet war. Ein beziehungsloses Nebeneinander von Lehn- und Beamtenwesen ist in einer solchen Situation sehr unwahrscheinlich.

Es kommt daher als zweite These in Betracht, daß lehnrechtliche Bestimmungen und Regelungen, wie z. B. die Ableistung des Treueides, bewußt oder unbewußt in das neue Beamtenrecht übernommen wurden. Der Grund hierfür wäre darin zu sehen, daß man sich daran *ge-*

---

[1] *Mitteis* Lehnrecht S. 19.
[2] An eine völlig eigenständige Entstehung des Beamtentums scheint *Bosl* S. 85 zu denken, der von einem „neuen Beamtentum" und von der Überwindung des Lehnrechts durch das neu geschaffene Amtsrecht spricht.

wöhnt hatte, daß sie für die Amtsträger der Verwaltung — das waren in dieser Zeit hauptsächlich eben Lehnleute — galten. Erkennt man dies als Begründung an, so braucht man nicht wie oben von der Annahme auszugehen, daß ihre Anwendung für das Funktionieren der Verwaltung zwingend *notwendig* war und ist.

III. Merkmale einer Übergangszeit

Stattdessen ist jedoch etwas anderes unerläßliche Voraussetzung für eine Rezeption lehnrechtlicher Elemente durch das Beamtenrecht: das Vorhandensein einer Übergangszeit. Im Folgenden soll untersucht werden, ob es eine solche gegeben hat.

Eine Übergangszeit zeichnet sich durch bestimmte Eigentümlichkeiten aus. Bei deren Vorliegen könnte man mit an Sicherheit grenzender Wahrscheinlichkeit davon ausgehen, daß Elemente eines Rechtskreises in einen anderen übergegangen sind. Käme man also zu dem Schluß, daß alle Merkmale einer solchen Periode vorgelegen haben, so wäre man damit bereits zu einem entscheidenden Teilergebnis gelangt. Der zweite Schritt muß dann eine Untersuchung und ein Vergleich einzelner Institute beider Rechtskreise sein.

Da der Nachweis einer Übergangszeit von so großer Bedeutung ist, sollen ihre wesentlichen Voraussetzungen, Merkmale und Folgen hier als Thesen aufgestellt werden. Es wird Aufgabe dieses Kapitels sein, ihr Vorhandensein nachzuweisen:

1. Lehn- und beamtenrechtliche Institutionen bestehen gleichzeitig nebeneinander.
2. Vasallen und Beamte nehmen gleichartige Verwaltungsfunktionen wahr.
3. Lehnleute und Beamte werden in einer Vielzahl von Dingen — und zwar nicht nur in solchen, die *unmittelbar* mit der Verwaltungstätigkeit zusammenhängen — gleichbehandelt.
4. Zahlreiche Beamte sind ihrem Landesherrn zugleich als Lehnleute verbunden.

B. Die Übergangszeit in Brandenburg-Preußen

Bei der Untersuchung dieser Thesen beschränke ich mich im wesentlichen auf Brandenburg-Preußen, da für dieses Gebiet die meisten gedruckten Quellen vorhanden und erreichbar sind. Im übrigen bietet sich dieses Territorium auch deshalb an, weil es führend in der Schaffung eines modernen Beamtentums war. Ein gelegentlicher Blick auf andere Länder wird ergeben, daß sich ähnliche Prozesse in den meisten deutschen Territorialstaaten abspielten[1]. Es sind lediglich gewisse zeitliche Verschiebungen und geringe, örtlich bedingte Abweichungen zu bemerken.

Die Untersuchung der aufgezeigten Probleme im Rahmen der Geschichte und der Quellen Brandenburg-Preußens, insbesondere der Marken, hat einen Nachteil: Das Lehnrecht spielte bei der Amtsverleihung nicht die bedeutende Rolle wie in anderen Territorien. Aus der Grenzlage der Marken ergab sich, daß das militärische Kommando im Vordergrund stand[2]. Immerhin aber kannte man auch hier für eine erhebliche Zahl von Ämtern die Verleihung nach Lehnrecht[3].

Die gewonnenen Ergebnisse können daher nur sehr vorsichtig auf andere Territorien übertragen und angewendet werden.

I. Gründe für die Übernahme der bisher von den Lehnleuten versehenen Verwaltungsaufgaben durch die Beamten

Bevor die Elemente der Übergangszeit im einzelnen geprüft werden können, gilt es zu untersuchen, warum man eigentlich die Lehnleute aus der Verwaltung drängte und durch Beamte ersetzte.

Es wurde bereits angedeutet, daß sich das Lehnrecht mehr und mehr auf das privatrechtliche Gebiet zurückzog[1].

Die Vasallen stellten nunmehr ihre Eigeninteressen derart in den Vordergrund, daß für die der Landesherren kaum noch Raum blieb. Daß dieser Lauf der Dinge zum Teil auf den Maßnahmen der Herrscher selbst beruhte, bedarf der genaueren Darstellung.

1. Die geschichtliche Situation

Auszugehen ist dabei von folgender geschichtlichen Situation:

Wie bei den Herzögen und Grafen der anderen deutschen Länder wurde aus der ursprünglichen Reichsbeamtenstellung des Markgrafen in Brandenburg allmählich eine eigenständige Landeshoheit[2]. Wegen der besonderen Grenzlage der Marken geschah dies hier schneller als in anderen Gebieten[3].

Nachdem die Mark Brandenburg im 12. und 13. Jahrhundert von den Askaniern kolonisiert und nach Osten hin erweitert worden war, folgte

---

[1] *Lotz* S. 20 f.
[2] *Bornhak* Staatsrecht I S. 4 f.; II S. 2 f.
[3] *Bornhak* Staatsrecht II S. 2.
[1] Siehe oben 1. Kap. B V 2.
[2] *Isaacsohn* I S. 1.
[3] *Schulze* I S. 24.

im 14. Jahrhundert ein Niedergang der Macht der brandenburgischen Fürsten[4]. Erst die Bestellung des Burggrafen Friedrich von Nürnberg zum obersten Hauptmann und Verweser der Marken im Jahre 1411[5], die 1415 erfolgende Übertragung der Markgrafen- und Kurfürstenwürde auf ihn[6] und die schließliche Belehnung im Jahre 1417[7] bedeuteten einen neuen Anfang zur Schaffung geordneter Verhältnisse[8].

2. Machtverluste der Landesherren durch Verschleuderung der Regalien

Dennoch ist auch nach der Übernahme Brandenburgs durch die Hohenzollern eines bemerkenswert: Die Kurfürsten sahen die Regierung über ihr Land nicht so sehr als — nach heutiger Einordnung — staats- oder öffentlich-rechtliche Aufgabe an. Vielmehr faßten sie sie als eine Art privates Recht auf, das sie dementsprechend verwerteten[9].

Hier scheint eine der Wurzeln dafür zu liegen, daß die Vasallen — genau wie ihre Landesherren — von nun an fast ausschließlich ihren Eigeninteressen lebten. Für die Verwaltung wurden sie dadurch ungeeignet.

a) Die Zeit vor den Hohenzollern

aa) Nutzung der Regalien durch die Landesherren selbst

Im einzelnen ergibt sich Folgendes:

Ursprünglich bedeutete die Landeshoheit u. a., daß der Landesherr alle Regalien und das Recht zu ihrer Verwertung innehatte. Die Herrscher benutzten diese Rechte hauptsächlich, um sich einen glänzenden Hofhalt ermöglichen zu können. Der landesherrliche Hof dieser Zeit unterschied sich von anderen Adelshöfen des Landes lediglich durch seine Größe. Dieser Charakter der größten Haushaltung des Landes machte erhebliche Aufwendungen nötig, um die Hofangehörigen und Gäste zu versorgen und sie mit allem Erforderlichen zu versehen[10]. Bald reichten die Einkünfte aus den Regalien nicht mehr aus, um diese Kosten zu decken.

---

[4] Vgl. z. B. *Riedel* Geschichte II S. 12, 32 f.
[5] *Riedel* Geschichte II S. 41 f.; vgl. *Riedel* I, III Nr. 125 S. 413 (Urk. v. 1412).
[6] Siehe die Urkunde vom 30. 4. 1415 bei *Riedel* Geschichte II S. 254 ff.
[7] Vgl. *Riedel* Geschichte II S. 312 ff.
[8] *Schulze* I S. 25 ff.
[9] *Bornhak* Staatsrecht II S. 4.
[10] *Lotz* S. 28; *Bornhak* Staatsrecht I S. 6.

bb) Übertragung landesherrlicher Regalien und Besitzungen auf andere Rechtsträger

Im 13. und 14. Jahrhundert verfiel man daher auf den Ausweg, die landesherrlichen Rechte und Besitzungen[11] zu verpfänden oder gar zu verkaufen.

So erlitten ganze Landesteile[12] und eine große Zahl von Städten[13], Schlössern[14] und Dörfern[15] dieses Schicksal.

Besonders der um die Wende des 14. zum 15. Jahrhundert regierende Markgraf Jobst bot einen großen Teil aller verbliebenen nutzbaren, landesherrlichen Rechte und Besitzungen zum Kauf oder als Pfand an, um dadurch zu Geld zu kommen[16]. Einen anderen Teil verschleuderte er an Adlige und Nachbarfürsten[17].

Die Mittel zum Erwerb hatten — außer auswärtigen Fürsten, die häufig als Pfandgläubiger auftraten — nur die Ritterschaft und die Städte. Sie vereinigten sehr bald eine erhebliche Macht in ihren Händen[18].

---

[11] *Gercken* V, I Nr. 35 S. 44 f. (Urk. v. 1354), wo Bede und Wagendienst des Dorfes Goliz den Frankfurter Gebrüdern Hokman übereignet werden; Gercken V, I Nr. 50 S. 61 f. (Urk. v. 1355) — Überlassung des Obergerichts zu Frankfurt an die eben Genannten wegen einer Schuld; *Gercken* V, II Nr. 72 S. 101 ff. (Urk. v. 1364); V, VI Nr. 175 S. 289 f. (Urk. v. 1317) — Markgraf Woldemar belehnt Heinrich und Burchard von Ost mit Schloß und Stadt Briesen gegen Zahlung von 2000 Mark; *Gercken* VI, II Nr. 42 S. 444 f. (Urk. v. 1344); VI, III Nr. 105 S. 517 f. (Urk. v. 1355); VI, III Nr. 125 S. 533 f. (Urk. v. 1356); *Raumer* I Nr. 18 S. 15 (Urk. v. 1358). Bezeichnend auch *Raumer* I Nr. 21 S. 17 (Urk. v. 1348), wo Kurfürst Ludwig d. Ältere ausdrücklich verspricht, das hohe Gericht in Berlin nicht zu verkaufen.

[12] *Gercken* I, III Nr. 71 S. 141 f. (Urk. v. 1328), die einen Revers über den Verkauf des Fürstentums Lausitz an Herzog Rudolf von Sachsen enthält; siehe auch *Gercken* III, II Nr. 28 S. 105 f. (Urk. v. 1349); III, II Nr. 39 S. 140 f. (Urk. v. 1388); IV, III Nr. 278 S. 553 (Urk. v. 1340); V, V Nr. 135 S. 239 f. (Urk. v. 1398).

[13] *Gercken* I, II Nr. 33 S. 72 ff. (Urk. v. 1373), wo die Stadt Havelberg an Herzog Albrecht von Mecklenburg verpfändet wird; *Gercken* I, III Nr. 89 S. 162 ff. (Urk. v. 1333); I, III Nr. 93 S. 170 f. (Urk. v. 1334); III, II Nr. 16 S. 82 f. (Urk. v. 1285); III, IV Nr. 162 S. 284 f. (Urk. v. 1336); IV, II Nr. 252 S. 495 ff. (Urk. v. 1351); V, I Nr. 31 S. 38 ff. (Urk. v. 1354); VII, I Nr. 17 S. 53 ff. (Urk. v. 1353).

[14] *Gercken* I, III Nr. 77 S. 146 ff. (Urk. v. 1334); I, III Nr. 160 S. 267 f. (Urk. v. 1335); IV, II Nr. 232 S. 446 f. (Urk. v. 1299); IV, II Nr. 260 S. 511 f. (Urk. v. 1364).

[15] *Gercken* V, I Nr. 1 S. 5 (Urk. v. 1352); V, I Nr. 20 S. 25 f. (Urk. v. 1353); VI, IV Nr. 144 S. 576 f. (Urk. v. 1318).

[16] *Gercken* IV, V Nr. 306 S. 603 f. (Urk. v. 1388) — Überlassung des obersten Gerichtes an die Stadt Münchberg; *Gercken* V, V Nr. 138 S. 243 f. (Urk. v. 1398) — Verpfändung der Stadt Küstrin; *Riedel* I, IV Nr. 66 S. 87 f. (Urk. v. 1406); *Raumer* I Nr. 12 S. 10 f. (Urk. v. 1409); I Nr. 13 S. 11 f. (Urk. v. 1408); I Nr. 14 S. 12 f. (Urk. v. 1407).

[17] *Riedel* Geschichte II S. 32; *Riedel* I, IX S. 338 f.

[18] *Bornhak* Staatsrecht I S. 6.

α) Erwerb der Regalien durch die Städte

Der Erwerb der Regalien durch die bedeutenderen Städte beruhte darauf, daß man sie bereits in dieser Epoche bezüglich der Lehnqualität den Rittern gleichachtete[19].

Das läßt sich aus folgenden Tatsachen schließen: Am 10. 12. 1358 wies Markgraf Ludwig der Römer den Bürgern Stendals und der anderen Städte der Altmark in Lehnsachen den Gerichtsstand vor ihm persönlich oder seinem Hofrichter zu[20]. Ein Privileg, das — wie später zu zeigen sein wird — nur dem Adel und den kurfürstlichen Beamten zustand. Außerdem deuten die vielen Belehnungen[21] im 13. und den folgenden Jahrhunderten auf eine derartige Einordnung der Städte hin. Sie kann schließlich auch noch aus einer Urkunde Joachims II. entnommen werden, in der er der Stadt Mittenwalde den Erwerb des Gerichts bestätigte[22]. Er bezeichnete den Rat der Stadt dabei als „lieben Getreuen". Dies war eine Anrede, die der Herr häufig gegenüber seinem Lehnmann oder auch gegenüber einem Beamten gebrauchte, niemals jedoch bezeichnete er so einen einfachen Untertanen. Das ergibt sich u. a. aus einem Vertrag, den Kurfürst Joachim I. zwischen der Stadt Frankfurt und dem Bischof von Lebus vermittelte[23].

Daß der Landesherr auch seine Beamten so anredete, folgt aus zahlreichen Quellen. So findet sich z. B. in Verordnungen und Reskripten, die an die neumärkische Regierung[24] und an das Kammergericht[25] adressiert waren, immer wieder die Anrede:

„... Veste, Hochgelahrte Rähte und Liebe Getreue ...".

Für Beamte und Vasallen — unter ihnen auch die Städte — galt also die gleiche Anrede, ein Indiz dafür, daß man zwischen ihnen gewisse Ähnlichkeiten erkannte.

---

[19] *Isaacsohn* I S. 203; über die Angehörigen der einzelnen Stände ausführlich *Mülverstedt* S. 5 ff., 20 ff.
[20] *Riedel* I, XV Nr. 200 S. 152.
[21] Z. B. *Riedel* I, XV Nr. 137 S. 104 (Urk. v. 30. 5. 1343); I, XV Nr. 138 S. 104 f. (Urk. v. 5. 6. 1343); siehe aber auch *Riedel* I, XII Nr. 58 S. 454 (Urk. v. 18. 3. 1472) und I, XII Nr. 65 S. 459 f. (Urk. v. 4. 5. 1486), in denen Schulzenämter — also nicht rittermäßige Lehen — an den Rat zu Wriezen verliehen werden. Das minderte jedoch nicht die Lehnqualität der Städte.
[22] *Riedel* I, XI Nr. 40 S. 251 (Urk. v. 27. 12. 1550).
[23] *Riedel* I, XXIII Nr. 433 S. 437 f. (Urk. v. 23. 4. 1528): „... ein regirender Bisschoff zu Lubus (hat) dem Rath ... zu franckfurt lieben getreuen geschrieben, der ursach, das die von franckfurdt von dem Bischthumb zu Lubus ... lehen tragen, und sich also einer fürstlichen obrickeit gein jnen angemast ...". Vgl. auch *Riedel* I, I S. 68 Anm. (Urk. v. 1560): „... alss wir dem Wolgelarten unserm Lieben getreuem Magistro Simoni Melleman und seinen Lehens erben unnser Landtgerichte Inn der Prignitze zu Lehen ... vorliehenn ...".
[24] *Mylius* II, II Nr. 1 Sp. 1 (Verordnung v. 8. 2. 1633).
[25] *Mylius* II, II Nr. 39 Sp. 103 (Anschreiben zur Hypotheken- und Konkurs-Ordnung v. 4. 2. 1722); auch II, II Nr. 5 Sp. 13 (Reskript v. 28. 8. 1672).

B. Die Übergangszeit in Brandenburg-Preußen

Wahrscheinlich beruhte die gleiche Bezeichnung für beide Stände darauf, daß zusammen mit der Übernahme vieler Aufgaben der Lehnleute durch Beamte auch die für die Vasallen übliche Anrede auf die neuen Verwaltungsträger überging. Diese Erscheinung wurde durch den Eintritt vieler Lehnleute in den Beamtenstatus noch gefördert. Denn so konnte die für sie vorher übliche Bezeichnung einfach beibehalten werden.

Abschließend kann also gesagt werden, daß sie nur gegenüber Leuten gebraucht wurde, die zum Landesherrn in einem engeren Verhältnis als die einfachen Untertanen standen. Da nun die Städte als Vasallen des Landesherrn galten, wurde sie auch auf sie angewendet.

Diese Vasallenstellung ermöglichte es den Städten u. a., fast vollständig in den Besitz des Münzregals zu kommen[26].

β) Der Adel als Inhaber der Regalien

Einige mächtige Adelsgeschlechter, wie die Edlen Herren Gans zu Putlitz und die Grafen von Lindow genossen gar alle nutzbaren landesherrlichen Rechte, einschließlich des Münzrechtes, in ihren Herrschaftsbereichen[27]. Dies geschah, obwohl sie im Dienste des kurfürstlichen Hauses standen[28].

Aber auch die nicht so mächtigen Mitglieder der Ritterschaft und sogar wohlhabende Stadtbürger erwarben einzelne Regalien und Besitzungen[29].

cc) Die Erwerbsobjekte

Besonders beliebtes Erwerbsobjekt — sei es im Wege des Kaufes oder der Verpfändung — für Ritterschaft, Städte und Bürger war die niedere und hohe Gerichtsbarkeit[30]. Sie war deshalb so begehrt, weil

---

[26] *Isaacsohn* I. S. 143; *Riedel* I, XV Nr. 145 S. 110 f. (Urk. v. 5. 10. 1343) — Verleihung der Münze zu Stendal auf 12 Jahre; siehe auch *Gercken* V, II Nr. 74 S. 105 f. (Urk. v. 1369).

[27] *Riedel* I, I S. 268 f.; I, IV S. 30.

[28] *Riedel* I, I, Nr. 10 S. 301 (Urk. v. 1339); I, I Nr. 14 S. 304 (Urk. v. 1373) — Beleihung mit dem Obermarschallamt.

[29] *Bornhak* Staatsrecht S. 6 f.

[30] *Riedel* I, XXIII Nr. 18 S. 15 (Urk. v. 6. 7. 1317); I, XXIII Nr. 20 S. 16 f. (Urk. v. 12. 2. 1317); *Gercken* III, V Nr. 183 b. S. 317 ff. (Urk. v. 1324); *Riedel* I, I S. 353. Im Jahre 1358 wird die Hälfte des obersten Gerichtes der Stadt Kyritz vom Landesherrn an den Rat verpfändet, während die andere Hälfte als Lehen an Privatleute vergeben wird — *Riedel* I, I Nr. 59 S. 155 (Urk. v. 1359); I, XXIII Nr. 161 S. 112 f. (Urk. v. 20. 7. 1373); I, XXIII Nr. 176 S. 125 (Urk. v. 18. 3. 1388). Hier tritt der kennzeichnende Fall auf, daß König Sigismund, derzeitiger Landesherr der Marken, der Stadt Frankfurt das oberste Gericht verleiht, das diese von ihrem Bürger Fritz Belkow gekauft hat. *Raumer* I Nr. 15 S. 13 (Urk. v. 1391).

sie wegen der aus ihr fließenden Gefälle, Brüche und Bußen als sehr lohnend erschien[31].

Dabei ist zu bedenken, daß die Gerichtsbarkeit nicht im heutigen Sinne verstanden werden darf. Damals war sie der Angelpunkt aller staatlichen Gewalt. Sie umfaßte auch die polizeiliche Gewalt, das Recht also, Ge- und Verbote zu erlassen, polizeilichen Zwang auszuüben und polizeilichen Schutz zu gewähren[32].

Die heutige Trennung von Verwaltung und Justiz hatte noch nicht stattgefunden, so daß zu den Gerichts- häufig die Verwaltungseinkünfte traten. Sie kamen übrigens des öfteren Verwaltungsbeamten zugute, da diese manchmal mit einem Stadtgericht belehnt wurden[33].

Ferner waren mit dem Gericht meistens Nutzungsrechte an Ländereien, Flüssen, Seen sowie Ansprüche auf Renten verbunden. Im Jahre 1418 z. B. verkaufte Markgraf Friedrich das Gericht zu Frankfurt an Gabriel Veisten. Er verlieh es ihm und seinen Lehnerben als rechtes Lehen

„... mit allen sinen czugehorungen an bussen, gewetten, gevellen, nuczen, renten, czinsen, waszern, molen, tichen, seen ..."[34].

Ferner geschah es des öfteren, daß der Landesherr Ortschaften und Schlösser verpfändete oder verkaufte, indem er den Pfandgläubiger oder Käufer damit belieh[35]. So ist es erklärlich, daß der Kurfürst innerhalb des Landes in der Hauptsache als Herr seiner Güter hervortrat[36]. Eine den sonstigen märkischen Adel überragende Rolle spielte er nur noch im Verhältnis zum Reich und aufgrund seiner Stellung in der Hierarchie des Reichsadels.

b) Die Zeit der Hohenzollern

Durch den Erwerb eines großen Teiles der landesherrlichen Rechte war die Macht der Stände, zu denen man Prälaten, Ritterschaft und Städte zählte[37], ungeheuer gestiegen.

---

[31] Dazu *Riedel* I, I S. 93; *Schoetensack* S. 20 f.; *Isaacsohn* I S. 196 f., 227. Vgl. für die spätere Zeit *Riedel* I, XX Nr. 60 S. 165 f. (Urk. v. 5. 7. 1485); I, IX Nr. 372 S. 276 (Urk. v. 20. 6. 1536); siehe auch *Acta Borussica* I Einl. S. 54.

[32] *Lotz* S. 26.

[33] Statt vieler *Riedel* I, III Nr. 260 S. 503 (Urk. v. 1491), wo der Zöllner von Lenzen mit dem Stadtgericht belehnt wurde. Sein Dienstversprechen bei *Raumer* II Nr. 94 S. 87 f. (Urk. v. 1491).

[34] *Riedel* I, XXIII Nr. 220 S. 160 f. (Urk. v. 7. 1. 1418); I, XII Nr. 11 S. 269 f. (Urk. v. 15. 8. 1451); auch *Gercken* IV, V Nr. 309 S. 607 ff. (Urk. v. 1440).

[35] *Riedel* I, II Nr. 19 S. 280 f. (Urk. v. 1334); *Gercken* IV, II Nr. 263 S. 518 ff. (Urk. v. 1369); VI, I Nr. 17 S. 417 f. (Urk. v. 1467).

[36] *Bornhak* Staatsrecht I S. 7.

[37] Vgl. statt vieler *Mylius* IV, II 4. Kap. Nr. 1 Sp. 190 (Fischereiordnung v. 1551).

B. Die Übergangszeit in Brandenburg-Preußen   51

Die Hohenzollern sahen sich deshalb bei Übernahme der Marken gezwungen, die von ihren Vorgängern betriebene Politik fortzusetzen. Der „Ausverkauf" der Rechte des Landesherrn wurde also zunächst unter ihrer Regierung fortgesetzt.

aa) Die Erwerbsobjekte

So kam es, daß weiterhin vor allem Gerichte verkauft[38], verpfändet[39] und verliehen wurden[40].

Aber nicht nur sie galten als Vermögensobjekte, deren Besitz erstrebenswert war. In ähnlicher Weise wurde auch mit Höfen[41], Dörfern[42], Städten[43], Schlössern[44], Klöstern[45] und Abgaben verfahren[46].

Außerdem verpfändete der Landesherr Vogteien und viele Amtmannschaften[47]. Er machte den Pfandgläubiger zum Amtmann und überließ ihm gegen Gewährung der Pfandsumme seinen Bezirk zur Nutzung[48].

---

[38] *Riedel* I, XXIII Nr. 220 S. 160 f. (Urk. v. 7.1.1418); I, VI Nr. 37 S. 366 f. (Urk. v. 5.10.1432), wo die „Vereignung" des obersten Gerichtes der Stadt Seehausen und des halben Zehnten eines Hofes und der Feldmark zu Unden geregelt wird; I, IX Nr. 365 S. 271 f. (Urk. v. 1522); für das Schulzenamt — I, IX Nr. 416 S. 321 (Urk. v. 25.6.1565); *Raumer* II Nr. 74 S. 73 f. (Urk. v. 1478).

[39] *Riedel* I, III Nr. 15 S. 300 (Urk. v. 1431); I, XV Nr. 281 S. 225 f. (Urk. v. 25.7.1427) = *Gercken* VII, III Nr. 50 S. 153 (Urk. v. 1427).

[40] *Raumer* I Nr. 92 S. 123 f. (Urk. v. 1439); *Riedel* I, XXIII Nr. 311 S. 252 f. (Urk. v. 7.3.1468); I, XXIII Nr. 318 S. 258 f. (Urk. v. 29.12.1471); I, I Nr. 48 S. 502 (Urk. v. 18.3.1472).

[41] *Riedel* I, XI Nr. 90 S. 352 (Urk. v. 1441); I, XX Nr. 187 S. 319 f. (Urk. v. 14.12.1506).

[42] *Gercken* VII, III Nr. 51 S. 154 f. (Urk. v. 1427); *Riedel* I, XX Nr. 160 S 297 (Urk. v. 13.1.1472).

[43] *Raumer* I Nr. 8 S. 48 f. (Urk. v. 1413); I Nr. 11 S. 50 f. (Urk. v. 1413); *Gercken* VII, III Nr. 72 S. 202 ff. (Urk. v. 1429); VIII, V Nr. 117 S. 681 ff. (Urk. v. 1465).

[44] *Raumer* I Nr. 21 S. 59 f. (Urk. v. 1414); I Nr. 40 S. 78 (Urk. v. 1416); I Nr. 71 S. 106 f. (Urk. v. 1438); *Riedel* I, XIII Nr. 58 S. 348 f. (Urk. v. 29.1.1429); *Gercken* VII, III Nr. 108 S. 239 ff. (Urk. v. 1432); VII, III Nr. 136 S. 277 ff. (Urk. v. 1432); VII, III Nr. 138 S. 284 ff. (Urk. v. 1435); *Riedel* I, XI Nr. 30 S. 177 f. (Urk. v. 1456); *Gercken* VIII, V Nr. 116 S. 679 ff. (Urk. v. 1465); V, VI Nr. 173 S. 317 f. (Urk. v. 1484).

[45] *Riedel* I, XXI Nr. 61 S. 512 f. (Urk. v. 13.11.1542); I, XIII Nr. 120 S. 109 ff. (Urk. v. 28.9.1551); I, XIII Nr. 121 S. 113 f. (Urk. v. 8.7.1557).

[46] *Riedel* I, XIII Nr. 58 S. 348 f. (Urk. v. 29.1.1429); I, VI Nr. 37 S. 366 f. (Urk. v. 5.10.1432); I, I Nr. 42 S. 330 f. (Urk. v. 1510); *Raumer* II Nr. 74 S. 73 (Urk. v. 1478).

[47] Zum Begriff siehe unten 2. Kap. B V 2 b.

[48] *Raumer* I Nr. 21 S. 59 f. (Urk. v. 1414); in *Riedel* I, VI Nr. 177 S. 125 (Urk. v. 20.3.1448) wird der Verkauf einer Burg und Vogtei und die Hingabe als Lehen belegt. Verpfändungen finden sich u. a. in: *Riedel* I, II Nr. 24 S. 217 f. (Urk. v. 1365); I, XIII Nr. 58 S. 348 f. (Urk. v. 29.1.1429); I, XI Nr. 30 S. 177 (Urk. um 1456); I, XI Nr. 47 S. 191 f. (Urk. v. 10.6.1505); I, XI Nr. 50 S. 194 (Urk. v. 16.11.1509); *Gercken* VII, III Nr. 52 S. 156 ff. (Urk. v. 1426); *Raumer* I Nr. 100 S. 129 (Urk. v. 1440). — Als z. B. der bisherige Pfandbesitzer Dietrich Flans das Amt Potsdam im Jahre 1515 an einen

Es kam sogar vor, daß eine Vogtei mehreren Personen gleichzeitig zur Verwaltung übergeben wurde, um daraus die Zinsen für ein dem Kurfürsten gewährtes Darlehn zu erwirtschaften[49].

bb) Die Belehnung als Belohnung

Diese Vergabungen von Gütern und Hoheitsrechten erfolgten nicht ausschließlich zu dem Zweck, Geld in die landesherrliche Kasse fließen zu lassen. Häufig wurden sie vorgenommen, um jemanden für erwiesene Dienste zu belohnen[50]. Außerdem sollten sie ihn zur Leistung weiterer Dienste anspornen oder überhaupt erst instand setzen[51]. Es findet sich daher in vielen Urkunden die Begründung, daß die Belehnung wegen der

„... getrew willig dinste, die er und sein vorfaren unsern vorfarn und uns biszher gethan haben und hernachmals thun soll und moge ..."
erfolge[52].

3. Machtzuwachs der Stände durch den Erwerb der Regalien

Entscheidender jedoch fielen die zahlreichen Vergabungen an die Mitglieder der Stände[53] ins Gewicht. Durch sie trat nicht nur ein Verlust an landesherrlichen Rechten und Gütern ein, sondern gleichzeitig wurde die Partei gestärkt, die auf eine Verminderung der landesherrlichen Gewalt hinarbeitete.

Beamten Joachims I. zurückgibt, ist der Inventarbestand gleich Null — *Riedel* I, XI Nr. 51 S. 194 (Urk. v. 16. 4. 1515): „...Es ist kein Inventarium gemacht, denn an vieh und vorrat In kuch, keller, noch an wehren, nicht vorhanden gewest, sundern allein die hewsser ...". Vgl. dazu *Isaacsohn* I S. 55; *Riedel* I, XII Nr. 46 S. 29 f. (Urk. um 1516). Das Versetzen einer ganzen Landvogtei und die Ernennung des Gläubigers zum Landvogt bei *Raumer* I Nr. 60 S. 202 (Urk. v. 1447). Zum Ganzen *Lotz* S. 48.

[49] *Riedel* I, XIV Nr. 319 S. 250 (Urk. v. 21. 5. 1432); I, XIII Nr. 63 S. 353 (Urk. v. 27. 3. 1433); I, XII Nr. 32 S. 374 (Urk. v. 5. 1. 1472); vgl. *Isaacsohn* I S. 59.

[50] Manchmal war das nur ein Vorwand. So wird z. B. in *Raumer* I Nr. 21 S. 59 f. (Urk. v. 1414) so getan, als erhielte Hans v. Schirstedt das Schloß Golzow als Amtmann zur Belohnung für treue Dienste; aus dem Folgenden ergibt sich jedoch, daß es sich um eine Verpfändung handelt; siehe auch *Raumer* II Nr. 69 S. 283 (Urk. v. 1529).

[51] Z. B. Acta Brandenburgica I Nr. 68 S. 150 f. (Bestallungsurk. v. 2. 1. 1605); siehe auch *Riedel* I, II Nr. 16 S. 341 (Urk. v. 1558): „... und Wegen seiner Langen gepflogenen dienste, So er uns undt der herrschafft zu Brandenburgk nun in die zwey undt zwenzigk Jhar mit sonderem Unterthenigem getrewen Vleisse geleistet, auch ferner thun kann sol ...".

[52] Vgl. diese oder ähnliche Formulierungen bei *Riedel* I, I Nr. 13 S. 303 (Urk. v. 1373); I, XX Nr. 160 S. 297 (Urk. v. 13. 1. 1472); I, V Nr. 380 S. 243 (Urk. v. 21. 1475); III, II Nr. 207 S. 258 ff. (Urk. v. 29. 8. 1480); I, I Nr. 42 S. 330 f. (Urk. v. 1510); I, XIII Nr. 121 S. 113 f. (Urk. v. 8. 7. 1557); *Raumer* I Nr. 35 S. 182 f. (Urk. v. 1451). — Auch noch später: *Mylius* VI, I Nr. 118 Sp. 441 (Landtagsrezeß v. 26. 7. 1653).

[53] Siehe oben 2. Kap. B I 2 a bb.

B. Die Übergangszeit in Brandenburg-Preußen

Für wie selbstverständlich man die Innehabung dieser Rechte durch die Stände auch von seiten des Landesherrn hielt, erkennt man aus zahlreichen Erlassen. In ihnen versicherten die Kurfürsten des öfteren, sie würden die Rechte der Stände achten und notfalls schützen.

Die in dem Rezeß mit der Landschaft von 1534 enthaltenen Worte, der Landesherr versichere einen jeden seiner „Obrigkeiten, Freyheiten und Gerechtigkeiten"[54], mögen damit zu erklären sein, daß es sich hier um eine Art Vergleich handelte. Dem Kurfürsten und seinen Söhnen ging es vor allem darum, den Ständen die Zustimmung zur Einführung eines Hufenschosses und die Bewilligung einer Landbede abzuringen.

Derartige Rücksichten hätte man bei der Einführung einer Gerichtsordnung des kurfürstlichen Landgerichts der Prignitz im Jahre 1546 nicht zu nehmen brauchen. Ihre Erstellung war allein Sache des Landesherrn. Sie berührte die Stände kaum. Diese übten daher hinsichtlich des Inhalts der Bestimmungen keinen Druck aus. Dennoch enthielt die Gerichtsordnung die Formulierung:

„... Doch soll diese unsere ordnung und Landgerichte den Prelaten, Hern, Geistlichen, dene vom Adell und der Landschafft, an Iren Hoheitten, Obrigkeitten, Gerichten und Rechtmessigkeiten unschedlich sein ..."[55].

Das kann nur als Hinweis darauf gewertet werden, daß auch der Markgraf diese Gegebenheiten als selbstverständlich hinnahm[56], mochte er vielleicht insgeheim eine Änderung dieses Zustandes wünschen.

Die häufigen Geldverlegenheiten der Landesherren und ihre „privatrechtliche" Auffassung von der Verwaltung der Regalien und des Landes hatten dazu geführt, daß etliche der landesherrlichen Rechte und große Teile der Verwaltung sich zunächst einmal in Händen der Stände befanden. Selbst in späteren Jahrhunderten hielten sich die Herrscher übrigens noch für berechtigt, nicht nur einen großen Teil ihrer Ämter einschließlich der Gerichtssporteln[57], sondern auch Zölle[58], Steuern[59] und

---

[54] *Mylius* VI, I Nr. 17 Sp. 32 (Rezeß v. 1534).
[55] *Riedel* I, I Nr. 135 S. 213 (Urk. v. 1546).
[56] Vgl. auch *Mylius* VI, I Nr. 14 Sp. 22 (Landtags-Beredung von 1527); VI, I Nr. 20 Sp. 46 (Landtagsrezeß v. 1538); VI, I Nr. 36 Sp. 107 f. (Landtagsrezeß v. 1572), wo den Ständen das Recht bestätigt wird, in 1. Instanz über ihre Untertanen zu richten.
[57] *Mylius* IV, II, 3. Kap. Nr. 6 Sp. 154 f. (Edikt v. 28. 2. 1705); VI, II Nr. 227 Sp. 435 f. (Verordnung v. 22. 2. 1732); *Acta Borussica* I Nr. 17 S. 40 (Bericht v. 18. 7. 1706); NCCM (1798) Nr. 92 Sp. 1829 f. (Zirkular v. 12. 12. 1798); vgl. *Isaacsohn* II S. 3, 117, 259, 294 ff.; III S. 78; aber auch *Acta Borussica* I Einl. S. 125.
[58] *Mylius* IV, I, 1. Kap. Nr. 71 Sp. 459 f. (Patent v. 6. 9. 1736).
[59] *Mylius* IV, V, 4. Kap. Nr. 4 Sp. 269 ff. (Edikt v. 19. 7. 1701) — Perückensteuerverpachtung an Elie Papus de Lauerdauge.

Akzisen[60] zu verpachten. Es versteht sich fast von selbst, daß sowohl die Stände als auch die Pächter in erster Linie ihre eigenen Interessen vertraten. Die Belange des Herrschers und des Landes kümmerten sie wenig, so daß sie als Träger eines Teiles der öffentlichen Verwaltung nicht geeignet waren. Dennoch bildeten sie die untere, also die örtliche Verwaltungsebene[61].

a) Die Angehörigen der Stände als Gerichtsobrigkeiten

Viele Adlige und Städte erwarben durch die Beleihung mit den Gerichten eigenen Gerichtsbann. Sie wurden so zu selbständigen Gerichtsherren neben dem Kurfürsten[62].

Mächtigen Geschlechtern gelang es sogar, ein eigenes Landgericht einzurichten. So gab es ein „Schulenburgisches Landgericht", das zunächst vom Senior des Geschlechts geführt wurde. Seit der Schaffung der Schulenburgischen Gerichtsordnung im Jahre 1572 war es mit einem eigenen Richter besetzt[63].

Auch für die kleineren schloßgesessenen Adligen und die Städte war die eigene Gerichtsobrigkeit von großer Bedeutung.

Hatten sie diese inne, so besaßen sie u. a. einen großen Teil der Verwaltung im heutigen Sinne. Sie wurden zu fast unabhängigen Lokalgewalten[64]. Ihre Funktionen entsprachen denen der landesherrlichen Amtmänner auf den kurfürstlichen Gütern. Bei aller Ähnlichkeit der Aufgaben hatten die Räte in den Immediatstädten und die Patrimonialherren auf ihren Gebieten jedoch eine ungleich selbständigere Stellung als die Amtmänner[65].

In der richtigen Erkenntnis, daß ihm die realen Machtmittel zur Durchsetzung seiner Anweisungen fehlten, griff der Landesherr nämlich kaum in die Verwaltung ihres Bezirks und die Ausübung der Gerichtsbarkeit ein. Er beschränkte sich auf die Stellung eines obersten Gerichtsherrn. Erst um die Mitte des 16. Jahrhunderts zeigten sich erste Ansätze eines Wiederauflebens der kurfürstlichen Macht. So wurde z. B.

---

[60] *Mylius* IV, III, 2. Kap. Nr. 36 Sp. 207 f. (Patent v. 12. 2. 1704); IV, III, 2. Kap. Nr. 37 Sp. 209 ff. (Edikt v. 2. 9. 1704); dazu *Lotz* S. 221.

[61] Dazu *Schmoller* S. 31 ff.

[62] *Riedel* I, I Nr. 135 S. 213 (Gerichtsordnung v. 1546); I, IV S. 201, wo der Stadtschulze seine Gerichtsgewalt von den Grafen von Lindow empfängt; *Riedel* I, VI S. 235; vgl. auch *Mylius* III, I Nr. 27 Sp. 77 (Patent v. 1661), wo ausdrücklich gesagt wird: „... Als befehlen Wir allen obbenannten, so wegen Unser die Gerichte verwalten oder *selbsten den Gerichtszwang haben*...". Vgl. auch *Isaacsohn* I S. 37 f., 173, 196; II, 1; *Acta Borussica* I Einl. S. 55.

[63] *Riedel* I, VI S. 235; I, VI Nr. 486 S. 303 (Urk. v. 3. 10. 1572).

[64] *Isaacsohn* I S. 173; II S. 1, *Acta Borussica* I Einl. S. 55.

[65] *Isaacsohn* II S. 3.

eine Polizeiordnung geschaffen, die auch für die Gebiete der Stände galt[66].

b) Die Mitglieder der Stände

Neben der kurfürstlichen Macht stand also ein fast ebenbürtiges Ständetum[67]. Bei diesen Ständen[68] handelte es sich ausschließlich um Lehnleute des Landesherrn.

Die Prälaten und Bischöfe waren als Landsassen Vasallen des Kurfürsten[69] und daher ursprünglich in Bezug auf ihren Lehnbesitz der Kontrolle seiner „Beamten" unterworfen[70]. Erst mit dem Erstarken der Stände wurden sie zusehends unabhängiger. Ebenso waren die Adligen Lehnleute des Herrschers[71]. Noch in der Mitte des 18. Jahrhunderts wurden die Begriffe „Adel", „Ritterschaft" und „Vasallen" in Verordnungen des öfteren synonym gebraucht[72].

4. Zwischenergebnis

Es kann folgendes Zwischenergebnis dieser Untersuchung festgehalten werden:

Die Lehnleute waren als Stand ursprünglich durchaus in der Lage, das Land sachgerecht zu verwalten. Bei dem Bemühen um eine Erweiterung ihrer eigenen Macht, das durch viele Maßnahmen des Landesherrn noch unterstützt wurde, stellten sie ihre eigenen Belange stark in den Vordergrund. Der Herrscher konnte daher bei der Errichtung einer ordnungsgemäßen Verwaltung auf sie zumindest in ihrer Eigenschaft als Vasallen nicht mehr rechnen.

II. Nebeneinander von lehn- und beamtenrechtlichen Institutionen

Es mußte also ein neuer, für die Verwaltung geeigneter Berufsstand geschaffen werden. Da die alten Institutionen nicht ohne weiteres zu

---

[66] *Mylius* V, I, 1. Kap. Nr. 2 Sp. 19 ff. (Ordnung v. 1550).
[67] *Acta Borussica* I Einl. S. 55.
[68] Siehe oben 2. Kap. B I 2 b.
[69] Z. B. *Mylius* VI, I Nr. 20 Sp. 46 (Landtagsrezeß v. 1538): „... Praelaten, undt anderer Lehn Leutt Unterthanen...".
[70] *Isaacsohn* I S. 169.
[71] Vgl. *Mylius* IV, III, 1. Kap. Nr. 5 Sp. 7 (Anschlag der Landsteuer v. 1573); siehe aber *Mylius* V, I, 1. Kap. Nr. 22 Sp. 232 (Edikt v. 20. 3. 1709), wo anscheinend davon ausgegangen wird, daß es auch Adlige gibt, die nicht Vasallen sind. Die Stelle ist jedoch nicht voll beweiskräftig, da hier nicht sehr großer Wert auf Genauigkeit und Richtigkeit der Formulierungen gelegt wird. Die Prälaten z. B. werden in die Ritterschaft eingeordnet.
[72] *Mylius* V, III, 2. Kap. Nr. 32 Sp. 374 (Verordnung vom 12. 8. 1721); *NCCM* (Supplementa zu 1766) Nr. 2 Sp. 643 (Verordnung v. 25. 5. 1765); auch *NCCM* (1765) Nr. 52 Sp. 767 ff. (Verordnung v. 22. 5. 1765); (1765) Nr. 53 Sp. 772 (Verordnung v. 25. 5. 1765).

verdrängen waren, mußte es zu einem Nebeneinander von Altem und Neuem kommen. Die erste Voraussetzung für eine Übergangszeit, die im Folgenden gemeinsam mit dem zweiten Merkmal im einzelnen dargestellt werden soll, war also gegeben.

III. Gleichartige Verwaltungsfunktionen von Lehnleuten und Beamten

1. Machtzuwachs des Landesherrn

Daß auch dieses zweite Merkmal einer Übergangsperiode vorhanden war, hängt eng mit dem eben Dargestellten zusammen.

Die Schaffung des Beamtentums stärkte die Macht des Landesherrn. Er konnte so Beamte mit Tätigkeiten betrauen, die bisher den Lehnleuten vorbehalten gewesen waren.

Waren die Aufgaben beider Stände gleich, so erschien es sinnvoll, für beide auch die gleichen Regelungen zu treffen. Die Landesherren versuchten daher zu erreichen, daß ihre Anordnungen in gleicher Weise für Beamte und Lehnleute galten. Am einfachsten ließ sich das verwirklichen, wenn man sich in den Erlassen gleichzeitig an beide Gruppen wandte.

Es mußte aber hinzukommen, daß die Vasallen die Gültigkeit dieser Anordnungen für ihre eigene Person und die von ihnen verwalteten Gebiete anerkannten. Hierfür war eine weitere Steigerung der landesherrlichen Macht erforderlich, denn nur mit überlegenen Machtmitteln konnte man die auf ihren alten Rechten und Vorrechten bestehenden Lehnleute dazu zwingen, Derartiges zu akzeptieren. Erste Ansätze einer Erweiterung der kurfürstlichen Macht zeigten sich im 16. Jahrhundert. Sie verstärkten sich im Laufe des 17. Jahrhunderts.

Insbesondere der Große Kurfürst geriet mit den Ständen des öfteren in offenen Konflikt[1]. Friedrich Wilhelm I. gelang es schließlich, die landesherrliche Autorität zur dominierenden zu machen. Er setzte es durch, daß seine Verordnungen grundsätzlich für das gesamte Gebiet seiner Monarchie Geltung erlangten.

Er nahm den Ständen dadurch ihre Gerichts*herren*eigenschaft und billigte ihnen nur noch den Status des Gerichts*inhabers* und der Polizeiobrigkeit zu[2].

2. Erlasse des Landesherrn an Vasallen und Beamte gemeinsam

Seit der Mitte des 16. und vor allem im 17. und 18. Jahrhundert wandten sich nun viele der landesherrlichen Verordnungen und sonsti-

---

[1] Z. B. *Isaacsohn* II S. 87; III S. 60.
[2] *Isaacsohn* III S. 60.

gen Willensäußerungen gleichzeitig an die kurfürstlichen, später königlichen Lehnleute und die Beamten des Herrschers.

a) Die nichtdifferenzierende Aufzählung von Lehnleuten und Beamten

Dabei wurden die Titel der Vasallen und Beamten, an die sich die betreffende Anweisung richtete, häufig in einem bunten Durcheinander aufgezählt. Die Reihenfolge bestimmte sich nicht nach der Zugehörigkeit zur einen oder anderen Kategorie. Diese wurden nicht voneinander geschieden. Vielmehr ergab sich die Reihenfolge teilweise aus der sozialen Rangordnung. In anderen Fällen wirkt sie allerdings recht willkürlich.

So findet sich z. B. in einer Ordnung betreffend „die Policey und gemeinen Nutz" aus dem Jahre 1550 folgende genaue Aufzählung der Lehnleute und Beamten:

„... Beueln und gepietten darauff allen und jeden Unsern Prelaten, Graffen, Herren, Geistlichen, vom Adel auch insonderheit, Unsern Landvoigten, Hauptleuten, Ambtmannen, Burgermeistern, Rathmannen, und Gerichten in Stetten, auch allen und jeden Gerichts-Herren, und beuelhabern, wollet in ewren Gepietten, Ampt und Gerichten...³."

Eine ganz andere Reihenfolge wurde gewählt in einem Edikt aus dem Jahre 1612, in dem es heißt:

„... Befehlen hiernebst gantz ernstlich, allen und jeden unsern Rähten, Beambten und Dienern, Bürgermeistern, Rähten, Gerichten in Städten, Voigten, Schulteisen, auff den Dörffern, und in Summa allen denen, die einige Gerichte unserthalb zuuerwalten, oder von Uns zur Lehen tragen ...⁴."

Auch in den vielen landesherrlichen Erlassen, in denen sich der Kurfürst bzw. König nicht nur an die Amtsträger seines Territoriums, sondern an die Gesamtheit seiner Untertanen wandte, wurde häufig eine Vielzahl von Beamten und Lehnleuten aufgeführt. Bei diesen Aufzählungen findet sich meist am Ende der Satz, daß der Herrscher diesen Befehl an alle Untertanen richte. Manchmal wurde dies bereits am Anfang betont. Man verwandte das Wort Untertan also als Oberbegriff. Darüber hinaus sprach man noch einmal alle diejenigen ausdrücklich an, die man für besonders wichtig hielt.

---

³ *Mylius* V, I, 1. Kap. Nr. 2 Sp. 26 (Ordnung v. 1550); vgl. eine andere Art der Aufzählung auch bei *Gercken* VII, I Nr. 32 S. 84 f. (Urk. v. 1610).

⁴ *Mylius* II, III Nr. 4 Sp. 10 (Edikt v. 4. 2. 1612); ähnlich IV, I, 5. Kap. Nr. 21 Sp. 1199 (Edikt v. 3. 3. 1622); V, III, 1. Kap. Nr. 11 Sp. 54 (Gesinde-Ordnung v. 3. 12. 1644); *Mylius* 1. Continuatio (1738) Nr. 41 Sp. 216 (Edikt v. 9. 9. 1738) und viele andere.

Als Beispiel möge ein Edikt aus dem Jahre 1688 dienen, in dem sich folgende Formulierung findet:

„... Entbieten allen und jeden Unsern Statthaltern, Verwesern, Land-Voigten, Drosten, Hauptleuten, Prälaten, Graffen, Herren, denen von der Ritterschaft, Castnern, Amptleuten, und allen und jeden Unsern hohen und niedern Civil- und Militar-Bedienten, wie auch Burgermeistern, Richtern und Rähten in denen Städten, dann auch allen Gerichtsverwaltern und Schultheissen in denen Dörffern, und insgemein allen und jeden Unseren getreuen Vasallen und Unterthanen... Unsere Churfürstliche Gnade...[5]."

Nicht immer aber wurden die Adressaten landesherrlicher Willensäußerungen in derartiger Breite aufgezählt. Vor allem in Erlassen, die ausschließlich Befehle an Verwaltungsträger des Landes enthielten, verkürzte man häufig die langen Aufzählungen. Es wurde in solchen Fällen nicht jeder Titel und jede Amtsstellung aufgeführt, sondern man verwandte Oberbegriffe.

Des öfteren wurden Formulierungen gebraucht wie

„... Undt wollen hiermit allen Unßern Ambtleutten, auch Herrn und Ritterschaft, Befehlichhabern, Burgermeistern und Rähten, in Unsern Landen ernstlich befohlen haben...[6]."

„... Seine Königliche Majestät befehlen demnach Dero Krieges- und Domainen-Cammer, Justitz-Collegiis, Land- und Steuer-Räthen, denen von Adel und Beambten in der Chur- und Marck Brandenburg...[7]."

„... Befehlen darauf allen und jeden Unsern getreuen Vasallen, von der Ritterschaft, Beampten und Magistraten in Städten, Zoll-Verwaltern, Ober-Aufsehern, Land- und Zoll-Bereutern, und Schultzen auf den Dörfern, auch allen andern Unsern Befehlichshabern, wie die immer Nahmen haben, keinen ausgeschlossen, insonderheit aber allen und jeden Unsern Jagd-Bedienten hiermit gnädigst...[8]."

oder

„... Gestalt Wir dann und jeden Adelichen Gerichts-Obrigkeiten, Magistraten in den Städten, wie auch Richtern, Beamten und anderen Befehlichshabern auf dem Lande hierdurch alles Ernstes anbefehlen...[9]."

oder auch nur

---

[5] *Mylius* II, III Nr. 14 Sp. 19 (Edikt v. 6. 8. 1688); ähnlich III, I Nr. 6 Sp. 14 f. (Edikt v. 21. 12. 1626); II, III Nr. 8 Sp. 13 (Mandat v. 17. 9. 1652); III, I Nr. 84 Sp. 241 (Edikt v. 11. 3. 1704). In *Mylius* III, I Nr. 5 Sp. 11 (Edikt v. 1626) werden die Untertanen zuerst genannt, dann erfolgt eine ähnliche Aufzählung wie die eben angeführte.

[6] *Mylius* VI, I Nr. 20 Sp. 47 (Landtags-Rezeß v. 1538).

[7] *Mylius* V, II, 5. Kap. Nr. 24 Sp. 479 (Patent v. 15. 6. 1729); ähnlich II, III Nr. 62 Sp. 156 (Patent v. 2. 11. 1730).

[8] *Mylius* IV, I, 2. Kap. Nr. 21 Sp. 564 (Patent v. 9. 6. 1677).

[9] *Mylius* V, I, 2. Kap. Nr. 27 Sp. 240 (Renoviertes Edikt v. 14. 1. 1716); ähnlich III, I Nr. 93 Sp. 264 (Instruktion v. 10. 9. 1708); II, III Nr. 50 Sp. 135 ff. § 12 (Instruktion v. 9. 1. 1725); V, II, 10. Kap. Nr. 85 Sp. 787 f. (Patent v. 30. 3. 1734); II, III Nr. 73 Sp. 178 (Edikt v. 2. 11. 1735); siehe auch V, II, 10. Kap. Nr. 42 Sp. 681 (Kataster v. 18. 1. 1719); II, III Nr. 62 Sp. 156 (Patent v. 2. 11. 1730).

B. Die Übergangszeit in Brandenburg-Preußen

„... so soll der von Adel, Beambte, Verwalter, oder Schultze jedes Orts, dem Außreuther ... richtige Nachricht ertheilen ...[10]."

b) Die Bedeutung der Worte „Amtmann" und „Beamter"

Es ist zu beachten, daß in allen hier angeführten Beispielen der Begriff des Beamten nicht einen derart umfassenden Sinn wie in der heutigen Zeit hat. Im Laufe des 17. Jahrhunderts nämlich setzte sich diese Bezeichnung für den Verwalter der landesherrlichen Domänen und Ämter durch. Diese Stellung hatte man früher mit Amtmannschaft oder Amtshauptmannschaft bezeichnet. Nur dieser Verwaltungsträger war gemeint, wenn in den Erlassen von einem „Beamten" die Rede war[11].

Die Änderung in der Benennung hängt wohl u. a. mit dem Erstarken der landesherrlichen Macht zusammen. Denn das Wort „Beamter" hebt mehr als „Amtmann" die Abhängigkeit vom Herrn hervor[12]. Darauf wird es auch beruhen, daß sich später die Bezeichnung „Beamter" für alle Staatsdiener durchsetzte.

Außerdem weist das Wort Amt*mann* auf den Zusammenhang mit dem Lehnrecht hin, denn als „Mann" wurde der Vasall bezeichnet[13].

---

[10] *Mylius* IV, III, 1. Kap. Nr. 33 Sp. 52 (Edikt v. 18. 9. 1704); auch III, I Nr. 127 Sp. 361 f. (Edikt v. 9. 5. 1714); III, I Nr. 133 Sp. 372 (Edikt v. 29. 12. 1714); V, I, 2. Kap. Nr. 27 Sp. 240 (Edikt v. 14. 1. 1716).

[11] Daß nur die Verwalter der Ämter „Beamte" genannt werden, ergibt sich aus *NCCM* (1757) Nr. 55 Sp. 273 f. (Verordnung v. 16. 11. 1757), wo die „Beamten sämtlicher Ämter" aufgefordert werden, sich besser der Amtskirchensachen anzunehmen. Es folgt auch aus *Mylius* V, III, 1. Kap. Nr. 32 Sp. 244, 246 (Flecken-, Dorf- und Acker-Ordnung v. 16. 12. 1702), wo die Bezeichnungen „Amtmann" und „Beamter" synonym gebraucht werden, oder einfach aus dem Zusammenhang, wie in *Mylius* II, III Nr. 73 Sp. 178 f. (Edikt v. 2. 11. 1735). Vgl. auch *NCCM* (1758) Nr. 43 Sp. 311 f. (Resolution v. 11. 10. 1758) und *Isaacsohn* III S. 19 f.

[12] *Grimm* I Sp. 282 unter „Amtmann".

[13] Z. B. *Gercken* I, II Nr. 30 S. 68 (Urk. v. 1357): „... und sal uns ouch vortedinghen gen allermenlichen gleich andern sinen Mannen...". Vgl. auch *Gercken* I, III Nr. 110 S. 188 (Urk. v. 1304); I, III Nr. 111 S. 189 (Urk. v. 1312); V, V Nr. 148 S. 268 (Urk. v. 1455); VI, IV Nr. 148 S. 584 f. (Urk. v. 1401). Daß die Vasallen des öfteren als Mannen oder Mannschaft bezeichnet werden, ergibt sich auch aus *Riedel* I, III Nr. 95 S. 392 (Urk. v. 1361): „... to ewygen Tyden mede to deenste sitten truwelick, als truwe Man to recht eren rechten Heren...". *Mylius* VI, I Nr. 14 Sp. 22 (Beredung v. 1527): „... Was den Bann belanget, haben sich die Ständte der massen vereiniget, daß der Vertrag so hiebevor zwischen *Prälaten, Mannen und Städte* ... aufgericht ... in seinen Würden bleiben soll...". *Mylius* VI, I Nr. 73 Sp. 246 (Spezial-Revers v. 12. 6. 1611): „... Wann denn unsere getrewe Mannschaft des Cotbusischen Weichbildes ... zufrieden seynd...". *Isaacsohn* I S. 171. In späterer Zeit bezeichnet der Begriff „Mannschaft" alle wehrfähigen Männer, anscheinend ein Ergebnis der geänderten Wehrverfassung — *NCCM* (1788) Nr. 82 Sp. 2279 f. (Publicandum wegen Gestellung aller jungen Mannschaft bey den Canton — Revisionen v. 7. 11. 1788).

Daher könnte die Bezeichnung „Amtmann" Ausdruck der Auffassung sein, daß es sich hier um eine besondere Art von „Mann" handelte. Um den Vasallen nämlich, der mit einem Amt betraut war[14].

Das Wort „Beamter" wurde erst im 17. Jahrhundert üblich. Zu einer Zeit also, in der mehr und mehr Bürgerliche Ämter übernahmen, so daß viele der Amtsträger nicht auch gleichzeitig Lehnmänner waren[15].

c) Gründe für die gemeinsame Nennung von Lehnleuten und Beamten

Unabhängig davon, ob man Lehnleute und Beamte — im heutigen weiten Sinne — einzeln nannte oder unter Sammelbegriffe zusammenfaßte, bleibt eines kennzeichnend für die damals allgemein herrschende Einschätzung dieser dem Landesherrn besonders eng verbundenen Bevölkerungsteile:

In keinem der hier aufgeführten Erlasse wird ein Unterschied zwischen Vasallen und Beamten gemacht.

Immer wieder findet sich mitten in einer Aufzählung von Beamten der Titel eines Lehnmannes oder umgekehrt.

Das läßt sich nicht einfach damit begründen, daß beide Personengruppen als die Träger der öffentlichen Verwaltung und Vertreter der Staatsgewalt die sachlich zuständigen Adressaten der Anweisungen waren. Denn wäre man sich bezüglich der Verwaltungsträgerschaft eines Unterschiedes zwischen Lehnleuten und Beamten bewußt geworden, so hätte man beide Gruppen trotz gemeinsamer Aufgaben sicherlich getrennt aufgeführt. Gerade in der damaligen Zeit legte man großen Wert auf derartige Formalitäten[16]. Daß die Vasallen und Beamten dennoch in der Aufzählung in buntem Durcheinander genannt wurden, zeugt von der gleichen Wertschätzung, die beide genossen.

Es mag außerdem darauf beruhen, daß beide Gruppen dieselbe Funktion hatten und deshalb auch hier gemeinsam als die Verwaltungsträger angesprochen wurden, die dem Untertanen als „Obrigkeit" gegenübertraten.

---

[14] Daß dennoch entscheidende Wesensunterschiede zwischen Vasallen- und Beamtentum bestanden, kann erst am Ende dieser Untersuchung dargestellt werden.

[15] Unbefriedigend ist die Erklärung von *Isaacsohn* I S. 47.

[16] Vgl. z. B. die bereits oben 2. Kap. B I 2 a bb α Anm. 23 erwähnte Streitentscheidung der Frage, ob der Bischof von Lebus den Rat der Stadt Frankfurt als „lieben Getreuen" bezeichnen dürfe — *Riedel* I, XXIII Nr. 433 Sp. 437 f. (Urk. v. 23. 4. 1528).

B. Die Übergangszeit in Brandenburg-Preußen

d) Die Verweisung von einer Gruppe der Verwaltungsträger auf die andere

Da das ursprüngliche Organ der Verwaltung die Lehnleute waren, geschah dies anfangs dadurch, daß das erst im Entstehen begriffene Amts- und Beamtenrecht lehnrechtliche Bestimmungen übernahm[17]. Später nahm das Beamtentum in der Verwaltung die beherrschende Stellung ein. Das zeigt sich u. a. darin, daß die Nennung seiner Mitglieder in den o. a. Aufzählungen immer mehr Raum beanspruchte und am Anfang häufig der Titel eines Beamten aufgeführt wurde.

Nun kam auch der umgekehrte Fall vor, daß für Beamte erlassene Vorschriften ausdrücklich auf Vasallen für anwendbar erklärt wurden[18]. Auf die eine wie auf die andere Weise wurde so eine Gleichbehandlung erreicht.

Aber gerade das letztere Beispiel[19] und einige andere, sogleich anzuführende Fälle könnten Anlaß zu Zweifeln geben.

Mit der Verweisung von einer Kategorie auf die andere erreichte man zwar eine Gleich*behandlung*, andererseits ergab sich dadurch jedoch im Gegensatz zu den o. a. Beispielen[20] eine Trennung zwischen Lehnleuten und Beamten. Sie könnte ein Indiz dafür sein, daß die allgemeine Meinung beide Gruppen nicht in jedem Falle gleich*bewertete*, sie also nicht in gleicher Weise einstufte. Denn die mit der Verweisung geschaffene Gleichbehandlung könnte sich möglicherweise nur auf den Einzelfall beschränken.

Die zu Bedenken Anlaß gebenden Stellen sind folgende: In einem Edikt von 1709 wurde

„... denen von der Ritterschaft als Praelaten, Graffen, Freyherrn, und Edelleuten, welche Unsere Vasallen oder sonst Landsassen sind, und ihre Gerichte und Ritter-Sitze aufm Lande allein oder besonders haben ..."

befohlen, diese Rittersitze unter bestimmten Umständen gegen Feuer zu versichern. Im gleichen Edikt wurden auch Erbpachtsbeamte, Jagdbediente und alle anderen, die wegen ihrer Chargen landesherrliche Häuser frei bewohnten, hierzu aufgefordert[21].

Ein Edikt von 1719 ordnete an, alle Beamten und Prediger in den königlichen Domänen und Ämtern hätten Obstbäume und Eichen zu pflanzen. § 10 dieser Verordnung fährt fort:

---

[17] *Acta Borussica* I Einl. S. 120.
[18] Vgl. z. B. *Mylius* V, III, 2. Kap. Nr. 28 Sp. 371 (Renoviertes Edikt v. 21. 6. 1719).
[19] Siehe die vorige Anm.
[20] 2. Kap. B III 2 a.
[21] *Mylius* V, I, 1. Kap. Nr. 22 Sp. 232, 234 (Edikt v. 20. 3. 1709).

„... Gleichwie nun *alle unsere Vasallen und Eingesessene*, welche mit einigen Jurisdictionen beliehen seyn, dasjenige, *was Wir in unsern Aembtern obbeschriebener massen angeordnet, ihnen zum Exempel dienen lassen* werden; Also befehlen wir Ihnen hiemit gnädigst, daß sie bey ihren Unterthanen dergleichen einzuführen, und ihre, wie auch der Unterthanen Güther auf solche maasse zu verbessern keinesweges unterlassen sollen ...[22]."

In einem Patent, das sich mit der Ansiedlung von bestimmten Handwerkern in den Dörfern befaßte, heißt es:

„... Seine Königliche Majestät befehlen demnach allen Dero Krieges- und Domainen-Cammern, Departements- und Land-Räthen, Commissariis locorum, denen von Adel und Beamten, auch Magistraten, hiemit so gnädigst als ernstlichst, diese Dero allergnädigste Willensmeynung mit allem Fleiß und Sorgfalt, ihren Pflichten gemäß, bestens zu befordern, und von dergleichen Leuten je mehr je besser nach jeden Orts Gelegenheit im Lande anzusetzen; wie denn auch Se. Königliche Majestät zu denen *von Adel, Magistraten* und anderen Particulier-Eigentümern, das allergnädigste Vertrauen haben, daß sie wegen ihres eigenen hierunter versirenden Interesse solches *auf ihren Gütern*, so viel es thunlich, *ebenfalls zu befordern* sich ernstlich angelegen seyn lassen und helffen werden ...[23]."

Als letztes Beispiel möge eine Deklaration aus dem Jahre 1735 dienen, deren hier einschlagender Teil folgenden Wortlaut hat:

„... und welchergestalt Ihr anfraget, *ob sothane Verordnung auch auf die Immediat-Städte, Adeliche Gerichts-Obrigkeiten* und überhaupt auf diejenigen, so mit der Jurisdiction beliehen, und welchen der Abschoß[24] als fructus jurisdictionis, und als ein besonderes Recht gebühren, *zu verstehen*, und dieselbe solchen Abschoß von den Unter-Officiers und Soldaten ferner nicht fordern sollen? Wenn aber unsere allergnädigste Intention und Willens-Meynung gar nicht ist, daß denen Gerichtsobrigkeiten und Städten, noch auch denenjenigen, welchen das Recht, Abschoß zu fordern, competiret, solches Recht genommen werden solle, sondern Wir nur ungegründet und unrecht finden, daß ein würcklicher Soldat, wenn er commandiret wird, und marchiren muß, mithin noch kein anderes Fixum Domicilium hat, von dem Seinigen so gleich den Abschoß geben solle, mithin es bey Unserer allerhöchsten General-Declaration und Verordnung überall lediglich sein Bewenden haben ...[25]."

Die oben angemeldeten, aus den eben genannten Beispielen hergeleiteten Zweifel treffen jedoch nicht zu.

Zwar könnte die Verweisung von einer Gruppe auf die andere, die in offenbarem Gegensatz zu der in den anderen Beispiel zu beobachtenden, nicht zwischen Beamten und Vasallen differenzierenden Aufzählung steht, ein Anzeichen dafür sein, daß der Status und die Angelegen-

---

[22] *Mylius* V, III, 2. Kap. Nr. 28 Sp. 371 (Renoviertes Edikt v. 21. 6. 1719).
[23] *Mylius* V, II, 10. Kap. Nr. 85 Sp. 788 (Patent v. 30. 3. 1734).
[24] Im vorliegenden Fall handelt es sich bei dem Abschoß um eine Erbschaftssteuer — vgl. *Mylius* III, I Nr. 222 Sp. 493 f. (Verordnung v. 22. 8. 1735).
[25] *Mylius* III, I Nr. 223 Sp. 493 f. (Deklaration vom 30. 11. 1735).

heiten beider Stände manchmal eben doch unterschiedlich bewertet wurden.

Dabei ist aber zunächst zu bedenken, daß alle Fälle aus der Spätzeit der Übergangsperiode stammen. Eine Trennung in dieser Epoche würde nichts über die Regelungen vorheriger Jahrhunderte aussagen. Sie wäre bei der im 18. Jahrhundert langsam stärker hervortretenden Differenzierung durchaus erklärlich. Jedoch ist diese Erläuterung nicht einmal zur Klärung der in den angeführten Erlassen auftretenden Besonderheiten erforderlich. Eine Betrachtung der Gegenstände, die in diesen landesherrlichen Anweisungen geregelt wurden, ergibt nämlich, daß es dabei nicht um Fragen der Verwaltung des gesamten Territoriums ging. Es wurden in ihnen Probleme behandelt, die daraus erwuchsen, daß die Vasallen Herren ihrer Güter und Bezirke waren. Die Lehnleute wurden hier also nicht in ihrer Eigenschaft als Amtsträger, sondern in der als Grundherren angesprochen.

Auch der letzte der zitierten Erlasse ist nicht entstanden, weil die Vasallen sich nicht über das „Wie" der Durchführung einer Verwaltungsaufgabe im klaren waren. Der Streit über die Berechtigung zur Einziehung des Abschosses beruhte allein auf dem privaten Gewinnstreben der Lehnleute. Sie hatten ein ganz persönliches Interesse an der Erhebung der Abgabe, da ihnen der Erlös daraus zustand.

e) Zwischenergebnis

Als bisheriges Ergebnis kann festgehalten werden: Die nicht zwischen Lehnleuten und Beamten differenzierenden Aufzählungen sind als Indiz dafür zu werten, daß beide Gruppen zumindest in Bezug auf die Erledigung von hoheitlichen Aufgaben nicht nur gleich*behandelt*, sondern von der allgemeinen Meinung und vom Landesherrn auch gleich*geachtet* wurden. Darüber hinaus waren sie funktionsgleich.

Das alles ist als typisches Kennzeichen einer Übergangszeit anzusehen. Die Funktionen einer Gruppe beginnen auf eine andere überzugehen. Noch jedoch müssen beide gemeinsam die Aufgaben versehen. Denn die eine Gruppe ist noch nicht abgelöst worden, und die andere hat erst einen Teil der Aufgaben übernommen.

f) Das Ende der Übergangsperiode in der Verwaltung

In Preußen kündigte sich das Ende dieser Übergangsperiode etwa um die Mitte des 18. Jahrhunderts an. Die Rechte der Patrimonialherren, also der Lehnleute, wurden auf den Gebieten der Verwaltung und der Jurisdiktion immer stärker eingeschränkt.

Vor allem bei der Rechtsprechung unterlagen sie nunmehr einer genauen Überwachung. Gegen die von ihnen weiterhin ausgeübte Strafjustiz gab es ein doppeltes Rechtsmittel[26]. Es stand ihnen frei, ihre Entscheidungsbefugnis in 1. Instanz[27] gänzlich aufzugeben[28]. Wollten sie sie beibehalten, so blieben sie weiterhin Gerichtsinhaber. Bei mangelnder Vorbildung und Qualifikation konnten sie die Gerichtsbarkeit jedoch nicht mehr selbst versehen. Sie mußten daher einen Justiziar damit betrauen, der vor seiner Ernennung vor der Regierung und der Kriegs- und Domänenkammer eine Prüfung und einen Eid abzulegen hatte[29].

Immerhin gab es noch in der Zeit nach Hardenberg etwa 4000 derartige Gerichte[30]. Erst um die Mitte des 19. Jahrhunderts wurde die Patrimonialgerichtsbarkeit gänzlich aufgehoben[31].

IV. Die Gleichbehandlung von Lehnleuten und Beamten auf Gebieten, die mit ihrer Verwaltungstätigkeit nur mittelbar zusammenhingen

In der Übergangsperiode blieb es bis ins 18. Jahrhundert hinein nicht nur bei einer gleichen Einordnung der Lehnleute und Beamten bezüglich des verhältnismäßig eng begrenzten Gebietes der Erfüllung von Verwaltungsaufgaben. Vielmehr griff diese Gleichachtung auf vielen nur lose oder gar nicht mit der Verwaltungsarbeit zusammenhängenden Gebieten Platz. Das geschah überwiegend in der Weise, daß lehnrechtliche Institute oder ursprünglich nur den Vasallen zugutekommende Sonderrechte ohne große Änderungen in das Beamtenwesen und -recht aufgenommen wurden.

1. Die Exemtion

Um einen solchen Fall handelt es sich bei der Exemtion. Man versteht darunter vor allem die Befreiung von dem gewöhnlichen Gerichtsstand.

---

[26] *Isaacsohn* III S. 81.
[27] *Mylius* VI, I Nr. 20 Sp. 46 (Landtagsrezeß v. 1538); VI, I Nr. 118 Sp. 439 (Landtagsrezeß v. 26. 7. 1653); VI, I Nr. 119 Sp. 476 (Landesrezeß v. 19. 8. 1653).
[28] *NCCM* (1761) Nr. 49 Sp. 75 f. (Resolution v. 1. 10. 1761). Das ergibt sich auch aus § 42 II 9 ALR, wo es heißt: „Sie (Die Adligen) *können* die dem Gute anklebende Gerichtsbarkeit in ihrem Namen ausüben lassen." Zu Einzelheiten der Patrimonialgerichtsbarkeit siehe §§ 3 ff. II 17 ALR.
[29] *NCCM* (1761) Nr. 26 Sp. 32 (Sportel-Taxe v. 27. 5. 1761); (1782) Nr. 3 Sp. 675 (Reskript v. 9. 1. 1782); (1793) Nr. 35 Sp. 1569 (Notifikations-Patent v. 8. 5. 1793): „... So muß jeder, dem die Patrimonial-Gerichtsbarkeit zustehet, bey deren Verlust, dieselbe durch einen der Regierung anzuzeigenden Justitiarium versehen lassen, welcher von dieser zu prüfen, und, wenn er tüchtig befunden worden, zur Justiz zu verpflichten ist...". Inhaltlich gleich §§ 76 ff. II 17 ALR. Vgl. auch *NCCM* (1796) Nr. 9 Sp. 79 f. (Reskript v. 8. 2. 1796), wo sogar bezweifelt wird, daß ein entsprechend qualifizierter Gutsbesitzer die ihm zustehende Patrimonialgerichtsbarkeit selbst ausüben kann.
[30] *Lotz* S. 382.
[31] *Lotz* S. 422.

Im weiteren Sinne umfaßt sie aber auch die Freiheit von allen Diensten und Steuern[1].

a) Die Exemtion im engeren Sinne

Seit Anfang des 13. Jahrhunderts wurde nicht nur dem geistlichen Stand, sondern der gesamten eigentlichen Mannschaft, den ritterbürtigen Vasallen und den ihnen gleichstehenden Städten also, ein privilegierter Gerichtsstand zuerkannt[2]. Sie unterstanden nicht der Gerichtsbarkeit des Vogtes[3], sondern hatten ihr Forum vor dem Landesherrn selbst[4]. Zumindest konnten sie sich an seinen Stellvertreter in Jurisdiktionsangelegenheiten, den Hofrichter, wenden. In letzterem Fall bestand die Möglichkeit, wenigstens in 2. Instanz eine Entscheidung des Kurfürsten in seiner Kammer zu erwirken[5].

aa) Das Hofgericht

Die Funktionen des Hofrichters im Hof- oder Mannengericht wurden im 14. Jahrhundert häufig von dem Landeshauptmann mitversehen[6].

Noch im Jahre 1611 erklärte sich der Landesherr gegenüber der Landschaft Kottbus zwar grundsätzlich bereit, im Bedarfsfalle einen von ihm zu bezahlenden Hofrichter zu ernennen. Bisher sei das jedoch nicht erforderlich gewesen, da der Hauptmann nur selten eine Reise unternommen habe. Er sei fast immer in Kottbus anwesend und könne also Recht sprechen[7].

Als im 15. Jahrhundert die hohenzollerschen Kurfürsten die Regierung in den Marken übernommen hatten, erkannten sie sehr schnell, daß sie nicht mehr alle vor ihre Kammer gebrachten Prozesse selbst entscheiden konnten. Die Vielzahl der Rechtshändel und die wachsende Ausdehnung des Landes verurteilten ein solches Vorhaben von vornherein zum Scheitern.

Sie schufen daher auf zweifache Weise Abhilfe: In jeder Provinz richteten sie ein Provinzialhofgericht ein, das berechtigt war, auch in

---

[1] *Heyse* S. 257 unter „eximieren".
[2] Für die Frühzeit: *Gercken* VI, IV Nr. 137 S. 561 f. (Urk. v. 1215): Befreiung der Bürgerschaft Stendals von der Rechtsprechung des Burggrafen.
[3] *Isaacsohn* I S. 38.
[4] *Isaacsohn* I S. 218; z. B. *Gercken* VI, III Nr. 126 S. 535 (Urk. v. 1356), wo ein Streit zwischen Berlin und Spandau von dem Kurfürsten und seinen Räten entschieden wird.
[5] *Isaacsohn* I S. 193.
[6] *Isaacsohn* I S. 99.
[7] *Mylius* VI, I Nr. 73 Sp. 242 f. (Spezial-Revers v. 12. 6. 1611); ähnlich *Mylius* VI, I Nr. 118 Sp. 439 (Landtagsrezeß v. 26. 7. 1653); a. A. *Isaacsohn* I S. 99, dem diese Urkunden anscheinend nicht bekannt waren.

Lehnsachen Recht zu sprechen[8]. Außerdem zogen sie zur Erledigung von Sachen, die sie bisher selbst entschieden hatten, die Räte ihrer Regierung hinzu. Diese hatten dann unter ihrem Vorsitz ein Urteil zu fällen[9].

Es kam auch vor, daß einer der Räte als Stellvertreter des Landesherrn den Vorsitz führte[10]. Da dies immer mehr üblich wurde, schuf man in der zweiten Hälfte des 15. Jahrhunderts das sog. Hof- und Kammergricht als feste Institution[11].

bb) Die Ebenbürtigkeit des Richters mit den Parteien

Die Exemtion von dem gewöhnlichen Gerichtsstand vor dem Dorf- oder Stadtgericht beruhte auf dem Rechtssatz, daß der Richter den Parteien ebenbürtig sein müsse. Über Mitglieder der Mannschaft durfte also z. B. nur ein Richter gleichen Standes ein Urteil fällen[12].

Dieser Grundsatz wurde auch im 16. Jahrhundert noch vertreten. Das ergibt sich aus mehreren Landtagsrezessen, in denen die Kurfürsten versicherten:

„... Wir wollen auch darob seyn, daß nach abgang des itzigen Hoffrichters zu Tangermünde, welcher solche Gerichte von Uns zu Lehn hatt, hinfurder einer des Adels zum Hoffrichter soll verordnet werden, wie vor Alters ...[13]."

Die Urkunden zeigen allerdings auch, daß die Landesherren einen Nichtadligen als Hofrichter in Tangermünde eingesetzt hatten. Es war offenbar einer ihrer vielen Versuche, die Macht der Stände und vor allem des Adels zu brechen.

Mit dem privilegierten Gerichtsstand der eximierten Personen vor dem Provinzialhofrichter war die Standesgleichheit des Richters bereits gewährleistet.

Aus diesem Grundsatz läßt sich daher keine Begründung für die vor allem im 15. Jahrhundert zu beobachtenden Fälle herleiten, daß einzelnen Adligen, Adelsgeschlechtern[14] oder gar den Schloßgesessenen

---

[8] *Isaacsohn* I S. 193.
[9] Vgl. in späterer Zeit den Instanzenzug und die Behandlung von Sachen der Eximierten innerhalb einer Instanz bei *Mylius* III. Continuatio Nr. 27 Sp. 187 ff. (Interimsverordnung v. 2. 9. 1747).
[10] Z. B. *Raumer* II Nr. 2 S. 125 (Urk. v. 1476).
[11] Zum Ganzen *Isaacsohn* I S. 217 f.
[12] *Isaacsohn* I S. 203 f., 218. *Riedel* III, II Nr. 245 S. 303 (Urk. v. 2. 8. 1484).
[13] *Mylius* VI, I Nr. 16 Sp. 28 (Landtagsrezeß v. 1534); Vl, I Nr. 20 Sp. 48 (Landtagsrezeß v. 1538); VI, I Nr. 36 Sp. 109 (Landtagsrezeß v. 1572). Die Ebenbürtigkeit dürfte auch der Grund dafür sein, daß die Landesherren den Ständen versprechen, die Verhöre von Adligen bis auf gewisse Ausnahmen vom Hauptmann und nicht vom Kastner durchführen zu lassen — *Mylius* VI, I Nr. 22 Sp. 64 (Landtagsrevers v. 1540); VI, I Nr. 23 Sp. 69 (Landtagsrevers v. 1540); VI, I Nr. 58 Sp. 159 (Landesrevers v. 11. 3. 1602).
[14] *Riedel* I, XII Nr. 40 S. 513 (Urk. v. 24. 9. 1451); I, XIII Nr. 163 S. 425 (Urk. v. 28. 4. 1488).

B. Die Übergangszeit in Brandenburg-Preußen   67

einer ganzen Provinz[15] in 1. Instanz der Gerichtsstand vor dem Kurfürsten selbst zuerkannt wurde. Vielmehr lag es anscheinend in der Willkür des Landesherrn, ob er jemandem dieses Privileg zugestehen wollte. In der Praxis bedeutete die „Willkür", daß das Privileg meistens nur demjenigen zuerkannt wurde, der dem Landesherrn zuvor wichtige Dienste geleistet oder sonstige bedeutende Leistungen erbracht hatte. Die weitergehende Exemtion stellte dafür eine Art Belohnung dar.

cc) Die Exemtion der Beamten

Schon sehr früh wurde auch den Beamten des Landesherrn der Gerichtsstand vor dem Hofrichter bzw. dem Kurfürsten eingeräumt[16].

So versprach Markgraf Ludwig der Stadt Stendal in einer Urkunde aus dem Jahre 1343:

„... Ouch scholle wi en geuen eynen houerichter, di besetin sie in der olden marke, die alle vierteynnacht in di stad to Stendal schal ryden und sal richten ouer ridder und knechte umme schulde und ok *ouer die muntmeyster* ...[17]."

Zwar hatte, vor allem wenn das Münzregal der Stadt übertragen war, der Rat dieser Stadt die Aufsicht über die Amtsführung des Münzmeisters. Er wurde jedoch zum *markgräflichen* Münzmeister bestellt. Spätestens seit der Zeit der Hohenzollern kann er als landesherrlicher Beamter angesehen werden[18].

Auch die anderen Beamten, wie der Kastner, der Zöllner, der Landreiter und der Landeshauptmann, hatten den gleichen privilegierten Gerichtsstand[19] wie die Mannen. Sie wurden ihnen also in dieser Hinsicht bereits zu jener Zeit gleichgeachtet.

dd) Sachliche Differenzierungen bei der Exemtion

In der die Gerichtsbarkeit über die Münzmeister regelnden Urkunde wurde die Einschränkung gemacht, der Hofrichter habe über die genannten Personen „umme schulde" zu richten[20]. Seine Gerichtsbarkeit wurde somit auf ein bestimmtes Gebiet der Rechtsprechung eingeengt. Eine derartige Einschränkung findet sich auch später immer wieder.

---

[15] *Riedel* I, XXII Nr. 2 S. 486 f. (Urk. v. 17. 7. 1436) — bezüglich der Schloßgesessenen der Altmark. Siehe auch *Isaacsohn* I S. 103.
[16] *Isaacsohn* I S. 203.
[17] *Riedel* I, XV Nr. 137 S. 104 (Urk. v. 30. 5. 1343).
[18] *Raumer* I Nr. 98 S. 128 (Urk. v. 1440); I Nr. 76 S. 217 (Urk. v. 1447): „...zu unserm diener und Muntzmeister entpfangen...". Weitere Beispiele bei *Isaacsohn* I S. 144 f.
[19] *Isaacsohn* I S. 71, 77, 91, 129.
[20] Siehe die gleiche Formulierung bei *Gercken* III, V Nr. 183 b. S. 318 (Urk. v. 1324), wo es heißt: „... Worde ock jennich Ridder oder Knape von jennigen unser borgere beklaget *umme Sculde* vor useme Land Richter...", so scal de Klegere dat vor uns bringhen...".

Die Magdeburger Schöppen z. B. entschieden im 15. Jahrhundert in einem für die Stadt Beeskow bestimmten Weistum:

> „3. Wegen des Gerichtsstandes vor dem Manngerichte zu Sarow.
> ... hot euwir herre von bebirstein eczliche sachin zu euch zu vordern edder zu clagen, die burgelichen adder pynlichin sin, die ir kegin ym adder dy sinen in euwir statgerichte vorworcht habit, die geboren sich zcu clagen vor deme schulteissen unde vor den Scheppfin in euwir stat und nicht vor dem mannrecht zu Sarow. Hette her abir zu euch zcu sachin umme lehngut, umme huldunge, umme Bete adder umme andir sachin, die sich zu Lehnrechte adder huldunge cziehen muchten, Dorumme mag her euch vor sin manrecht laden. Darobir geboret euwir schulteissen unde Scheppfin nicht zu richten von rechtis wegin[21]."

Handelt es sich im letzteren Beispiel auch nicht um die Zuständigkeit des Hofrichters, so zeigt es doch, daß eine Aufteilung der Gerichtsbarkeit allgemein üblich war. Sie wurde zwar in den verschiedenen Zeitabschnitten unter unterschiedlichen Gesichtspunkten durchgeführt. Die in einer bestimmten Epoche herangezogenen Gesichtspunkte jedoch galten einheitlich für Vasallen und Beamte.

Dabei wurden sachliche Notwendigkeiten ursprünglich in verhältnismäßig geringem Maße berücksichtigt. Exemtionen gewährte man ziemlich starr einem bestimmten Personenkreis. Dieser allerdings erhielt sie auf einer Vielzahl von Gebieten nahezu unbeschränkt.

Praktische Erfordernisse berücksichtigte man erst später in stärkerem Maße. Man schuf so Ausnahmen von den Exemtionen. Dies geschah oft, um den Erfordernissen des Augenblicks oder einer bestimmten Sachlage gerecht zu werden. Es zeigt sich also auch hier, daß die Geschichte sich nicht stetig entwickelt[22], sondern ihr Gang häufig von Zufälligkeiten bestimmt wird.

Es seien einige Beispiele als Beleg für Zuständigkeitsregelungen angeführt, die allein nach sachlichen Gesichtspunkten vorgenommen wurden. Exemtionen fanden dabei keine Berücksichtigung. Vorweg jedoch als Gegenbeispiel die Polizeiordnung für die Städte Berlin und Kölln an der Spree aus dem Jahre 1580, in der die Exemtionen noch berücksichtigt wurden:

> „... Was aber Churfl. Brandenburgische Officier, Rethe, Haupt- und Ambt-Leute, und ingemein alle Hoff-Diener und Hoff-Gesinde anlanget, weil dieselben *Unserer Jurisdiction* dergestalt *nicht unterworffen*, noch wir ihnen Maß fürzuschreiben, die sollen so eben an diese Unsere Ordnunge nicht gebunden seyn, sondern stellens deßfalls dahin, was der Churfürst zu Brandenburgk, Unser gnedigster Herr derhalben gnedigst anordenen, und beschaffen wird...[23]."

---

[21] *Riedel* I, XX Nr. 124 S. 447 f. (Weistümer der Magdeburger Schöppen aus dem 15. Jahrhundert).
[22] Vgl. *Lotz* S. 123.
[23] *Mylius* V, I, 1. Kap. Nr. 7 Sp. 59 (Polizei-Ordnung v. 1580).

Ein Patent von 1735 dagegen bestimmte, daß in Polizeiangelegenheiten allein dem Magistrat die Gerichtsbarkeit zukomme. Als Begründung wurde angeführt, daß die Unordnung und das Durcheinander in Polizeisachen daher rührten, daß der Magistrat bisher nicht gegen Eximierte habe vorgehen können[24].

Eine andere Einteilung der Gerichtsbarkeiten wurde in vielen Urkunden des 18. Jahrhunderts vorgenommen. Man unterteilte nunmehr die Streitsachen in „actiones reales" und „actiones personales". In letzteren sprach man den Eximierten weiterhin den privilegierten Gerichtsstand zu, während sie in realibus unter der Jurisdiktion des Magistrats standen[25].

Noch weiter ins einzelne ging die Einteilung der Exemtion in manchen Erlassen, die sich mit denjenigen Eximierten befaßten, die inzwischen Bürger einer Stadt geworden waren. Gingen sie dort einem Gewerbe nach, so unterlagen sie insoweit der Gerichtsbarkeit des Magistrats. Im übrigen aber behielten sie ihren privilegierten Gerichtsstand[26].

In anderen Urkunden findet sich eine ähnliche Unterscheidung. Dort wurde die Exemtion davon abhängig gemacht, ob ein mit dem Staatsdienst zusammenhängender Streitfall vorlag oder nicht[27]. Es handelte sich bei dieser Einteilung um eine Folge der früher allgemein geübten Praxis, den Behörden innerhalb ihres Geschäftskreises die Gerichtsbarkeit zu überlassen[28].

Unabhängig von diesen nach sachlichen Merkmalen vorgenommenen Einteilungen der Gerichtszuständigkeit gewährte der Landesherr einigen Geschlechtern, der Stadt Prenzlau sowie den Joachimsthalischen Schulämtern durch besonderes Privileg den eximierten Gerichtsstand vor dem Kammergericht in Berlin[29].

ee) Die Einheitlichkeit der Exemtion von Lehnleuten und Beamten

Mögen bei Exemtionen die sachlichen Unterschiede noch so groß gewesen sein, so ist doch in keinem der angeführten Erlasse zu bemerken, daß ein Unterschied zwischen Beamten und Lehnleuten gemacht wurde. In manchen wandte sich der Landesherr zwar nur an die Beamten.

---

[24] *Mylius* V, I, 1. Kap. Nr. 29 Sp. 133 (Patent v. 16. 7. 1735).
[25] NCCM (1773) Nr. 48 Sp. 1273 ff. (Reglement v. 13. 9. 1773); siehe auch I, 2 §§ 42 ff. AGO.
[26] *Mylius* IV, I, 3. Kap. Nr. 47 (Patent v. 17. 3. 1703); NCCM (1766) Nr. 56 Sp. 501 f. (Reskript v. 14. 7. 1766); siehe auch NCCM (1752) Nr. 7 Sp. 275 (Reskript v. 21. 1. 1752).
[27] *Mylius* IV, I, 3. Kap. Nr. 47 (Patent v. 17. 3. 1703); NCCM (1782) Nr. 53 Sp. 1843 f. (Postordnung v. 26. 11. 1782); vgl. auch NCCM (1761) Nr. 36 Sp. 53 ff. (Reskript v. 30. 7. 1761).
[28] Vgl. für die frühere Zeit *Isaacsohn* II S. 51.
[29] NCCM (1768) Nr. 1 Sp. 1087 f. (Reglement v. 7. 11. 1768).

Das lag jedoch lediglich daran, daß in diesen Urkunden Fragen eines Sachgebietes geregelt wurden, in dem die Verwaltung ausschließlich in Händen von Beamten war. Dies gilt z. B. für die Post[30].

Bezogen sich die Regelungen auf beide Gruppen, so wurden diese auch gleich behandelt. In einem Reglement von 1768 wurden daher u. a. als Eximierte genannt:

> „... Räthe, Hof- und Titularbediente, die von der Ritterschaft, Haupt- und Amtleute, Magisträte in denen Städten ...[31]."

Im Jahre 1773 wurde folgenden Personen in bestimmten Sachen ein privilegierter Gerichtsstand zuerkannt: den Militär- und Zivilbedienten sowie deren Frauen, Kindern und Domestiken. Darüber hinaus den Prinzen, Prinzessinnen und Adligen mit ihren Bedienten[32].

ff) Der Personenkreis der Eximierten

Daß auch die Diener der Beamten und Adligen als Eximierte angesehen wurden, beruhte darauf, daß man sie zu dieser Zeit noch nach dem Rang ihrer Dienstherren beurteilte[33]. Schon 20 Jahre später änderte sich dies. In der ansonsten gleichlautenden Aufzählung in I, 2 §§ 42 ff. AGO v. 1793 wurden die Diener nicht mehr genannt.

Ebenso war die in einem Atemzuge erfolgende Aufzählung von Militär- und Zivilbedienten für die damalige Zeit selbstverständlich, da man auch die Soldaten als eine Art von Beamten ansah[34]. Die AGO bezeichnete sie in I, 2 § 43 sogar ausdrücklich als „Militairbeamte". Wie sich aus I, 2 § 48 AGO ergibt, waren damit Offiziere, Unteroffiziere und gemeine Soldaten gemeint.

gg) Das Ende der Exemtionen im engeren Sinne

Die Soldaten waren auch die ersten, bei denen die Exemtion eingeschränkt wurde. Im Jahre 1809 hob der König in einer Kabinettsorder ihren privilegierten Gerichtsstand in Zivilsachen auf[35].

Ihre Bedeutung verlor die Exemtion endgültig jedoch erst, als durch Gesetz vom 11. 8. 1848 mit Wirkung vom 1. 9. 1848 für alle Eximierten der besondere Gerichtsstand auch in Strafprozessen und sog. fiskalischen Untersuchungen abgeschafft wurde[36].

---

[30] Siehe oben 2. Kap. B IV 1 a ee Anm. 27.
[31] *NCCM* (1768) Nr. 1 Sp. 1087 (Reglement v. 7. 1. 1768); vgl. auch *NCCM* (Anhang zu 1751) Nr. 2 Sp. 241 (Urk. v. 3. 4. 1751).
[32] *NCCM* (1773) Nr. 48 Sp. 1273 ff. (Reglement v. 13. 9. 1773).
[33] Siehe allerdings auch *NCCM* (1768) Nr. 19 Sp. 2055 f. (Reskript v. 16. 3. 1768), wo die Bedienten der Eximierten in erster Instanz an die Untergerichte verwiesen werden.
[34] *Lotz* S. 110 f.; siehe auch *Isaacsohn* III S. 73.
[35] *NCCM* (1809) Nr. 86 Sp. 847 (Kabinettsorder v. 19. 7. 1809).
[36] *KPGS* (1848) Nr. 3015 S. 201 f. (Gesetz v. 11. 8. 1848).

Bei der Exemtion im engeren Sinne, bei der Gewährung eines anderen als des an sich zuständigen Gerichtsstandes also, ist somit eine Gleichbehandlung von Vasallen und Beamten festzustellen.

b) Die Exemtion im weiteren Sinne

Diese Gleichbehandlung zeigt sich auch bei der Untersuchung der in einem umfassenderen Sinne verstandenen Exemtion, der Befreiung von den dem Staat geschuldeten Diensten und Steuern.

aa) Die Exemtion von bürgerlichen Diensten

Die Vorschriften, in denen die Freiheit von bürgerlichen Diensten geregelt wurde, machten keinen Unterschied zwischen Vasallen und Beamten. In ihnen wurden nur die „Eximierten" als Ganzes angesprochen. Eine genaue Aufzählung der Betroffenen ist nirgendwo ersichtlich, so daß auf eine einheitliche Behandlung geschlossen werden darf. Alle Erlasse, die sich mit dieser Angelegenheit beschäftigten, richteten sich ausschließlich an die Bürger in den Städten. Daher findet sich immer wieder die Bestimmung, daß die Exemtion von den Diensten nur dann Geltung habe, wenn die so Privilegierten keine „bürgerliche Nahrung" trieben. Sie durften also weder einem Handel nachgehen, noch ein Handwerk ausüben.

Die Exemtion wirkte sich vor allem dahingehend aus, daß die von ihr betroffenen Personen bei Einquartierungen keine Soldaten aufzunehmen brauchten[37] und keine Bürgerwachten zu übernehmen hatten[38].

Dagegen gab es von der Feuerordnung für niemanden, welchen Standes er auch war, eine Exemtion[39]. Hier überwogen das Allgemeinwohl und das Interesse an der Verhinderung von Brandkatastrophen.

Die Postbedienten, für die wegen ihrer speziellen Aufgaben häufig Sondervorschriften erlassen wurden, waren aufgrund ihrer Stellung als landesherrliche Bedienstete ebenfalls „von würcklicher Einquartirung und Inhospitation, ingleichen von den Scharwercken und Wachten gäntzlich befreyet"[40].

bb) Die Exemtion von Steuern

Nicht nur bei den Diensten, sondern auch bei den an den Landesherrn abzuführenden Abgaben behandelte man Lehnleute und Beamte

---

[37] *Mylius* III, I Nr. 54 Sp. 167 (Einquartierungs-Reglement v. 7. 1. 1684); III, I Nr. 73 Sp. 210 (Einquartierungsreglement v. 1. 1. 1699).
[38] *Mylius* III, I Nr. 69 Sp. 193 (Resolution v. 20. 6. 1693).
[39] *Mylius* V, I, 2. Kap. Nr. 62 Sp. 294 f. (Feuer-Ordnung v. 31. 3. 1727).
[40] *Mylius* IV, I, 3. Kap. Nr. 97 Sp. 975 (Neue Post-Ordnung v. 10. 8. 1712); ähnlich *Mylius* IV, I, 3. Kap. Nr. 20 Sp. 862 (Reglement v. 1. 2. 1700); IV, I, 3. Kap. Nr. 47 Sp. 893 f. (Patent v. 17. 5. 1703); IV, I, 3. Kap. Nr. 109 Sp. 1033 ff. (Reglement v. 4. 8. 1714).

gleich. Das wird vor allem deutlich hinsichtlich der Steuern. Bei ihnen kannte man schon damals direkte und indirekte. Der Schwerpunkt lag im 15. und den folgenden Jahrhunderten bei Letzteren. Möglicherweise beruhte das auf den schlechten Erfahrungen, die man im 15. Jahrhundert mit der Einführung einer direkten Reichssteuer, dem gemeinen Pfennig, gemacht hatte[41].

Die ältesten Steuern, die Landbeden, waren zwar direkte Abgaben, sie hatten jedoch den Nachteil, daß sie auf eine feste Summe lauteten. Es fiel daher den Landesherren nicht schwer, die Stände des öfteren gegen Zahlung einer bestimmten Geldsumme davon zu befreien[42].

α) Die Exemtion von indirekten Steuern

Den Herrschern mußte mehr an der Bewilligung indirekter Verbrauchssteuern — den sog. Akzisen — durch die Stände liegen. Deren Betrag war nicht konstant, sondern wuchs gemeinsam mit dem langsam steigenden Wohlstand[43].

Bereits 1488 erreichten die Kurfürsten die Bewilligung zur Einziehung einer sieben Jahre lang zu erhebenden Bierziese. Von ihrer Zahlung nahmen sie jedoch mit den Worten:

„... doch sollen die prelaten, Graffen, Herren, und die vonn der Ritterschafft des Birgelts, wes sie auff ihren Schlössern unnd Höffen brawen, gefreigt sein..."[44]

die Adligen aus.

In den folgenden Jahrhunderten kam es immer wieder zur Erhebung von Verbrauchssteuern. So wurden z. B. 1602 und 1618 Mahlziesen eingeführt[45], und 1624 erhöhte man das Biergeld[46]. Auch in späterer Zeit wurden des öfteren ausführliche Vorschriften über das Akzisewesen erlassen[47]. Während des gesamten hier behandelten Zeitraums nahm man des öfteren Befreiungen von der Akzisezahlung vor[48]. Später hob

---

[41] Siehe *Bornhak* Staatsrecht I S. 11.
[42] Z. B. *Mylius* IV, I Nr. 8 Sp. 9 ff. (Landtagsrevers v. 1472); VI, I Nr. 12 Sp. 15 f. (Landtagsrezeß v. 1524); VI, I Nr. 117 Sp. 434 (Rezeß v. 8. 6. 1652).
[43] *Bornhak* Staatsrecht I S. 11.
[44] *Mylius* IV, IV Nr. 1 Sp. 2 (Brief v. 1488).
[45] *Mylius* IV, IV Nr. 11 Sp. 47 ff. (Ordnung v. 1602); IV, IV Nr. 12 Sp. 55 ff. (Mahl-Ziese-Ordnung v. 1618).
[46] *Mylius* IV, I Nr. 96 Sp. 321 ff. (Ausschreiben v. 18. 7. 1634); vgl. zur Bierziese auch *Mylius* IV, IV Nr. 17 Sp. 83 ff. (Patent v. 17. 12. 1659) und die folgenden Erlasse.
[47] Statt vieler *Mylius* IV, III, 2. Kap. Nr. 5 Sp. 91 ff. (Konsumtions- und Akziseordnung v. 15. 4. 1667); IV, III, 2. Kap. Nr. 79 Sp. 329 ff. (Reglement v. 24. 11. 1733); IV, III, 2. Kap. Nr. 84 Sp. 451 ff. (Reglement v. 29. 12. 1736).
[48] Z. B. *Mylius* IV, IV Nr. 1 Sp. 2 (Brief v. 1488); IV, IV Nr. 17 Sp. 85 f. (Patent v. 17. 12. 1659); IV, IV Nr. 20 Sp. 91 f. (Verordnung v. 15. 2. 1665); IV, III, 2. Kap. Nr. 56 Sp. 259 ff. (Verordnung v. 18. 3. 1718); IV, III, 2. Kap. Nr. 60 Sp. 265 ff. (Edikt v. 29. 8. 1719).

man sie häufig wieder auf oder schränkte sie ein, so daß dann die ursprünglich eximierten Personen ebenfalls zur Zahlung herangezogen wurden[49].

Zwei Gesichtspunkte sind es, die in den Bestimmungen über die Befreiung von der Akzise immer wiederkehren: Zum einen wurden fast ausschließlich Adlige, also Vasallen, und landesherrliche Bedienstete eximiert[50]. Zum anderen galt die Exemtion meist nur für die zum eigenen Bedarf bestimmten Güter[51].

Die Gründe für die Privilegierungen mögen darin zu suchen sein, daß die Lehen in den meisten Fällen, die Entgelte der Beamten sogar immer Gegenleistungen des Landesherrn für erbrachte Dienste waren. Es wäre den Betroffenen wahrscheinlich unlogisch vorgekommen, wenn dieser selbe Landesherr einen Teil davon wiederum als Steuer hätte einziehen dürfen. Daneben mag man die Akzisefreiheit als einen Teil der „Belohnung" selbst angesehen haben. Ferner scheint man der Auffassung gewesen zu sein, daß die dem Staat geleisteten sonstigen Dienste als Äquivalent für die Akzise anzusehen seien[52].

Am Anfang dieser Epoche lag der Hauptgrund für die Exemtion jedoch einfach darin, daß die Stände die *Macht* hatten, derartige Privilegien für sich durchzusetzen. Im Rahmen der fortschreitenden Gleichachtung kamen sie dann später auch den Beamten zugute.

Bei den für die Aufhebung der Exemtion gegebenen Begründungen ist eine einheitliche Linie nicht zu erkennen. Vielmehr hat man ohne Rücksicht auf irgendwelche Prinzipien die Aufhebung häufig vorgenommen, um bestimmten Erfordernissen des Augenblicks gerecht zu werden. Dabei scheint oft der Grund gewesen zu sein, daß man die durch die Akzisefreiheit bewirkten Betrügereien zu unterbinden suchte[53]. Eine Einheitlichkeit läßt sich auch hier allenfalls insofern feststellen, als bei der Entziehung des Vorrechts zwischen Beamten und Lehnleuten nicht unterschieden wurde.

---

[49] So z. B. in *Mylius* IV, III, 1. Kap. Nr. 9 Sp. 11 ff. (Edikt v. 13. 7. 1615); IV, III, 2. Kap. Nr. 5 Sp. 91 ff. (Konsumtions- und Akzise-Ordnung v. 15. 4. 1667); IV, III, 2. Kap. Nr. 35 Sp. 207 (Resolution v. 10. 12. 1703); vgl. auch *KPGS* (1822) Nr. 740 S. 184 ff. (Gesetz v. 11. 7. 1822); für die Postbediensteten: *Mylius* IV, I, 3. Kap. Nr. 97 Sp. 975 (Neue Post-Ordnung v. 10. 8. 1712); IV, I 3. Kap. Nr. 109 Sp. 1033 (Reglement v. 4. 8. 1714).

[50] Siehe oben 2. Kap. B IV 1 b bb α Anm. 44—48.

[51] Beispiele: 2. Kap. B IV 1 b bb α Anm. 44—48.

[52] Diese Auffassung wird besonders deutlich in *Mylius* IV, IV Nr. 11 Sp. 47 (Ordnung v. 1602), wo alle sonstigen Eximierten zur Steuer herangezogen werden: „... ausserhalb die vom Adel, so in Ritter- oder Burgklehen wohnen, welche sie uns *mit roß, oder Manndiensten vordienen*...".

[53] *Mylius* IV, IV Nr. 11 Sp. 51 f. (Ordnung v. 1602); IV, III, 1. Kap. Nr. 9 Sp. 13 f. (Edikt v. 13. 7. 1615): „...daß Leuthe gewesen, die um ihres eigenen vortheilhafftigen Nutzens willen allerhand Begnadigung, ... Bier, beydes im

So bestimmte z. B. eine Konsumtions- und Akziseordnung aus dem Jahre 1667:

„6. Sonsten sol von Zahlung dieser Accise niemand, er sey, wer er wolle, er wohne in Burglehnen, Collegien, Bischöflichen Freyhäusern, auf dem Werder, oder in anderen Freyheiten, in den Vorstädten oder Kietzen, er sey Geistlich, *vom Adel, Hof- oder Kriegs-Bedienter, hoch oder niedriger Beampter,* oder in einiger anderen Qualität, unter was praetext es auch seyn möchte, befreyet seyn...[54]."

β) Die Exemtion von direkten Steuern

Natürlich gab es auch in der behandelten Epoche noch direkte Steuern, nur war ihre Bedeutung nicht mehr so groß wie in früheren Zeiten. Ansonsten befolgte man in ihrer Handhabung ähnliche Prinzipien wie bei den indirekten Abgaben. Die Mehrzahl der direkten Abgaben, deren Zahlung meistens von einem Grundbesitz abhängig gemacht wurde, nannte man „Schoß". So kannte man z. B. Land-, Hufen-, Giebel-, Fund- und Grundschösse[55].

Von diesen Steuern wurden ebenfalls Exemtionen gewährt. Sie kamen vor allem den Ständen zugute. Das beruhte einmal darauf, daß sich der größte Teil des Grund und Bodens in ihren Händen befand. Zum anderen ergab es sich aus dem ihnen zustehenden Steuerbewilligungsrecht. Dieses verlieh ihnen die Macht, sich selbst von derartigen Maßnahmen auszunehmen[56].

Später wurde — wie bei den indirekten Steuern — die Tendenz offenbar, die Befreiung damit zu begründen, daß die adligen Lehnleute von ihren Rittergütern bereits Ritterdienste zu leisten hätten. Eine doppelte Belastung aber komme nicht in Betracht[57].

Lande eingebrauene, wie auch fremde, imgleichen auch allerley Art Weine ohne alles Ungeld einzulegen..., gar eines andern befugt wären...". Vgl. auch IV, IV Nr. 20 Sp. 91 f. (Verordnung v. 15. 2. 1665); IV, IV Nr. 21 Sp. 91 f. (Verordnung v. 15. 8. 1665); IV, IV Nr. 30 Sp. 109 (Edikt v. 20. 12. 1685).

[54] *Mylius* IV, III, 2. Kap. Nr. 5 Sp. 94 (Konsumtions- und Akziseordnung v. 15. 4. 1667); ähnlich IV, IV Nr. 11 Sp. 47 (Ordnung v. 1602).

[55] Siehe z. B. *Mylius* IV, II, 1. Kap. Nr. 1 Sp. 1 f. (Ausschreiben v. 1534).

[56] *Mylius* VI, I Nr. 29 Sp. 87 f. (Artikel v. 1550): „Weil den solches von ihnen unverpflichtet geschehen, so thun wir Sie, die Praelaten, Graffen, Herren, Geistlichen und von Adel sämbtlich und sonderlich vor uns, unser Erben und Nachkommen am beständigsten wir Ihnen thun sollen, können oder mögen, hiermit bewahren und reversiren, daß wir Unsere Erben und Nachkommen, sie hinführo zu ewigen zeiten mit solchen und dergleichen anlangen, und ansuchen, ferner Hülffe, oder Steuren sollen und wollen verschonen...". Aus dem Text könnte man schließen, daß die Befreiung für die Zukunft allein auf der Gnade des Landesherrn beruhe. Jedoch würde das den damaligen Machtverhältnissen nicht gerecht; vgl. dazu auch *Mylius* VI, I Nr. 37 Sp. 116 (Revers v. 1572).

[57] *Mylius* IV, III, 1. Kap. Nr. 42 Sp. 67 §§ 3—6 (Edikt v. 1. 2. 1718).

Derartige Exemtionen von Schössen wurden ebenfalls den Beamten gewährt. Das läßt sich daraus entnehmen, daß ihnen in einem Edikt von 1615 verboten wurde, sich in Zukunft um ein solches Privileg zu bemühen. Gleichzeitig wurden alle bisher gewährten Exemtionen aufgehoben[58]. Das war also auch bei direkten Steuern möglich.

Zeitweise waren der Hufen- und der Giebelschoß in Teilen der Marken gänzlich abgeschafft. Sie wurden dort erst 1704 wegen der schlechten Haushaltslage wieder eingeführt[59].

Somit zeigt sich auch auf dem Gebiet der direkten Steuern, daß eigentlich nur ein Grundsatz bei der Besteuerung galt: Man ließ Exemtionen nahezu ausschließlich Lehnleuten und Beamten zugutekommen. Ob man Exemtionen gewährte oder wieder aufhob, bestimmten dagegen häufig die Gegebenheiten des Augenblicks.

An einem letzten Beispiel sei dies näher belegt: Von den Kopfsteuern kannte man keinerlei Exemtion. Sie wurden im großen und ganzen nur erhoben, wenn der Bestand des Landes aufgrund militärischer Ereignisse in Frage gestellt war. Sogar der Landesherr selbst und seine gesamte Familie wurden in diesem Falle zur Zahlung herangezogen[60]. Hier war also offensichtlich die Not des Augenblicks so groß, daß man sich bemühte, alle zur Verfügung stehenden Geldquellen auszuschöpfen. An die Gewährung von Exemtionen konnte man dabei nicht denken.

cc) Die Exemtion von Zöllen

In einem engen Zusammenhang vor allem mit den indirekten Steuern stehen die Zölle. Bei ihnen wurden besonders im 17. Jahrhundert die Beamten und Adligen nicht so einheitlich eingestuft wie auf den anderen bisher behandelten Gebieten.

Schon im Anfangsstadium der hier behandelten Epoche und erst recht in den folgenden Jahrhunderten wurde einigen Bürgern, Städten und Adligen in manchen Fällen gänzliche Zollfreiheit gewährt. Des öfteren versprach man auch den Ständen insgesamt die Exemtion von allen Zöllen. In diese Regelungen wurden später die Beamten mit einbezogen. Meistens jedoch bezog sich die Exemtion nur auf gewisse Zölle an bestimmten Zollorten[61].

---

[58] *Mylius* IV, III, 1. Kap. Nr. 9 Sp. 14 (Edikt v. 13. 7. 1615).
[59] *Mylius* IV, III, 1. Kap. Nr. 30 Sp. 45 ff. (Edikt v. 23. 2. 1704).
[60] Siehe statt vieler *Mylius* IV, V, 1. Kap. Nr. 1 Sp. 1 ff. (Edikt v. 20. 1. 1677); IV, V, 1. Kap. Nr. 5 Sp. 22 ff. (Edikt v. 1. 5. 1691); IV, V 1. Kap. Nr. 17 Sp. 93 ff. (Edikt v. 2. 8. 1707).
[61] *Raumer* II Nr. 12 S. 12 f. (Urk. v. 1472); z. B. *Mylius* IV, I, 1. Kap. Nr. 1 Sp. 1 ff. (Konzession v. 1433); IV, I, 1. Kap. Nr. 6 Sp. 13 f. (Mandat v. 1584); IV, I, 1. Kap. — Anhang, Nr. 4 Sp. 467 f. (Privilegium v. 2. 8. 1643); IV, I 1. Kap. Nr. 30 Sp. 233 ff. (Konzession v. 15. 5. 1697); IV, I 1. Kap. Nr. 52 Sp. 307 ff. (Verordnung v. 4. 2. 1718).

2. Kapitel: Die Zeit des Übergangs

Die Motive für diese Privilegierungen waren vielfältig: Manchmal waren sie als Belohnung für erwiesene Dienste gedacht[62]. Ein anderes Mal gewährte man sie, um einer bestimmten Ortschaft zu wirtschaftlicher Blüte zu verhelfen[63] oder weil eine Stadt sich von der Zollzahlung freigekauft hatte[64]. Auch die Förderung eines Gewerbezweiges war häufig der Grund für eine derartige Maßnahme[65]. Schließlich konnten außenpolitische Rücksichten dazu führen, die Untertanen mancher Länder von einem bestimmten Zoll auszunehmen oder diesen gar ganz aufzuheben[66].

Genauso verschiedenartig wie die Gründe für die Gewährung von Exemtionen waren die für ihre Aufhebung oder Einschränkung. Im Vordergrund standen vor allem das Bemühen, die Mißbräuche und Betrügereien einzudämmen[67], dem Lande dringend benötigte Gelder zuzuführen[68] und ebenfalls politische Motive[69].

Diese Vielzahl von Gründen macht erklärlich, daß es zu keiner Systematisierung bei der Gewährung von Exemtionen kam. Dennoch gewährte man nach anfänglichem Schwanken Beamten und Lehnleuten nahezu immer in gleicher Weise die Exemtion von Zöllen. Diese weitgehende Gleichbehandlung ist auch bei der Aufhebung der Exemtionen zu beobachten.

Im 16. Jahrhundert machte man bei der Einführung des neuen Kornzolles keinen Unterschied zwischen Beamten und Adligen. Beide Personengruppen hatten diesen Zoll neben den einfachen Untertanen ebenfalls zu erlegen[70].

Um die Mitte des 17. Jahrhunderts dagegen finden sich des öfteren Bestimmungen, aus denen sich Unterschiede in der Zollzahlung ergaben.

So ordnete eine Zollrolle aus dem Jahre 1660 an:

„... Sollen alle Unsere Beampten, sie sitzen gleich auf Rechnung, oder haben die Aempter auf gewisse Pension unter ihrer Verwaltung, dasjenige, was sie von dem Zuwachs Unserer Aemter an Getreydich, Wolle ... ausser Unser Neumarck und zubehörigen Creisen schicken und verhandeln ..., richtig verzollen ...",

während es weiter unten heißt:

---

[62] *Mylius* IV, I, 1. Kap. Nr. 1 Sp. 1 f. (Konzession v. 1433).
[63] *Mylius* IV, I, 1. Kap. Nr. 30 Sp. 233 (Konzession v. 15. 5. 1697).
[64] Vgl. *Mylius* IV, I, 1. Kap. Nr. 33 Sp. 239 f. (Reskript v. 14. 10. 1698).
[65] *Mylius* IV, I, 1. Kap. Nr. 24 Sp. 113 f. (Edikt v. 12. 1. 1687); IV, I, 1. Kap. Nr. 25 Sp. 113 f. (Edikt v. 29. 7. 1687).
[66] *Isaacsohn* III S. 148 ff.
[67] *Mylius* IV, I, 1. Kap. Nr. 31 Sp. 237 f. (Deklaration v. 4. 4. 1698).
[68] *Mylius* a.a.O.; IV, I, 1. Kap. Nr. 38 Sp. 243 f. (Edikt v. 21. 1. 1708).
[69] *Isaacsohn* III S. 148 ff.
[70] Siehe dazu *Mylius* IV, I, 1. Kap. Nr. 7 Sp. 13 f. (Mandat v. 1. 3. 1594); IV, I, 1. Kap. Nr. 15 Sp. 101 ff. (Edikt v. 28. 12. 1667).

B. Die Übergangszeit in Brandenburg-Preußen

„... So viel aber Prälaten, Herren und Ritterschaft in Unserer Neumarck und incorporirten Creysen gesessene Zoll-Freyheit betrifft, seynd dieselben zwar aller alten und gemeinen Zölle von ihren eigenen Zuwachs, es sey Getreidich, Wein, Wolle ... so wohl bey der Ausfuhre, als auch was sie zu Versorgniß ihrer Haushaltungen (benötigen) ..., gäntzlich befreyet ...[71]."

Wie schon in einigen oben genannten Vorschriften[72] sind auch hier mit der Bezeichnung „Beamte" nur die kurfürstlichen bzw. königlichen Amtmänner gemeint. Das gilt auch für die folgenden Erlasse, soweit sie sich mit der Erhebung von Zöllen befassen. Ein Vergleich mit den Adligen ist aber dennoch möglich, da auch diese eine vergleichbare Funktion versahen. Beide waren Amtsträger der Verwaltung auf dem Lande. Weder die in den Städten wohnenden Adligen oder Beamten, noch die in der landesherrlichen Zentralverwaltung tätigen wurden in den Erlassen angesprochen.

Die Gleichbehandlung der Amtmänner und Adligen setzte sich endgültig im 18. Jahrhundert durch, so daß sich in einem Edikt v. 1712 der Satz findet:

„... Wie denn auch zu desto mehrerer Abstellung alles Unterschleiffs die auf denen freyen Rittersitzen und Aembtern wohnende von Adel und Beambte hinführo über keines andern Korn einem freyen Paß zu ertheilen haben, als was würcklich auf die Rotter- und Frey-Aecker gewonnen ...[73]."

Eine Instruktion von 1724 besagte ausdrücklich:

„... Die Beambte und Pächter (der landesherrlichen Ämter), welche gleich der eingesessenen Ritterschafft und Predigern, von ihrem Zuwachs billig Zoll-frey seyn ...[74]."

dd) Die Exemtion von Ausfuhrverboten

Ein ähnliches Bild wie bei den Zöllen ergibt sich bei den Ausfuhrverboten für bestimmte Waren. Diese Vorschriften sollten die Deckung des eigenen Bedarfs sichern. Von ihren Regelungen wurden manchmal nur die Adligen ausgenommen, in anderen Fällen auch die Beamten.

In mehreren Edikten wurde z. B. lediglich dem Adel erlaubt, entgegen dem bestehenden Verbot Häute und Felle ins Ausland zu verkaufen[75]. Andere wiederum gestatteten dies auch den Beamten[76].

---

[71] *Mylius* IV, I, 1. Kap. Nr. 13 Sp. 95 (Zoll-Rolle v. 15. 9. 1660); vgl. auch IV, II, 1. Kap. Nr. 12 Sp. 23 f. (Edikt v. 14. 11. 1664); V, II, 9. Kap. Nr. 3 Sp. 559 f. (Edikt v. 18. 7. 1668).
[72] Siehe oben 2. Kap. B III 2 b.
[73] *Mylius* IV, I, 1. Kap. Nr. 49 Sp. 274 f. (Edikt v. 12. 10. 1712).
[74] *Mylius* IV, I, 1. Kap. Nr. 64 Sp. 443, 446 (Instruktion v. 3. 1. 1724); vgl. auch IV, I, 1. Kap. Nr. 69 Sp. 457 ff. (Edikt v. 28. 8. 1728).
[75] *Mylius* V, II, 2. Kap. Nr. 19 Sp. 92 (Verordnung v. 3. 6. 1652); V, II, 2. Kap. Nr. 39 Sp. 110 (Edikt v. 27. 3. 1689); V, II, 2. Kap. Nr. 64 Sp. 140 (Edikt v. 27. 8. 1704).
[76] *Mylius* V, II, 2. Kap. Nr. 25 Sp. 96 (Verordnung v. 11. 7. 1669); V, II, 2. Kap. Nr. 42 Sp. 112 (Edikt v. 28. 10. 1692), wo es heißt: „... Denen Praelaten, Dom-Capitularen, und Geistlichen, Ritterschafften, dem Clero secundario,

In zwei Edikten fällt etwas Bemerkenswertes auf: Die Überschrift einer Verordnung von 1652 lautete:

„Verordnung, an die Zoll-Bediente, wieder die Ausfuhre des Leders an Häuten und Fellen, ausgenommen derer von Adel *und Beamten.*"

Im Text selbst ist nur die Rede von den Adligen:

„... jedoch mögen die von Adel ihre Felle verkauffen, wie sie solches von Alters hergebracht haben[77]."

In einer anderen Verordnung vom Jahre 1692, in der man die Kornausfuhr generell verbot, wurde im Text von „Ambts und Adelichen Korn" gesprochen, obwohl es in der Überschrift hieß:

„Verordnung, daß auch denen *von Adel* die Ausfuhre des Korns verbothen seyn solle[78]."

Bei der Auslegung kann man einmal davon ausgehen, daß die Verfasser der Texte sich in beiden Fällen bewußt mit der einmaligen Erwähnung der Amtmänner begnügten. Daraus wäre dann zu entnehmen, daß es für sie völlig selbstverständlich war, daß sich die „Beamten" durch die Anführung des Adels mitangesprochen fühlen würden. Denn das die Bestimmungen auch für sie gelten sollten, ergibt sich aus ihrer — wenn auch nur einmaligen — Erwähnung. In diesem Falle wäre der Schluß gestattet, daß zumindest die Gleichbewertung von Amtmännern und Landadel in dieser Zeit bereits so weit fortgeschritten war, daß ein Unterschied nicht mehr gemacht wurde. Man könnte sogar noch einen Schritt weitergehen. Es ließe sich hieraus eventuell entnehmen, daß in anderen Erlassen, in denen lediglich die Adligen genannt wurden, die Amtmänner mitgemeint waren. Man käme dadurch auch dort zu einer völligen Gleichbehandlung.

Wahrscheinlicher ist aber, daß es sich bei den Auslassungen um redaktionelle Versehen handelte. Jedoch wären auch derartige Irrtümer bedeutungsvoll. Immerhin könnte man aus ihnen ebenfalls schließen, daß den Verfassern zumindest im Unterbewußtsein die Gleichachtung beider Gruppen geläufig war und ihnen völlig natürlich erschien. Es wäre ihnen sonst sicher aufgefallen, wenn sie die Beamten in einer Aufzählung einmal vergessen hätten. Das war aber nicht der Fall. Daraus kann entnommen werden, daß es ihnen selbstverständlich war, daß die Vorschrift auch in diesem Falle für die Amtmänner mitgalt.

Unsern Beampten, auch Verwaltern und Arrendatoren, wie nicht weniger den Vasallen und Guhts-Herren, welche ihre Güther ver- Roßdiensten müssen, ... nach wie vor frey stehen solle, die von ihren eigenen freyen Ackerbau gewonnene Korn-Früchte ... ausserhalb Landes zu verführen ...".

[77] *Mylius* V, II, 2. Kap. Nr. 19 Sp. 89 ff. (Verordnung v. 3. 6. 1652).

[78] *Mylius* V, II, 2. Kap. Nr. 43 Sp. 115 f. (Verordnung v. 28. 11. 1692).

Neben Häuten und Fellen waren viele andere Waren von Ausfuhrverboten betroffen[79], u. a. die Wolle. Bei ihr galten ähnliche Regelungen wie beim Leder. Auch hier waren die Adligen und die Beamten der landesherrlichen Ämter zunächst von dem Verbot eximiert[80]. Jedoch wurde ihr Privileg im Jahre 1719 aufgehoben. Als Begründung wurde angegeben, daß nach dem Befehl an alle Bürger, nur noch inländische Stoffe zu tragen, vor allem die brandenburgisch-preußischen Tuchfabriken mit den nötigen Rohstoffen zur Herstellung dieser Waren versehen werden müßten[81].

ee) Sonstige Exemtionen im weiteren Sinne

Schließlich sei angemerkt, daß Adlige und Beamte — hier wieder im weiteren Sinne verstanden — auch bezüglich der Pracht ihrer Kleider und Festlichkeiten ein Privileg genossen. Sie waren von den allgemeinen Vorschriften eximiert. Um dem häufig übertriebenen Prunk zu steuern und um die Verschwendungssucht einzudämmen, schrieb der Landesherr in Polizeiordnungen vor, welcher Stand ein bestimmtes Fest mit welchem Aufwand begehen durfte. Ferner bestimmte er, welche Kleidung die einzelnen Stände tragen durften[82].

Für Adlige *und* Beamte galt folgende Ausnahme:

„... Nachdem Erstlichen, der Adelstand, billich seine praerogatiuam hat, so auch, vornehmen Officirern, Ambtspersonen, und Dienern bey Hofe, ihrer Herrschafft zu reputation und ehren, wol anstehet, do sie sich, in Tracht, Kleidunge, und sonsten, ihren Wirden und Stande gemeß, vor andern etwas ansehenlicher erzeigen, und vorhalten, so sol niemands mehr, dann alleine der Adel, und Unsere Hoff- und Cammergerichts-Rhäte, so wol Unsere Leibes medici, mit den ihrigen, von dieser Unser Vorordnung, Exempt und befreyet sein, wie auch nicht weniger, alle die andere Unsere Officirer und Hoffdiener in gemein, ungeachtet sie nicht von Adel, vor ihre Personhen, macht haben sollen, Uns der Herrschafft zu mehrern ansehen, und ehren, an Kleidungen, bey ihren Auffwartungen, anzuziehen und zu tragen, was ein jeder haben, oder erzeugen kann ...[83]."

So fand die soziale Gleichrangigkeit von Lehnleuten und Beamten auch äußerlich ihren Ausdruck.

---

[79] Siehe dazu die Erlasse bei *Mylius* V, II.

[80] *Mylius*, V, II, 4. Kap. Nr. 24 Sp. 241 (Edikt v. 30. 3. 1687); V, II, 4. Kap. Nr. 28 Sp. 259 (Edikt v. 3./13. 9. 1690); V, II, 4. Kap. Nr. 41 Sp. 292 (Edikt v. 13. 6. 1714).

[81] *Mylius* V, II, 4. Kap. Nr. 64 Sp. 319 ff. (Edikt v. 24. 5. 1719).

[82] Vgl. z. B. *Mylius* V, I, 1. Kap. Nr. 1 Sp. 1 ff. (Polizei-Ordnung v. 1540); V, I, 1. Kap. Nr. 7 Sp. 59 ff. (Polizei-Ordnung v. 1580); V, I, 1. Kap. Nr. 22 Sp. 109 ff. (Edikt v. 6. 11. 1731); siehe auch die Erlasse über die vorgeschriebene Trauerkleidung: *Mylius* V, I, 1. Kap. Nr. 19 Sp. 103 ff. (Edikt v. 27. 7. 1720); V, I, 1. Kap. Nr. 25 Sp. 119 ff. (Edikt v. 20. 5. 1734).

[83] *Mylius* V, I, 1. Kap. Nr. 8 Sp. 82 (Polizei-Ordnung v. 1. 1. 1604).

ff) Zwischenergebnis

Als Ergebnis der Untersuchung der Exemtion im engeren und im weiteren Sinne bleibt somit festzuhalten: Adlige und Beamte wurden nahezu lückenlos in gleicher Weise behandelt. Exemtionen wurden ihnen fast immer — zumindest vom 17. Jahrhundert an — gemeinsam gewährt. Wurden sie aufgehoben, so geschah das ebenfalls für beide gleichzeitig. Dies hatte zur Folge, daß die Schicksale beider Standesgruppen miteinander verbunden schienen. Zumindest verliefen sie häufig parallel. Es darf allerdings nicht übersehen werden, daß die Bedeutung der Beamten für das Gemeinwesen erst im Wachsen war. Dagegen wurden die Adligen, also ein großer Teil der Lehnleute, in dieser Beziehung immer bedeutungsloser. Davon unabhängig wurden die persönlichen Vorteile etwa von der Mitte dieser Epoche ab in gleicher Weise vergeben. Daß es erst vom 16. Jahrhundert an geschah, zeigt, daß die Beamten langsam an Bedeutung gewannen. Erst allmählich erreichten sie das Ansehen der Vasallen. Bewirkt wurde dies zum Teil dadurch, daß manches, bisher als Lehen vergebene Amt nun ihnen übertragen wurde[84].

Lediglich die Motive für die Bevorzugung mögen unterschiedlich gewesen sein: Den Lehnleuten gewährte man sie häufig aus alter Gewohnheit und wegen des immer noch vorhandenen sozialen Ansehens, das sie aufgrund ihrer früheren Stellung im Staate genossen[85]. Außerdem stellten sie immer noch einen großen Teil der „bewaffneten Macht". Auch ihre trotz allem noch vorhandene, wenn auch ständig abnehmende Bedeutung für die Verwaltung wird dabei eine Rolle gespielt haben.

Den Beamten dagegen sprach man die Privilegien vor allem deshalb zu, weil man ihre ungeheure, dabei noch stetig steigende Wichtigkeit für das Wohlergehen des Gemeinwesens erkannte. Um diese Bedeutung zu betonen, stellte man sie sozial den Lehnleuten gleich.

Ein weiteres Motiv wird sicher gewesen sein, daß es in damaliger Zeit üblich war, die Macht und den Reichtum eines Landes — und damit seines Herrschers — nach dem Auftreten und dem Wohlergehen der Staatsdiener zu beurteilen[86].

Ferner mußten die Herrscher, die tüchtige Beamte dringend benötigten, für befähigte Juristen einen materiellen Anreiz schaffen, in ihren Dienst einzutreten. Auch aus diesem Grunde waren sie bemüht, ihren Beamten ähnliche Vergünstigungen wie den Vasallen zukommen zu lassen. Für beide kam es so zu jener Fülle von Exemtionen.

---

[84] Siehe unten 2. Kap. B V.

[85] Vgl. zur Freiheit des Adels von den gemeinen Landesleuten *Isaacsohn* II S. 5.

[86] Siehe dazu *Isaacsohn* II S. 200 ff.

2. Der Kriegsdienst

Neben der Gerichtsbarkeit und den Exemtionen gab es noch andere Bereiche, auf denen Vasallen und Beamte gleichbehandelt wurden. Dies gilt vor allem für ein Gebiet, das wesentlich zur Entstehung des Lehnwesens beigetragen und seine spätere Ausgestaltung entscheidend mitgeprägt hat: das Kriegswesen.

a) Die Verpflichtung der Lehnleute zum Kriegsdienst

Wie bereits dargestellt[87], waren die Vasallen — und nur sie[88] — grundsätzlich zur Heerfolge verpflichtet. Bürger und Bauern dagegen, die nicht in einem Lehnexus standen, waren im allgemeinen von jeglichem Kriegsdienst befreit[89].

Das bedeutet nicht, daß ausschließlich die Lehnleute ihren Landesherrn auf seinen Kriegszügen begleiteten. Vielmehr waren die Vasallen verpflichtet, mit einer bestimmten Anzahl von bewaffneten Knechten oder gar mit einem Kontingent eigener Lehnleute an derartigen Unternehmungen teilzunehmen. Außerdem hatten sie meistens eine Anzahl gut gerüsteter Pferde zu stellen.

Des öfteren finden sich daher in Urkunden, mit denen der Landesherr eine Belehnung verbriefte, Bestimmungen über die Anzahl der aufgrund der Belehnung zu stellenden Pferde. Diese Verpflichtung wurde z. B. in folgende Worte gefaßt:

„... Unndt wir vorkeuffen fur obgesatzte ein unndt dreissig tausendt gulden ... unser Hauss unndt Ambtt Plattenburgk ..., Beleihen ihne auch damit unndt setzen ihn in derselbigen besitz unndt gewehr ..., Also das er unndt seine Menliche Leibes lehens Erben solch hauss unndt Ambt sambt aller Zuegehorung nun hinfuhro von uns unsern Erben unndt Nachkommenden Marggraffen zue Brandenburgk zue rechtem Erbe unndt Manlehen haben unndt besitzen unndt unss unndt unserer herschafft *daruon mit Vier pferden dienen* sollen, wie von Lehens wegen Recht unndt gebreuchlich ist ...[90]."

Die Zahl der Lehnpferde und bewaffneten Knechte wurde manchmal davon abhängig gemacht, ob der Kurfürst selbst im Felde stand oder ob nur einer seiner Landeshauptleute zur Heerfolge aufgerufen hatte.

Einen solchen Fall regelte der Markgraf Johann im Jahre 1485 wie folgt:

---

[87] Siehe oben 1. Kap. B II 2, B III 3.
[88] *Isaacsohn* I S. 268.
[89] Vgl. aber *Riedel* I, VIII S. 9, wo es heißt, daß *Vasallen* des Bischofs zu Brandenburg, egal, ob adligen, bürgerlichen oder bäuerlichen Standes, zur Heeresfolge verpflichtet gewesen seien.
[90] *Riedel* I, II Nr. 14 S. 112 (Urk. v. 1560); vgl. auch *Gercken* VI, V Nr. 176 S. 684 (Urk. v. 3. 8. 1623).

„... Nemlichen were es sach, das wir oder die *Herschafft personlich in dem felde* weren und sie zu unns zu kommen verbotten wurden, dar alsdanne sie personlich *mit vir pferden* unns von stund wo wir sie bescheiden werden, volgen und dienen sollen. Wo wir aber *personlich nicht Inn felde* sein und sie durch unsernn Hauptmann und Amptlute zu unser und unser Herschafft notturfft und bests gefordert wurden, Sollen sie alsdann Inen von unseren wegen *mit Zweien gewapenden knechten und pferden* dienen und folgen, on alles verziehn, und dar Innen keinen behelff nemen ...[91]."

Ein Beispiel, in dem der Lehnmann eines kurfürstlichen Vasallen zur Heerfolge verpflichtet wurde, enthält eine Urkunde der Familie v. d. Schulenburg. In ihr wurde den Goldbecks bei der Belehnung mit Röbel aufgegeben, den v. d. Schulenburgs bei einem Aufgebot des Landesherrn mit Pferd, Harnisch und Rüstung zu folgen, solange es erforderlich sei[92].

Diese Art des Kriegsdienstes bestimmte das Aussehen aller Heere während des Mittelalters und auch noch zu Beginn der Neuzeit. Ihr wesentliches Merkmal war die geringe Größe. Im 15. und 16. Jahrhundert nahm sogar die Zahl der dem Landesherrn im Kriegsfalle folgenden „Mannen" und Knechte laufend weiter ab. So brachte z. B. Joachim I. im Jahre 1523 für seinen gegen Dänemark geplanten Feldzug nur 520 Lehnpferde zusammen[93].

b) Die Verpflichtung der Beamten zum Kriegsdienst

Es war daher ganz natürlich, daß die Kurfürsten danach trachteten, eine größere Zahl von jederzeit verfügbaren, treuen und zuverlässigen Kämpfern zu gewinnen. Was aber lag näher, als hierzu die Leute heranzuziehen, die auch die sonstigen Pflichten der Lehnleute übernommen hatten?

So kam es, daß die kurfürstlichen Räte, Landeshauptleute und Amtleute, insgesamt also die Beamten[94], auch mit derartigen Aufgaben betraut wurden.

Besonders im 16. Jahrhundert wurde daher in vielen Beamtenbestallungen die Pflicht zur Leistung von Kriegsdiensten ausgesprochen. Man wählte hierfür z. B. die Formulierung:

„... wir Joachim ... und Albrecht ..., Marggrauen zu Brandenburg, Bekennen ... mit disem briue vor allermeniglich, das wir den wolgebornn

---

[91] *Riedel* I, XV Nr. 440 S. 394 (Urk. v. 6. 3. 1485); vgl. auch *Riedel* I, XV Nr. 470 S. 425 (Urk. v. 28. 10. 1491). In *Riedel* III, III Nr. 179 S. 208 f. (Urk. v. 12. 6. 1511) wird danach unterschieden, ob inner- oder außerhalb der Marken gekämpft wird.

[92] *Riedel* I, VI Nr. 470 S. 283 f. (Urk. v. 14. 10. 1560).

[93] *Isaacsohn* I S. 270; zur sinkenden Zahl der Lehnpferde vgl. die bei *Isaacsohn* I S. 269 f. wiedergegebenen Musterregister.

[94] Dazu *Lotz* S. 43.

und Edelen unsern lieben getrewen, Bernn, Grauen von hoenstein und hern zum virraden, zu diner und hoffgesind auffgenohmen haben... Also, das er uns *mit Sechs pferden und knechten dinen*, wenn wir Ine heischen und fordern werden, ... soll ...⁹⁵."

Auch folgende Wendung war üblich:

„... uns und unsern erben sieben jar lang An unserm hof *mit vier pferden gerust*, Als ander unser rath und Diner wesentlich zu dienen und sich gebrauchen zu lassen wie Er uns des gewonlich Rathpflicht gethan hat...⁹⁶."

Manchmal wiederum hieß es:

„... Also das wir Ime die zeit seines lebens zu unserm man unnd diner wesentlich und von hauß auß, wie das unser notturft erfordert, mit *zweyen gerusten pferden* auffgenomen und Ime dafür zu sold und Mangeld alle Jar Jerlich 100 gulden Rh. ... getrewlich zugesagt und versprochen haben...⁹⁷."

Außerdem kannte man noch folgende Formulierung:

„... Dakegen sich unser Rath kegen unss hinwieder verpflichtet, zeidt seines Lebenss also unser Amptman Undt Rath zu sein, und unss zu iederzeit auf unser erforderen *mit funf Pferden*, dehrer schaden wir ihme alss andern unsern Amptleuten stehen, ... zue dienen...⁹⁸."

Von besonderer Bedeutung ist in diesem Zusammenhang eine Urkunde aus dem Jahre 1538, in der Kurfürst Joachim den Adligen Achatius von Veltheim zum „Rath und diener ... mit fünf gerüsteten pferden" bestellte. Die Quelle fährt dann fort:

„... wie einem rittermessigen vom Adel und getrewen diener eigent und gebürt...⁹⁹."

Es wird also so dargestellt, als beruhe die Gestellung von 5 Pferden hier auf der Zugehörigkeit zur Ritterschaft. Diese Begründung trifft jedoch nicht zu. Denn das Versprechen bei der Ratsbestallung wurde allein abgegeben, weil man dafür ein Amt mit entsprechender Belohnung erhielt[100]. Der Grund lag nicht darin, daß der Rat gleichzeitig

---

[95] *Riedel* III, III Nr. 116 S. 140 (Urk. v. 7. 12. 1500); hier handelt es sich allerdings nicht um einen Beamten in unserem Sinne. Die Bezeichnung Diener und Hofgesinde wurde auch für nur zum Hof- und Kriegsdienst Verpflichtete gebraucht; siehe *Isaacsohn* I S. 30; unten 2. Kap. B V 1 a bb.

[96] *Riedel* III, III Nr. 176 S. 205 (Urk. v. 28. 9. 1510).

[97] *Riedel* III, III Nr. 234 S. 274 (Urk. v. 2. 4. 1519).

[98] *Riedel* I, II Nr. 16 S. 342 (Urk. v. 1558); weitere Beispiele bei *Riedel* III, III Nr. 216 S. 254 (Urk. v. 29. 7. 1515), wo Dr. Wolfgang Kettwich als Hofrat angenommen wird mit der Aussicht auf das Kanzleramt, das er schließlich im Jahre 1529 erhält. Dabei muß er sich zur Stellung von 2 Pferden und 3 Mann verpflichten — siehe *Altmann* I Nr. 22 S. 19 f. (Urk. v. 7. 6. 1529); vgl. auch *Riedel* I, VI Nr. 484 S. 294 (Urk. v. 14. 6. 1572). In einem Dienstrevers v. 1507 verpflichtet sich Johann Blankenfeld sogar, gegen Übertragung *einer Pfarrei* zur Stellung von 4 gerüsteten Pferden — *Riedel* I, III Nr. 34 S. 113 (Urk. v. 1507).

[99] *Riedel* III, III Nr. 325 S. 455 (Urk. v. 29. 9. 1538).

[100] Das wird besonders deutlich in *Riedel* I, V Nr. 373 S. 487 (Urk. v. 11. 11. 1489), wo es heißt: „...He schall ock twelff Reysige perd, *diwile hee so unse houetmann iss* holden und dar thu mit knechten gerust sein...".

Adliger war. Als solcher mochte er auch zur Bereithaltung und Heranführung von Pferden verpflichtet sein. In diesem Zusammenhang war das jedoch ohne Bedeutung. Das ergibt sich schon daraus, daß auch bürgerliche Räte Pferde zu stellen hatten[101].

Dem Verfasser der Urkunde ist hier eine Begründung in die Feder geflossen, die sich aus der bereits eingetretenen engen Verflechtung von Lehn- und Beamtenwesen erklärt. Die Inkonsequenz seiner Begründung fiel ihm daher nicht mehr auf.

Ähnlich verhält es sich mit einer Urkunde von 1572, in der Albrecht v. d. Schulenburg bei seiner Ernennung zum geheimen Rat versprochen wurde:

„... Szo wollen wir Ime auch wie andern unsern *Dienern vom Adel* schadestandt geben...[102]."

Aus einer Vielzahl von Belegen ergibt sich jedoch, daß auch bürgerlichen Räten der ihnen im Dienst entstandene Schaden ersetzt wurde. So heißt es in der bereits zitierten Bestallungsurkunde des Heinrich Doberitz:

„... Ime ... dazu für gewonlichen *Pferdschaden*, wan er in unsern Dinsten und geschefften ist und gebraucht wirt, *wie andern unserm Hofgesind* zu steen getrewlich zugesagt und versprochen haben...[103]."

Ebenso wurde dem Dr. Wolfgang Kettwich bei seiner Ernennung zum Kanzler versichert:

„... wollen wir im ... auch fur zimlichen pferdschaden stehen, *wie andern unsern rethen und dienern;* darzu wollen wir ine in unserm gescheften vor leib und gut schadlos halten...[104]."

Auch im Falle des Albrecht v. d. Schulenburg hat also der Verfasser den Adel als Mitvoraussetzung genannt, obwohl im vorliegenden Falle allein die Ratseigenschaft der Grund für das Schadensersatzversprechen war[105]. Aus ihr war ja auch die Pflicht zur Gestellung von Pferden erwachsen. Entweder hat man auch hier den Unterschied bewußt nicht sehr hoch bewertet, oder es liegt ebenfalls eine unbeabsichtigt eingeflossene Formulierung vor. Sie fiel niemandem auf, weil die weitgehende Gleichbehandlung allen geläufig war.

---

[101] Vgl. z. B. Heinrich Doberitz bei *Riedel* III, III Nr. 234 S. 274 (Urk. v. 2. 4. 1519) und Dr. Wolfgang Kettwich bei *Riedel* III, III Nr. 216 S. 254 (Urk. v. 29. 7. 1515).
[102] *Riedel* I, VI Nr. 484 S. 295 (Urk. v. 14. 6. 1572).
[103] *Riedel* III, III Nr. 234 S. 274 (Urk. v. 2. 4. 1519).
[104] *Altmann* I Nr. 22 S. 20 (Urk. v. 7. 6. 1529).
[105] Daneben wurde auch den Lehnleuten Ersatz gewährt: z. B. *Gercken* VII, III Nr. 65 S. 182 f. (Urk. v. 1428). Das Beamtenverhältnis als Grund für das Ersatzversprechen tritt besonders deutlich in *Gercken* VII, III Nr. 133 S. 271 f. (Urk. v. 1430) hervor, wo es heißt: „... und die weile er unser Voigt und in unsern Dienste ist, sullen und wollen wir Im für redlichen Schaden steen als gewönlichen ist on geverde...".

Der oben erwähnte Lehnpferdedienst oblag auch im 17. Jahrhundert noch den Lehnleuten. Das läßt sich vor allem aus den vielen Aufgeboten zur Landesverteidigung entnehmen, in denen der Landesherr forderte:

„... Ergehet demnach an alle und jede *so uns mit Roßdiensten* auffm Lande und in Städten *verwand und obligiret*, ... hiermit unser gnediger und zugleich ernster befehl, daß sie nicht allein mit ihren gewöhnlichen schuldigen Pferden und Rüstwägen, sondern auch so hoch ein jeder im lande aufzukommen vermag ..., sich gefast halten ...[106]."

c) Die Änderung der Heeresorganisation

Dennoch zeigten sich am Ende des 16. und vor allem im 17. Jahrhundert Unterschiede gegenüber früheren Epochen. Sie ergaben sich u. a. aus dem sich immer mehr verbreitenden Einsatz von Schießpulver und Geschützen in den Kriegen. Diese und das jetzt häufig zu beobachtende Auftreten von Massenheeren machten eine Änderung der Kriegsverfassung und -taktik erforderlich[107].

Die Grundlage zur Aufstellung eines großen Heeres war zu schmal, wenn man sich weiterhin nur auf Lehnleute, Beamte und die von ihnen gestellten Knechte stützte.

Man verfiel daher zunächst auf den Ausweg, in den Aufgeboten nun auch Bürger und Bauern zum allgemeinen Kriegsdienst aufzufordern[108]. Vorher waren sie nur zur Landwehr[109] verpflichtet gewesen.

Es fällt auf, daß in den Beamtenbestallungen des 17. und 18. Jahrhunderts die Pflicht zum Kriegsdienst nicht mehr enthalten war. Auch von der Gestellung von Knechten und gerüsteten Pferden war dort nicht die Rede[110]. Man wollte die Beamten nun nicht mehr zu möglichst vielen, verschiedenartigen Diensten gebrauchen, sondern legte stärkeres Gewicht auf ihre Haupttätigkei als Verwaltungsträger. Die Pflicht, dem Landesherrn auf Kriegszügen zu folgen, gehörte nicht mehr in ihren Aufgabenbereich.

Der entscheidende Umschwung in der Heeresorganisation kam im Dreißigjährigen Krieg. Man brach nun endgültig mit der Lehnkriegs-

---

[106] *Mylius* VI, I Nr. 100 Sp. 339 (Aufgebot v. 12. 9. 1631); ähnlich VI, I Nr. 85 Sp. 282 (Aufgebot v. 28. 10. 1618).

[107] *Isaacsohn* I S. 269; II S. 2.

[108] Siehe hierzu z. B. *Mylius* VI, I Nr. 93 Sp. 309 (Aufgebot v. 24. 6. 1623), wo es heißt: „... alle, und jede, Uns Anverwandte Praelaten, Graffen, Herrn Ritterschaft, Beambten, Bürger und Bawren, auch auffzubieten, damit sie sich, auffs beste als sie können, und mögen, außstaffirten und rüsteten, und so bald wir sie weiter ... affoddern ließen, ... zuziehen ...".

[109] Dazu *Isaacsohn* I S. 268 f.

[110] Vgl. statt vieler Acta Brandenburgica II Nr. 1051 S. 303 f. (Urk. v. 24. 7. 1606).

2. Kapitel: Die Zeit des Übergangs

verfassung und stützte sich auf die gesamte Wehrkraft des Landes[111]. Dazu gehörte auch weiterhin der Heeresdienst der Adligen. Nur stellten sie nicht mehr die alleinige Kriegsmacht.

Außerdem begann man mit der Werbung eines Söldnerheeres, die sich in der Hauptsache auf das Inland beschränkte[112].

In konsequenter Fortsetzung dieser Politik kam es dann unter dem Großen Kurfürsten zur ersten Bildung von Reserveeinheiten, den sog. Cadres. Deren Mitglieder gingen im Frieden ihren zivilen Berufen nach und wurden nur im Kriege zu Soldaten.

Ferner machte dieser Kurfürst einen ersten Versuch zur Ablösung des Lehnpferdedienstes von den Ritterhufen[113].

Diese Bemühungen hatten erst 1717 unter Friedrich Wilhelm I. Erfolg. In jenem Jahre wurde im Gefolge der Allodifikation vieler Lehen auch der von ihnen abhängende Lehnpferdedienst durch eine regelmäßige Geldzahlung abgelöst[114].

Hiermit fand die Bedeutung der Vasallen im Heereswesen in der bis dahin bekannten Form ihr Ende. Jahrhundertelang hatten sie und die Beamten den Kern des Heeres gebildet. Besonders die ersteren hatten damit ein gewisses Druckmittel gegen den Landesherrn in Händen gehabt[115]. Als sie nun neben ihren Verwaltungsaufgaben auch ihre militärische Bedeutung verloren, war zunächst einmal ihr Einfluß auf die Geschicke des Staates erheblich eingeschränkt.

Erst später — im 18. Jahrhundert — fand der Adelsstand darin eine neue Aufgabe, daß er nahezu alle Offiziere stellte.

---

[111] Z. B. *Mylius* VI, I Nr. 93 Sp. 309 f. (Aufgebot v. 24. 6. 1623); auch VI, I Nr. 100 Sp. 337 f. (Aufgebot v. 12. 9. 1631).

[112] *Mylius* VI, I Nr. 88 Sp. 285 ff. (Rezeß v. 1. 5. 1620); siehe zum Ganzen *Isaacsohn* II S. 37. Andere Fürsten und der Kaiser führten schon im 14. Jahrhundert Kriege mit Söldnertruppen, denen sie übrigens auch die erlittenen Schäden zu ersetzen hatten — vgl. *Gercken* I, II Nr. 34 S. 75 (Urk. v. 1373): „... und darzu solchen Solt, als andern seinen Soldenern, das ist uf eyn yden Glefen alle Monde diwile ich in seinem dienste bin achtzehen Gulden ... und was ich und die Menne redliches schadens nemen in seinem dinste, den sollen sie uns richten...". Siehe auch *Gercken* III, II Nr. 19 S. 86 f. (Urk. v. 1312), wo Ritter einem anderen Fürsten gegen Bezahlung zu Kriegsdiensten überlassen werden. Ein ähnlicher Fall bei *Gercken* V, VI Nr. 169 S. 307 ff. (Urk. v. 1388). Kleine Söldnerscharen wurden auch in den Marken schon früher angeworben — siehe *Raumer* II Nr. 2 S. 3 f. (Urk. v. 1470).

[113] *Isaacsohn* II S. 131.

[114] *Mylius* II, V Nr. 61 Sp. 87 ff. (Resolution v. 17. 4. 1717): „... Als erklären sich dieselbe hiermit in Gnaden, daß aufs künfftige ... von jeden Roß-Dienste ... jährlich 40 Rthlr. ad Militaria gezahlet ... werden sollen ...".

[115] Vgl. *Isaacsohn* II S. 2.

B. Die Übergangszeit in Brandenburg-Preußen 87

d) Der Kriegsdienst der Beamten am Beginn des 19. Jahrhunderts

Als einen fernen Nachklang der Heerfolgepflicht der Beamten könnte man es betrachten, daß viele von ihnen während der Befreiungskriege gegen Napoleon I. in die Armee eintraten. Eine rechtliche Verpflichtung hierzu bestand nicht[116]. Vielmehr legte man ihnen lediglich keinen Stein in den Weg, wenn sie sich zum Militärdienst melden wollten. Man kann diese Erscheinung daher nicht mit der früher vorhandenen Pflicht zum Kriegsdienst vergleichen.

e) Die Rechtsgrundlage des Heeresdienstes

Somit ergibt sich, daß während eines großen Teiles der hier behandelten Epoche, besonders im 15. und 16. Jahrhundert, Beamte und Lehnleute gleichermaßen zur Heerfolge verpflichtet waren. Bei den Vasallen folgte dies aus dem Lehnverhältnis. Für die Beamten ergab sich die gleiche Pflicht aus dem Dienstverhältnis.

Beide Sonderverbindungen wurden durch einen Vertrag begründet[117].

Beim Beamtenverhältnis zeigte sich der Vertragscharakter sehr deutlich in den Bestallungen des 16. Jahrhunderts. In ihnen wurden häufig Formulierungen gebraucht wie

„... Wir Joachim ... Bekennen ... das wir uns heut dato mit unserm lieben getrewen Heine Doberitzen *vereinigt und vertragen*...[118]“

„Von gots gnaden Joachim churfurst bekennen..., dass wir uns mit dem wirdigen und lochgelarthen unsern rath und lieben getrewen ern Valentin von Sunthawssen doctor ... volgender meinung *verdragen* haben, also dass wir in zu unserm rath und diener angenommen...“[119]

oder

„... mit Im vertragen und selschaft gemacht haben...[120].“

Das Wort „vertragen" war noch nicht im technischen Sinne der modernen Zeit zu verstehen. Jedoch zeigt vor allem der Ausdruck „selschaft", daß es sich um ein gegenseitiges Verhältnis handelte, aus dem beiden Teilen Rechte und Pflichten erwuchsen. Ferner kann aus diesem Ausdruck eine gewisse Gleichberechtigung beim Abschluß des Verhältnisses herausgelesen werden.

---
[116] *KPGS* (1815) Nr. 276 S. 41 ff. (Bekanntmachung v. 6. 5. 1815).
[117] Für das Lehnverhältnis siehe oben 1. Kap. B II 3.
[118] *Riedel* III, III Nr. 234 S. 274 (Urk. v. 2. 4. 1519).
[119] *Altmann* I Nr. 19 S. 17 (Urk. v. 28. 9. 1510). Für das 15. Jahrhundert siehe z. B. *Altmann* I Nr. 4 S. 3 (Urk. v. 30. 6. 1437): „... geeinet und vertragen..."; jedoch herrscht keine Einheitlichkeit in den Formulierungen, denn in anderen Urkunden heißt es: „... zu diner und hoffgesind *auffgenommen* haben..." — *Riedel* III, III Nr. 116 S. 140 (Urk. v. 7. 12. 1500), was auf einen einseitigen Akt hindeuten könnte. Für Vertragscharakter: *Isaacsohn* I S. 6; *Rehm* S. 575 f.
[120] *Raumer* I Nr. 98 S. 128 (Urk. v. 1440).

Für beide Gruppen von Verwaltungsträgern galt über die eigene Dienstpflicht hinaus, daß sie im Kriegsfalle dem Landesherrn eine bestimmte Anzahl bewaffneter Knechte und gerüsteter Pferde zuzuführen hatten. Eine Gleichbehandlung ist also auch hier zu beobachten.

3. Das Verbot, das Land zu verlassen oder in andere Dienste zu treten

a) Das für Lehnleute geltende Verbot

Auch in einer weiteren Besonderheit stimmten beide Rechtskreise überein. Sie steht in einem gewissen Zusammenhang mit dem behandelten Kriegsdienst. Vor allem beim Lehnwesen ist dieser Zusammenhang offenkundig. Gemeint ist das besonders in Kriegs- und Spannungszeiten in Erscheinung tretende Verbot, außer Landes zu gehen und dort zu dienen.

Die meisten Erlasse, in denen Lehnleuten gegenüber dieses Verbot ausgesprochen wurde, stammen aus der zweiten Hälfte des 16. Jahrhunderts und aus späterer Zeit[121]. Sie wurden also in Epochen erlassen, in denen die Lehnleute ihre überragende Bedeutung für die Verwaltung des Landes zumindest in ihrer Eigenschaft als Vasallen bereits verloren hatten. Anders verhielt es sich natürlich, wenn sie gleichzeitig Beamte des Landesherrn waren. In dieser Eigenschaft waren sie weiterhin von Wichtigkeit für die Verwaltung.

Besaßen sie ausschließlich den Status eines Lehnmannes, so hatten sie in dieser Zeit einen Wert nur noch auf dem militärischen Sektor.

In allen Erlassen wurde daher ausschließlich auf den *Kriegsdienst* Bezug genommen. Ein weiterer Grund hierfür ist darin zu sehen, daß diese Erlasse ausnahmslos aus Jahren stammen, in denen Krieg geführt wurde oder unmittelbar bevorstand.

Die Kurfürsten von Brandenburg waren daher bemüht, ihre Vasallen am Verlassen des Landes zu hindern, damit sie im Notfall sofort zur Verfügung standen. Um dies zu erreichen, untersagten sie den Vasallen, sich ohne Vorwissen des Landesherrn zum Militärdienst in fremden Ländern werben zu lassen. Für den Fall der Übertretung des Verbots wurde vorwiegend die Entziehung der Lehen und sonstigen Güter angedroht.

Als z. B. im Jahre 1586 die Türken den Bestand Deutschlands und anderer christlicher Nationen bedrohten, erließ der Kurfürst folgendes Aufgebot:

---

[121] Siehe aber *Mylius* III, II Nr. 1 Sp. 1 f. (Aufgebot v. 1530); III, II Nr. 2 Sp. 1 ff. (Aufgebot v. 1541).

„... Und ihr vom Herrn Stande, der Ritterschaft und andere, die sich der
Kriege zugebrauchen pflegen, wollet euch bey vorlust ewerer Lehen- und
anwartung zu denselben, auch haabe und Gütter ohne unser vorwissen,
in- oder außerhalb Landes von niemandt besprechen oder bestellen lassen,
Sondern da derowegen etwas an euch gelanget, uns daßelbe zuuorn zu-
wissen tun. Als wollen wir uns dorauff kegen einem jeden also erkleren.
Das ihr befinden sollet, das wir euch zu dehme was auch Christlich, Ehr-
lich, und nützlich, vielmehr zu beforddern dann zu hindern geneigt sein
Wurde aber jemandt hierwider ungehorsam sein, und sich unser unersucht,
zu Kriegen bestellen lassen, Kegen dehme wollen wir auff dis unser Man-
dath zu vorlust und einziehung seiner Lehen, anwarttung, habe und Gutter
die Er under uns hat, durch unsern Fiscal unuorzüglich und vorfharen lassen, Darnach sich ein jeder zurichten ...[122]."

Zur weiteren Verstärkung der Heeresmacht forderte man alle Lehnleute und Untertanen, die bereits in fremden Diensten standen, zur un-
verzüglichen Rückkehr in die Heimat auf. Für den Fall der Nichtbefol-
gung dieses Befehls wurden ebenfalls Strafen angedroht[123].

Friedrich der Große schließlich verbot rundweg allen Vasallen, das
Land zu verlassen. Auch er stellte die Zuwiderhandlung unter Strafe.
Ausnahmen ließ er nur in seltenen Fällen gelten, wenn es um die
dringend erforderliche Regelung von Privatangelegenheiten ging[124].

b) Das für Beamte geltende Verbot

Ähnliche Erscheinungen finden sich auch im Beamtenwesen. Allerdings sind gewisse, von der Sache her bedingte Unterschiede nicht zu übersehen.

Bei ihnen stand weniger der Kriegsdienst als vielmehr die Verwaltungstätigkeit im Vordergrund. Um diese nicht zu gefährden, verbot man ihnen während der Dauer des Vertragsverhältnisses generell den Eintritt in fremde Dienste. Im 15. und 16. Jahrhundert verhinderte man dadurch natürlich auch indirekt, daß fremde Landesherren ihre Truppen auf Kosten Brandenburgs verstärkten. Denn zu dieser Zeit spielten die Beamten noch eine wichtige Rolle im Heeresdienst[125].

---

[122] *Mylius* III, II Nr. 4 Sp. 7 f. (Aufgebot v. 1586); weitere Beispiele auch aus Kriegen gegen andere Länder: *Mylius* III, II Nr. 5 Sp. 7 f. (Aufgebot v. 1587) und die folgenden Aufgebote; siehe auch *Mylius* III, II Nr. 17 Sp. 23 ff. (Edikt v. 31. 1. 1620); III, II Nr. 38 Sp. 63 f. (Verbot v. 28. 1. 1666). Vgl. weiterhin die Patente *Mylius* VI, I Nr. 39 Sp. 123 f. (Patent v. 1587); VI, I Nr. 41 Sp. 125 f. (Patent v. 1590) und VI, I Nr. 53 Sp. 145 f. (Aufgebot v. 12. 11. 1598); VI, I Nr. 56 Sp. 149 f. (Aufgebot v. 23. 7. 1600).
[123] Z. B. *Mylius* III, II Nr. 31 Sp. 49 ff. (Avocatorien v. 26. 7. 1658); III, II Nr. 32 Sp. 53 ff. (Publikation v. 18. 11. 1658); in späterer Zeit: *Mylius* VI, I Nr. 180 Sp. 589 ff. (Edikt v. 3. 4. 1689).
[124] NCCM (Supplement nach 1765) Nr. 2 Sp. 1199 f. (Zirkular v. 21. 1. 1747); Nr. 4 Sp. 1201 f. (Zirkular v. 10. 7. 1750); Nr. 12 Sp. 1217 ff. (Reskript v. 4. 6. 1763).
[125] Siehe oben 2. Kap. B IV 2 b.

Ausnahmen von dem Verbot, sich anderen Herrschern zum Dienst zu verpflichten, bedurften der Billigung des Kurfürsten. Das galt nicht nur in Krisenzeiten, sondern allgemein während der ganzen Laufzeit des Vertrages.

In den Vertragsurkunden formulierte man dies folgendermaßen:

„... auch in mitler zeit von nymandts Anders dinstgelt oder solt zunehmen, noch *nymandts dinsthalben verwandt sein, es geschee dan mit unserm wissen und willen;* Wo wir aber in Zeit derselben Jar Ine mit einem bischofthum nicht versehen werden, sol er macht haben, sein besserung an andern orten zu suchen und mit dinsten zu begeben, doch daß dieselbe herschafft, darzu er sich begeben, mit uns Im wissentlichen nicht zu Irrung stee ...[126]."

Manchmal schrieb man stattdessen:

„... Auch ohne unsern Vorwissen undt Bewilligunge in keines frembden Herren Dienst oder Bestallunge zu begeben ...[127]."

Sieht man von der Verschiedenartigkeit der zu erbringenden Dienste ab, so kommt man zu dem Schluß, daß Lehn- und Beamtenrecht auch hinsichtlich dieser Materie während der Übergangszeit in ihren Regelungen übereinstimmten. In beiden Rechtskreisen bemühten sich die Landesherren, durch besondere Bestimmungen eine Dienstverpflichtung ihrer Vasallen bzw. Beamten gegenüber anderen Fürsten zu verhindern. Sie wollten damit vermeiden, daß die Macht fremder Landesherren auf ihre eigenen Kosten gestärkt wurde.

4. Die Ligesse

Dem gleichen Zweck diente ein anderes Rechtsinstitut, die sog. Ligesse. Die Erscheinungsformen dieses Instituts, dessen Wesen bereits dargestellt wurde[128], traten sowohl im Lehn- als auch im Beamtenrecht auf.

a) Die Ligesse bei den Vasallen

Bildete das Auftreten der Ligesse in Brandenburg auch die große Ausnahme, so zeigt eine Urkunde v. 1445 immerhin, daß sie dort nicht gänzlich unbekannt war.

In dem genannten Jahr nahm Kurfürst Friedrich II. den sächsischen Untertanen Peter v. Maltitz in seinen Dienst auf[129]. Dieser verpflichtete

---

[126] *Riedel* III, III Nr. 176 S. 206 (Urk. v. 28. 9. 1510).

[127] *Riedel* I, II Nr. 16 S. 342 (Urk. v. 1558); vgl. auch *Riedel* III, III Nr. 213 S. 251 f. (Urk. v. 15. 1. 1515); III, III Nr. 116 S. 140 (Urk. v. 7. 12. 1500).

[128] Siehe oben 1. Kap. B III 1 a.

[129] Es sind keine Anhaltspunkte ersichtlich, die es rechtfertigen würden, diese Verpflichtung als eine Bestallung zum „Hofgesinde von Haus aus" an-

B. Die Übergangszeit in Brandenburg-Preußen 91

sich, dem Kurfürsten im Kriegsfalle gegen jedermann zu helfen. Von dieser Reglung war nur der Landesherr des Dienstverpflichteten, der Herzog Friedrich von Sachsen, ausgenommen[130]. Als Gegenleistung erhielt Peter v. Maltitz ein Rentenlehen in Höhe von 30 Gulden jährlich[131].

b) Die Ligesse bei den Beamten

In unveränderter Form findet sich die Ligesse im Beamtenrecht dieser Zeit wieder.

So nahm man eine solche Vereinbarung in einen Dienstvertrag zwischen dem Kurfürsten Joachim und dem Markgrafen Albrecht einerseits sowie dem Wildschützen Heintze von Kospeth andererseits auf. Dort wurde bestimmt, daß Letzterer das Recht habe, sich daneben anderen Fürsten zu Dienstleistungen zu verpflichten. In diesem Falle hatte er mit dem neuen Dienstherrn einen Vorbehalt zugunsten seiner bisherigen Herren zu vereinbaren[132].

Ebenso bestimmte die bereits des öfteren angeführte Bestallung des Valentin von Sundhausen zum Rat und Diener:

---

zusehen. So jedoch *Isaacsohn* I S. 31. Hiergegen spricht vor allem, daß in allen Fällen, in denen sonst jemand zum „Hofgesinde" bestellt wird, dies in den Urkunden ausdrücklich erwähnt wird.

[130] *Riedel* III, I Nr. 168 S. 277 (Urk. v. 22. 9. 1445): „...Darumme er uns huldung, als ein Mann sinem hern thun sal, gethan hat. Doch das der vorgnannte Peter von Malticz unns und unser herschafft darummb, wenn Er des von uns ermanet wirdet edder wir das von Im begeren, hilfflich czu dienst und gewartig sein sal wedder allermenniglich, nymandes außgenommen, den alleyne den hochgebornen fursten hern friderichen herczogen czu Sachsen, unsern lieben Swager, hinder dem er ytczund wanhafftig ist...". Vgl. auch *Gercken* III, II Nr. 18 S. 85 (Urk. v. 1303): „... eisque assistere efficaciter auxilio consilio et fauore cum omni posse, ubicunque eisdem fuerit oportunum contra quoslibet aduersarios eorundum, *exceptis dumtaxat illustri principe* Duo Hermanno Marchione Brandenburgensi, et nobilibus Ducibus Dominis Bugislau et Ottone Sclavorum et Cassubie *contra quos nichil attemptabimus quod noscitur inimicum.*"

[131] *Riedel* III, I Nr. 168 S. 277 (Urk. v. 22. 9. 1445): „...haben Ime *gelyhen* czu seinem lebetage Jerlichen 30 Gulden Rh. die auß unser Camer czu Berlin und von unserm kuchmeister doselbst alle jar czu sunte Mertenstag Ime czu beczalen...". Zum Rentenlehen vgl. *Melonius* Tit. I Rdnr. 16 I, wo ein solches Lehen als feudum Camerae, vel Cavenae bezeichnet wird. Da *Melonius* diese Lehen als sehr gebräuchlich darstellt, kann davon ausgegangen werden, daß sie seit längerer Zeit bekannt waren und daher auch schon um die Mitte des 15. Jahrhunderts verliehen wurden.

[132] *Riedel* III, III Nr. 138 S. 163 f. (Urk. v. 18. 5. 1505): „... Er soll aber unns unnd dy dar Innen alwegen aussnehmen und unns des verpflicht sein, wann wir Inn uber kurtz oder Lanng, dieweill er vermuglichs leibs ist, schissenhalb Inn der brunst oder sunst zu unns erfordern, das er alsdann ungesewmt ... komen unnd bey unns ein zeytlang ... beharrn soll...".

„... sol er macht haben, sein besserung an andern orten zu suchen und mit dinsten zu begeben, doch ... daß er uns und unser herschafft zu Brandenburg ußneme ...[133]."

Die Urkunde fährt dann fort:

„... Wolten wir auch oder unser erben Im nach ußgang derselben jar umb seinen dinst thun, wie Ander herschafft, sol er uns vor Andern zu dienen schuldig sein...".

Man vereinbarte also ein Vorrecht auf einen erneuten Vertragsabschluß. Der Vertrag enthielt somit Bestimmungen, die noch über seine Laufzeit hinaus Geltung haben sollten. Diese Regelung ging über das Wesen der Ligesse hinaus. Dennoch besteht zwischen beiden ein Zusammenhang. Gemeinsam dienten sie dem Zweck, die Rechte des Dienstherrn gegenüber möglichen anderen Herren zu bewahren. Ihm sollten bevorzugt die vorbehaltlosen Dienste des Verpflichteten gesichert werden.

Ein Vergleich mit dem Lehnrecht ergibt, daß die Ligesse dort dem gleichen Zweck diente[134]. Auch hier läßt sich also eine Entsprechung zum Beamtenrecht nachweisen.

Man geht wohl nicht zu weit, wenn man in diesem Fall sogar eine direkte Rezeption von Bestimmungen des Lehnrechts durch das Beamtenrecht annimmt. Denn es fällt auf, daß die Ligesse vor allem in Beamtenbestallungen Joachims I. auftrat, später dagegen nicht mehr nachzuweisen ist. Es liegt daher nahe, daß dieser Herrscher bewußt Institute des Lehnrechtes in das Beamtenrecht übernahm. Möglicherweise plante Joachim I., seine Beamtenschaft in verstärktem Maße nach lehnrechtlichen Vorbildern auszugestalten.

Andererseits läßt sich aus dem späteren Fehlen dieses Instituts entnehmen, daß das Beamtenrecht nach dieser Zeit begann, eigene Wege zu gehen. Es schuf von nun an in steigendem Maße eigenständige Regelungen. Allmählich eliminierte das Beamtenrecht jene Elemente, die nicht mehr erforderlich waren, weil sie entweder durch zweckmäßigere ersetzt wurden oder weil die Änderung der Zeitumstände ihren völligen Wegfall rechtfertigte. So entfernte es sich langsam vom Lehnrecht.

Andere lehnrechtliche Einrichtungen dagegen beließ man weiterhin im Beamtenrecht. Das galt für alle, die sinnvoll waren oder zumindest für sinnvoll und unersetzlich gehalten wurden.

Der Ligesse widerfuhr ersteres Schicksal. Sie war sehr schnell überholt, da sie keinen Zweck mehr zu erfüllen hatte. Die Zahl der Räte

---

[133] *Riedel* III, III Nr. 176 S. 206 (Urk. v. 28. 9. 1510); ein weiterer Fall der Ligesse in *Riedel* III, III Nr. 212 S. 250 f. (Urk. v. 15. 1. 1515).

[134] Siehe oben 1. Kap. B III 1 a.

von Haus aus nahm mit dem Rückgang ihrer Bedeutung ab. Die anderen Beamten waren mit ihrer Tätigkeit, die nunmehr fast ausschließlich der Verwaltung gewidmet war, für den *einen* Dienstherrn hinreichend ausgelastet. Sie konnten gar nicht daran denken, sich daneben weiteren Herren zu Diensten zu verpflichten. Das beruhte auf der starken Ausweitung der Verwaltungstätigkeit und der damit verbundenen Vermehrung der Geschäfte[135]. Die Vorbehaltsklausel erübrigte sich damit von selbst und entfiel. Immerhin aber hatte sie, die doch aus dem Lehnrecht entstammte, auch im Beamtenrecht für einen kurzen Zeitabschnitt eine Rolle gespielt.

5. Das Besoldungswesen

Ein Beispiel, daß lehnrechtliche Gedanken selbst das Beamtenrecht der Gegenwart in erheblichem Maße mitformen und -gestalten, bietet das Besoldungswesen.

a) Der Zweck der Belehnungen

Die ursprünglich als Träger der Verwaltung tätigen Vasallen wurden für ihre Dienste durch die Vergabe von Lehen belohnt[136]. Der Belohnungscharakter der Verleihungen stand jedoch nicht so sehr im Vordergrund. Die Belehnungen wurden in der Hauptsache vorgenommen, um die Vasallen wirtschaftlich zur Leistung weiterer Dienste instandzusetzen[137]. Sie waren primär nicht als Entgelt für erbrachte Leistungen gedacht, sondern sollten dem Lehnmann einen seiner sozialen Stellung entsprechenden Unterhalt gewähren. Dadurch wollte der Lehnherr es ihm ermöglichen, weiterhin für ihn tätig zu sein. In dem hier interessierenden Aufgabenbereich heißt das also, er sollte auch in Zukunft die Verwaltungstätigkeit fortsetzen können.

Es war nur konsequent, wenn Vasallen in späterer Zeit die Übertragung einer Beamtenstelle als Ehre betrachteten. Aus diesem Grunde forderten sie für ihre Verwaltungstätigkeit nur eine geringe Entlohnung und den Ersatz der entstandenen Unkosten[138]. Ihr Lebensunterhalt war meistens bereits durch die gewährten Lehen gesichert. Der Landesherr hatte somit das Seinige getan, um zumindest theoretisch weitere Dienste verlangen zu können. In der Praxis jedoch waren die Dienstleistungspflichten stark eingeschränkt[139]. Den Vasallen, die eine

---
[135] *Rehm* S. 573.
[136] Siehe oben 2. Kap. B I 2 b bb.
[137] Siehe oben 2. Kap. B I 2 b bb.
[138] Weitergehend *Isaacsohn* I S. 125.
[139] Siehe oben 1. Kap. B III 3.

Beamtenstellung übernahmen, wurde deshalb häufig ein zusätzlicher Sold gewährt[140].

b) Der Zweck der Besoldung

Andererseits wurden in zahlreichen Fällen Lehen an verdiente Beamte vergeben[141], um sie zu belohnen. Außerdem wurde ihnen durch diese Maßnahme ein standesgemäßer Unterhalt ermöglicht[142].

Die Grundgedanken aber blieben erhalten. Man betrachtete die Übertragung eines Amtes weiterhin als Ehre und als Ausdruck des Wohlwollens, das der Landesherr einem seiner Untertanen entgegenbrachte. Es war ein Akt herrschaftlicher Gnade. Die Besoldung der Beamten war in erster Linie nicht der Lohn für geleistete Dienste, sondern sollte einen ordentlichen Lebensunterhalt gewährleisten. Dieser Gedanke wurde von den Landesherren des öfteren bei der Begründung von Entscheidungen auf diesem Gebiet hervorgehoben.

So antwortete der Große Kurfürst einigen seiner Räte, die sich wegen ihres geringen Gehaltes beklagten: Seine Räte dienten nicht nur wegen der Besoldung, sondern auch um der Gnade des Herrschers willen[143].

Zu dieser Äußerung steht es nicht im Widerspruch, wenn derselbe Fürst in seinem Testament seinen Nachfolger ermahnte:

> „Ihr müßt dieselbige (die Beamten) also unterhalten und recompensiren, daß sie Euch zu Ehren leben können und nicht Ursache haben mögen, auf andere Mittel zu gedenken und sich corrumpiren lassen, damit sie also blos und allein von Euch dependiren und sonst auf Niemands in der Welt ihr Absehen haben[144]."

Der Kurfürst empfahl auch hier die Zahlung einer Besoldung, die dem sozialen Ansehen der Beamten gerecht wurde. Unter Berücksichtigung menschlicher Schwächen meinte er, die Besoldung müsse so hoch sein, daß die Beamten davon leben könnten, ohne auf Bestechungsgelder angewiesen zu sein. Als Entgelt für eine erbrachte Leistung betrachtete er die Besoldung jedenfalls nicht.

Eine ähnliche Auffassung vertrat Friedrich Wilhelm I. Er war der Ansicht, daß es eine Ehre sei, Beamter des preußischen Königs zu sein. Dies sei bei der Bemessung der Besoldung mitzuveranschlagen[145].

---

[140] Vgl. statt vieler *Altmann* I Nr. 4 S. 3 (Urk. v. 30. 6. 1437): „...Darumb sollen und wollen wir im alle jar jerlichen, diewiele er also unser Haubtmann ist, hundert rinische gulden geben...".

[141] *Lotz* S. 93.

[142] *Lotz* S. 425; siehe die Beispiele 2. Kap. B I 2 b bb Anm. 51 und 52.

[143] *Isaacsohn* II S. 101.

[144] *Acta Borussica* I Einl. S. 128.

[145] *Lotz* S. 160.

Die lehnrechtlichen Grundgedanken spielten sogar noch im Jahre 1897 eine Rolle, als in einer besonderen Denkschrift zur Aufbesserung der Beamtengehälter dargelegt wurde:

> „Die Aufstellung des Besoldungsplans ist davon ausgegangen, daß die Beamten ihre gesicherte finanzielle Stellung für sich und ihre Familie, sowie *die Ehren des Amts mit einrechnen* müssen auf eine nach der Bedeutung des Amts abgestufte, mäßige Bemessung ihrer Einnahmen. Der Beamte soll dasjenige Gehalt beziehen, welches *zum standesmäßigen Leben erforderlich* ist und eine angemessene Unterhaltung seiner Familie und Ausbildung seiner Kinder gestattet...[146]."

Schließlich sind es diese Grundgedanken, die dazu geführt haben, daß die Beamten für geleistete Überstunden auch heute noch kein Entgelt erhalten. Umgekehrt beruht es hierauf, daß ihnen z. B. in Krankheitsfällen eine Beihilfe gewährt wird.

Ebenso mag es auf diesen Gedanken beruht haben, daß bereits Ende des 16. Jahrhunderts erste, noch bescheidene Maßnahmen getroffen wurden, die der Versorgung der alten Beamten und der Hinterbliebenen verstorbener Beamter dienten[147].

c) Zwischenergebnis

Gegenüber den anderen bisher dargestellten Bereichen enthält das Besoldungswesen eine Besonderheit:

Bei der Untersuchung der anderen Sachgebiete wurde vor allem festgestellt, daß das *äußere* Erscheinungsbild der für die Vasallen und Beamten getroffenen Regelungen übereinstimmte oder zumindest sehr ähnlich war. Daraus wurde dann in manchen Fällen geschlossen, daß auch die Gründe für diese Regelungen die gleichen gewesen seien. In anderen Fällen waren trotz äußerer Übereinstimmung unterschiedliche Motive festzustellen. Im Besoldungswesen ist es umgekehrt. Besoldungen bzw. Lehen wurden auf die verschiedenste Art und Weise gewährt. Das Motiv jedoch war im Lehn- und Beamtenrecht gleich: Man gewährte Versorgung und erwartete dafür weitere Dienste. Geleistete Dienste wollte man hierdurch nicht belohnen. Neben anderen trat also

---

[146] Beilage B zum Etat des Finanzministeriums für 1897/98 — abgedruckt bei *Lotz* S. 600 ff. (603, 609) Anm.; vgl. zum Ganzen auch *Ihering* S. 211 f.; für die Geltung dieses Grundsatzes in der Gegenwart siehe BVerfGE 8, 16 f.; 11, 210; *Leibholz - Rinck* Art. 33 Rdnr. 9.

[147] Vgl. für die Pastoren, die damals eine Beamtenstellung innehatten: *Mylius* I, I Nr. 7 Sp. 305 (Ordnung v. 1573); I, II Nr. 55 Sp. 113 ff. (Verordnung v. 2. 4. 1691); für Beamte: NCCM (1792) Nr. 71 Sp. 1087 f. (Reskript v. 7. 9. 1792); KPGS (1816) Nr. 349 S. 134 (Kabinettsorder v. 27. 4. 1816); (1816) Nr. 376 S. 214 (Kabinettsorder v. 17. 7. 1816); (1838) Nr. 1858 S. 7 f. (Kabinettsorder v. 28. 12. 1837); für invalide Offiziere: NCCM (1789) Nr. 10 Sp. 2407 ff. (Patent v. 2. 2. 1789); zur Regelung in Bayern siehe *Lotz* S. 296, 524; in Hessen-Kassel: *Lotz* S. 479 ff.

ein egoistisches Motiv des Gewährenden in den Vordergrund: Er verlangte für die Zukunft eine Leistung.

Gerade die Übereinstimmung in der inneren Grundhaltung, die zur Gewährung des Unterhalts führte, zeigt den engen Zusammenhang zwischen Lehn- und Beamtenrecht besonders deutlich. Beide Rechtsgebiete hatten also nicht nur äußere Ähnlichkeiten, sondern stimmten auch in manchen Beweggründen überein. Das gilt jedenfalls für das Besoldungswesen bzw. die Lehngewährung. Wenn man darüber hinaus bedenkt, daß diese Motive der Besoldungsgewährung noch heute eine große Rolle spielen[148], so ist dieser Bereich ein besonders gutes Beispiel für die Bedeutung lehnrechtlicher Gedanken im Rahmen des Beamtenrechtes. Denn noch in der Gegenwart zeigen sich ihre Auswirkungen.

6. Das precarium

Zum Abschluß des Vergleiches sei auf zwei weitere Eigenheiten hingewiesen, die sich in beiden Rechtskreisen finden.

Zwei Juristen des 17. und 18. Jahrhunderts, Myler von Ehrenbach und Justus Henning Böhmer, versuchten, die rechtliche Natur des Staatsdienstes zu erfassen, indem sie ihn unter dem Begriff des precariums einordneten[149]. Ersterer bewegte sich dabei ausschließlich auf privatrechtlichem Gebiet[150]. Böhmer dagegen ging von der öffentlich-rechtlichen Natur des Verhältnisses zwischen Fürst und Beamten aus[151].

Beim precarium handelt es sich um eine Art von Leihe[152]. Man definierte es als die unentgeltliche Gestattung der tatsächlichen Ausübung der im Eigentum enthaltenen Besitz- und Gebrauchsbefugnisse. Dabei blieb der willkürliche Widerruf der Gestattung vorbehalten[153].

Beiden Juristen ging es in ihren Abhandlungen darum, dem Dienstherrn das Recht zuzugestehen, dem Beamten nach Belieben das Amt zu entziehen. Das precarium erschien ihnen als das geeignete Institut, um mit dessen Hilfe dieses Recht zu begründen. Die Amtsenthebung wurde als Widerruf der Gestattung aufgefaßt, während man die Amtsausübung als Ausfluß des Eigentumsrechtes ansah[154]. Der Landesherr war nach dieser Auffassung Eigentümer der Ämter[155], die er nach seiner Willkür anderen übertragen konnte[156].

---
[148] Siehe z. B. die Bemühungen um die Bezahlung der von den Beamten geleisteten Überstunden.
[149] *J. H. Böhmer* dimissio; dazu *Lotz* S. 132.
[150] *Mylerus ab Ehrenbach* cap. III § 12 Nr. 27 (S. 66); dazu *Rehm* S. 585.
[151] *J. H. Böhmer* dimissio cap. II § 9 (S. 30 f.); *Rehm* S. 588.
[152] *Hübner* S. 311 ff.
[153] *Rehm* S. 586; vgl. *Dig.* 43, 26, 1.
[154] Vgl. *Rehm* S. 586, 590 f.
[155] *Mylerus ab Ehrenbach* cap. III § 32 Nr. 98 (S. 100); dazu *Rehm* S. 586.
[156] *J. H. Böhmer* dimissio cap. II § 16 (S. 40 f.); *Rehm* S. 590.

Auffallend ist, daß das precarium auch im Lehnrecht einer früheren Epoche von Bedeutung gewesen war. Man bezeichnete in der Merowinger- und Karolingerzeit mit diesem Begriff eine Form der Leihe, die dem Empfänger die Rechte des Nutznießers am abgetretenen Land gewährte. Der Vertrag kam auf Bitten des späteren Empfängers zustande. Bei Vertragsschluß wurden zwei Urkunden ausgestellt, die als eigentlicher Rechtstitel galten. Vor allem die Kirche bediente sich bei ihren Vergabungen gern dieser besonderen Form des Benefiziums[157].

Trotz dieser bemerkenswerten Ähnlichkeiten kann man in diesem Falle jedoch nicht von einem *Übergang* lehnrechtlicher Besonderheiten in das Beamtenverhältnis sprechen. Weder Myler noch Böhmer, die als einzige den Staatsdienst als precarium ansahen, kamen zu dieser Auffassung auf dem Umwege über das Lehnrecht. In den hier einschlagenden Abhandlungen beider Juristen findet sich keine Erwähnung dieses Rechtskreises. Vielmehr war ihnen die Einordnung ausschließlich Mittel zum Zweck. Zu dem Zweck nämlich, die willkürliche Entlaßbarkeit juristisch zu begründen. Sie entnahmen das allgemeine Rechtsinstitut „precarium" aus dem römischen Recht und beschränkten ihre weiteren Überlegungen dann ausschließlich auf das Beamtenrecht. Ihre Konstruktion kann daher überhaupt nicht als Argument verwendet werden. Sie ist lediglich als weiterer Hinweis auf die enge Verwandtschaft beider Rechtsgebiete zu werten.

7. Amts- oder Adelsverleihung gegen Geld

Die zweite gemeinsame Eigentümlichkeit trat erst in Erscheinung, als die Bedeutung des Lehnrechtes schon nachließ. Gemeint ist die Tatsache, daß bei der Übertragung eines Amtes, der Verleihung eines Adelstitels oder der „Erteilung einer anderen Begnadigung"[158] eine bestimmte Summe Geldes zu zahlen war.

Man ging von dem Gedanken aus, daß man sich für ein derartiges „Geschenk" in irgendeiner Weise erkenntlich zeigen müsse. Es wurde aus diesem Grunde üblich, bei einer Ernennung oder Verleihung eine Geldsumme für militärische Zwecke zu stiften. Es handelte sich dabei nicht um eine echte Gegenleistung. Dennoch gab es am Ende des 17. und vor allem im 18. Jahrhundert kaum eine Beförderung oder Adelsverleihung, für die nicht eine Geldsumme zu zahlen war. Diese Gelder wur-

---

[157] Siehe zum Ganzen *Ganshof* Lehnswesen S. 10 f.; *Hübner* S. 311 f.
[158] Siehe z. B. *Mylius* IV, V, 2. Kap. Nr. 2 Sp. 135 f. (Edikt v. 2. 1. 1686), wo es in der Überschrift heißt: „... Vergebung derer Bedienungen, Ehren-Aembter und Ertheilung aller *andern Begnadigungen*...".

den häufig in die Marine-[159] oder in die sogenannte Chargenkasse[160] eingezahlt, um dem Unterhalt und der Verstärkung der Kriegsmacht zu dienen.

Auch diese Erscheinung ist nicht aus dem Lehnrecht in das Beamtenrecht übergegangen. Das zeigt sich vor allem daran, daß es sie in der Blütezeit des Lehnrechts noch nicht gab. Aber auch hier zeigt sich eine gewisse Einheitlichkeit in der Bewertung der Beamtenernennung und dem Eintritt in ein Lehnverhältnis. Denn Letzteres war mit der Adelsverleihung verbunden.

Die häufige Verleihung von Titeln, hinter denen keine wirkliche Verwaltungstätigkeit stand, macht offenbar, daß es nicht nur um materielle Vorteile ging. In vielen Fällen wollten sie lediglich ihr Ansehen dadurch vergrößern, daß sie ihre besondere Verbundenheit mit dem Herrscher durch die Schaffung eines engeren Bandes, als es das einfache Untertanenverhältnis darstellte, dokumentierten.

8. Ergebnis

Als Ergebnis dieses Vergleiches kann somit vermerkt werden, daß Lehnleute und Beamte in einer Vielzahl von Bereichen gleichbehandelt wurden. Das geschah meistens dadurch, daß in das Beamtenverhältnis vasallitische Elemente übernommen wurden. In vielen Fällen ließen sich daher im Beamtenwesen Regelungen und Rechtsinstitute nachweisen, in denen der lehnrechtliche Ursprung ganz offenbar wurde.

Häufig auch wurden den Beamten Vorrechte, die man ursprünglich nur den Vasallen zuerkannt hatte, später ebenfalls gewährt.

Diese Gleichbehandlung auf vielen Gebieten mußte eine Gleichachtung in der sozialen Rangordnung nach sich ziehen. Diese wiederum führte zu gleichartigen Regelungen in anderen Teilbereichen des Lehn- und Beamtenwesens. Es bildete sich also eine Art Kreislauf, in dem Elemente beider Rechtskreise wechselseitig in das jeweils andere Rechtsgebiet übernommen wurden. Dabei überwog bei weitem der Übergang lehnrechtlicher Institute in das Beamtenrecht. Das beruhte darauf, daß Letzteres erst im Entstehen begriffen war. Hieraus erklärt es sich auch, daß das Beamtenrecht später, als es ebenfalls durchgebildet war, durchaus eigenständige Institute schuf. Dies führte zu einem immer stärker werdenden Abweichen vom Lehnrecht und seinen Elementen.

---

[159] *Mylius* IV, V 2. Kap. Nr. 2 Sp. 135 ff. (Edikt v. 2. 1. 1686).
[160] Z. B. *Mylius* IV, V, 2. Kap. Nr. 19 Sp. 189 ff. (Reglement v. 7. 5. 1705); NCCM (1765) Nr. 55 Sp. 841 ff. (Reglement v. 30. 5. 1765).

V. Lehnleute in Beamtenstellungen

Eine weitere Ursache dieses Überganges wird sichtbar werden, wenn man sich bewußt macht, in welchem Maße Lehnleute in beamtenähnliche oder Beamtenverhältnisse eintraten. Dabei ist es nicht ohne Bedeutung, *welche* Stellungen sie dort einnahmen.

1. Die zentrale Verwaltung

a) Die Beamten am Hofe

Bei dieser Untersuchung sollen zunächst die Amtsträger behandelt werden, die meist am Hofe des Landesherrn tätig waren. Allein die räumliche Nähe bewirkte häufig ein besonders enges Verhältnis zwischen dem Fürsten und ihnen. Hinzu kam, daß sie als seine Berater fungierten. Über die reine Verwaltungstätigkeit hinaus hatten sie oft Regierungsgeschäfte zu erledigen und politische Entscheidungen zu treffen. Sie bildeten also eine Zentrale der Verwaltung und der Politik, ja des gesamten staatlichen Lebens im Kurfürstentum.

aa) Die Inhaber der obersten Hofämter

Von alters her bis in die Mitte der hier zu untersuchenden Übergangsperiode wurden die Landesherrn von den Inhabern der obersten Hofämter beraten. Diese entstammten von einer sogleich darzustellenden Ausnahme abgesehen, dem Stande der Lehnleute[1]. Ihre Ämter waren ihnen als Erblehen übertragen. So besaß z. B. die Familie der Edlen zu Putlitz das Obermarschallamt[2], während die Familie von der Schulenburg das Erbküchenmeisteramt innehatte[3].

Eine wichtige Rolle bei der Beratung von politischen Angelegenheiten spielte außerdem der Hofmeister. Er nahm den ersten Rang in der Hierarchie der Bediensteten am Hofe ein[4].

Eine Ausnahme bildete nur das immer mehr an Bedeutung gewinnende Kanzleramt. Es wurde zwar zunächst ebenfalls von Vasallen versehen. Vom Beginn des 16. Jahrhunderts an hatten es jedoch überwie-

---

[1] *Isaacsohn* II S. 23; I S. 22 f.; siehe *Riedel* III, III Nr. 137 S. 162 f. (Urk. v. 7. 5. 1505), wo Henz Roder zum Hofmeister des Markgrafen Albrecht bestellt wird; hierbei handelt es sich anscheinend um den Adligen Heinrich v. Röder, der bereits 1506 zum Oberhofmeister bestellt wird — *Isaacsohn* I S. 9 Anm. 2. Ebenso wird der Adlige Georg v. Queiß nur als Georg Queiß bezeichnet — *Riedel* III, III Nr. 197 S. 228 f. (Urk. v. 12. 10. 1513).

[2] Vgl. *Riedel* I, I Nr. 14 S. 304 (Urk. v. 1373).

[3] *Riedel* I, V Nr. 161 S. 378 f. (Urk. v. 12. 4. 1414); I, V Nr. 211 S. 408 (Urk. v. 11. 5. 1442); I, V Nr. 286 S. 449 (Urk. v. 21. 11. 1471).

[4] *Isaacsohn* I S. 7.

gend bürgerliche Rechtsgelehrte inne[5]. Nach ihrem Eintritt in den landesherrlichen Dienst bezeichnete man sie im Gegensatz zu den ebenfalls dienstverpflichteten Adligen als *gelehrte Räte*.

Die Bedeutung dieser Träger der Hofämter für die Verwaltung des Landes beruhte u. a. darauf, daß Hof- und Landesverwaltung noch nicht getrennt waren[6]. Die Hofchargen wurden daher des öfteren in Angelegenheiten tätig, die die Verwaltung des Territoriums betrafen[7]. Daneben kam es vor, daß dieselbe Person gleichzeitig ein Hof- und ein Landesamt versah. So wurde Paul von Conerstorf, dem Hofmeister der Kurfürstin, im Jahre 1452 das oberste Hofgericht der Mittelmark verliehen[8]. Zwei Jahre später berief der Kurfürst ihn von der bisher verwalteten Landvogtei Lausitz in eine andere Mark ab, ehe er 1458 als Landvogt nach Berlin zurückkehrte[9]. Das Hofmeisteramt hatte er während dieser Zeit weiterhin inne.

bb) Die kurfürstlichen Räte

Neben den Trägern der obersten Hofämter dienten dem Kurfürsten auch andere Männer seines Vertrauens als Ratgeber. Zunächst kamen sie ebenfalls nahezu ausschließlich aus dem Kreis der Lehnleute, vor allem der Prälaten und Ritter[10]. Bei ihrem Dienstantritt erhielten sie den Titel eines kurfürstlichen Rates[11].

Bereits die Bezeichnung „Rat" könnte auf den lehnrechtlichen Ursprung der Beratertätigkeit hindeuten. Denn auch die Lehnleute waren zu allen Zeiten verpflichtet gewesen, dem Herrn auf dessen Erfordern Rat zu erteilen[12].

Jedoch ist das Lehnrecht nicht die einzige Quelle des Instituts der Räte. Die in der Frühzeit auch gebrauchte Bezeichnung „dedinges lude"[13] weist darauf hin, daß es daneben eine volksrechtliche Quelle gegeben hat. Denn das Wort „dedinges" hat seinen Ursprung in der vor

---

[5] Siehe *Isaacsohn* I S. 20 f., vor allem S. 21 Anm. 1; *Altmann* I Nr. 22 S. 19 f. (Urk. v. 7. 6. 1529) — Ernennung des Dr. Wolfgang Kettwich zum Kanzler.

[6] *Isaacsohn* I S. 8.

[7] Häufig gehörten sie z. B. zu Kommissionen, vor denen die Rechnungslegung der Beamten kontrolliert wurde — vgl. *Gercken* VII, III Nr. 151 S. 300, 304, 305, 307 (Urk. v. 1429—1436).

[8] *Riedel* I, XI Nr. 133 S. 382 f. (Urk. v. 1452).

[9] *Isaacsohn* I S. 121.

[10] Vgl. auch *Acta Borussica* I Einl. S. 120, 129.

[11] Vgl. für die Frühzeit *Raumer* I Nr. 27 S. 20 f. (Urk. v. 1327), wo bei einem Vertragsschluß als Beauftragte des brandenburgischen und des pommerschen Landesherrn nur Adlige auftreten, die hier als „dedinges lude" bezeichnet werden. Über die bayerischen Räte von Haus aus siehe *Rosenthal* S. 570 ff.

[12] Siehe unten 3. Kap B II 1.

[13] Siehe 2. Kap. B V 1 a bb Anm. 11; „dedinge" heißt nämlich nicht nur gerichtliche Verhandlung, sondern auch Unterhandlung, Übereinkunft oder besprechende, *beratende* Versammlung — siehe *Lexer* S. 223 unter „tagedinge (auch tegedinge)".

allem in germanischer Zeit üblichen Abhaltung eines Things. Dort wurden die anstehenden Probleme gemeinsam beraten. Das Institut der Räte wird also aus den Einrichtungen verschiedener Rechtskreise entstanden sein, mag dem Lehnrecht dabei auch die entscheidende Rolle zugefallen sein. Das zeigt sich vor allem daran, daß zunächst nur Angehörige dieses Standes als Räte tätig waren.

Im 15. und vor allem dann im 16. Jahrhundert wurden aber neben den Adligen bereits hin und wieder bürgerliche Rechtsgelehrte unter der Bezeichnung eines gelehrten Rates in den Kreis der kurfürstlichen Räte aufgenommen[14].

Der Titel eines kurfürstlichen Rates unterschied diese Bediensteten allerdings noch nicht von den anderen Hof- und Landesbeamten. Denn im 15. und 16. Jahrhundert wurde jeder höhere Beamte mit der Bestallung zu seinem Amt gleichzeitig zum Rat ernannt[15].

So bezeichnete z. B. Markgraf Friedrich Bernd von der Schulenburg als seinen „houbtmann Rat und lieben getruwen"[16]. Aus einer anderen Urkunde ergibt sich, daß Kurfürst Joachim II. die Amtmannschaft zu Goldbek seinem „Amptman und Rath" Georg von Blankenburg übertrug[17].

Der Unterschied zu den Letztgenannten bestand vielmehr darin, daß die hier angesprochenen Räte keine speziellen Verwaltungsaufgaben zu erfüllen hatten. Sie mußten ihrem Herrn jederzeit für alle denkbaren Dienste zur Verfügung stehen.

Der lose Verband der Räte war manchmal eine Art Vorinstanz für die eigentliche Hof- und Landesverwaltung. Beim Freiwerden eines Amtes traten dann die für geeignet befundenen Räte erst in die eigentliche Verwaltung ein[18]. Bis dahin hatten sie hauptsächlich eine beratende Tätigkeit auszuüben[19]. Daneben wurden sie häufig an andere Höfe gesandt, um die Interessen ihres Herrn wahrzunehmen und um

---

[14] Siehe die Beispiele bei *Isaacsohn* I S. 34 f.
[15] Für die Hofämter siehe *Gercken* VII, III Nr. 151 S. 305 f. (Urk. v. 1429—1436); *Raumer* I Nr. 27 S. 176 (Urk. um 1450); *Riedel* III, III Nr. 137 S. 162 (Urk. v. 7. 5. 1505); III, III Nr. 211 S. 249 f. (Urk. v. 31. 12. 1514).
[16] *Riedel* I, V Nr. 208 S. 406 (Urk. v. 15. 7. 1440); *Raumer* II Nr. 4 S. 5 f. (Urk. v. 1471), wo Werner von der Schulenburg als Rat, Diener und Hauptmann zu Gartz bezeichnet wird.
[17] *Riedel* I, II Nr. 16 S. 341 ff. (Urk. v. 1558); siehe auch *Riedel* I, XI Nr. 35 S. 283 f. (Urk. v. 1519), wo Hans Peytz zum Amtmann von Zossen und Rat in Amtssachen ernannt wird. *Gercken* VI, V Nr. 175 S. 680 ff. (Urk. v. 1541).
[18] So wird dem Valentin von Sundhausen bereits bei seiner Bestallung zum Rat im Jahre 1510 das nächste erledigte Bistum in Aussicht gestellt — vgl. *Riedel* III, III Nr. 176 S. 205 (Urk. v. 28. 9. 1510); *Isaacsohn* I S. 30.
[19] Siehe z. B. *Riedel* III, III Nr. 213 S. 251 f. (Urk. v. 15. 1. 1515), wo es heißt: „... In unser und unser Herschafft hendelen und gescheften getrewlich seins hochsten verstants zu Rathen ...".

Botschaften zu überbringen. Außerdem waren sie manchmal Mitglieder in Kommissionen, die die Rechnungslegung einzelner Beamter zu überprüfen hatten[20]. Ferner wurden sie zu Kriegsdiensten verwandt[21].

Bereits aufgrund ihrer Titulierung in den Urkunden lassen sich diese Räte von den Beamten unterscheiden, die einer besonderen Verwaltungsaufgabe nachgingen. Letztere wurden mit „Rat" und dem Titel ihrer Tätigkeit — also Hauptmann oder Amtmann — bezeichnet[22]. Bei den anderen war die Benennung nicht einheitlich. Nach dem Wort „Rat", das manchmal sogar ganz entfiel, folgten jedoch weitere allgemeine Bezeichnungen. Sie enthielten kaum einen Hinweis auf die Tätigkeit der so Benannten. Das war eine Folge der Vielfalt, der Verschiedenartigkeit und des häufigen Wechsels der von ihnen zu erfüllenden Aufgaben. Eine genaue Umschreibung ließen sie einfach nicht zu.

α) Der „Rat und Diener"

Immerhin läßt sich soviel sagen:

Lag das Hauptgewicht der Tätigkeit der in den Dienstverband Aufgenommenen auf zivilem Gebiet, so wurden sie „Rat und Diener"[23], „Hofrat und Diener"[24] oder „Rat, Diener und Hofgesinde"[25] genannt. Sie alle hatten neben ihren zivilen Funktionen im Bedarfsfalle auch militärische Dienste zu leisten. So wurde z. B. Bernhard von Zedwitz in seiner Bestallung zum „Rath, diener unnd hoffgesyndt" verpflichtet:

„... unns an unnsern hoff wesentlich mit vir gerusten und reisigen pferten ... zu dienen, In unser und unser Herschafft hendelen und gescheften getrewlich seins hochsten verstants zu Rathen und sich gebrauchen zu lassen, als unser Rath und diener...[26]."

Eine ähnliche Stellung hatten übrigens die sog. Räte von Haus aus[27]. Sie hatten meistens aber eine noch losere Bindung zu dem Landesherrn und waren zur Leistung von weniger Diensten verpflichtet. Bei ihnen handelte es sich häufig um ehemalige Hof- oder Landesbeamte, die sich

---

[20] Z. B. *Gercken* VII, III Nr. 151 S. 304, 307 (Urk. v. 1429—1436).

[21] Bei *Riedel* III, III Nr. 179 S. 208 f. (Urk. v. 12. 6. 1511) heißt es allgemein: „... sich als Rath und diener In unsern gescheften und hendeln zu iglicher Zeit, wenn wir Inen fordern werden, gebrauchen zu lassen ..."; siehe auch *Isaacsohn* I S. 4 f.

[22] Siehe oben 2. Kap. B V 1 a bb Anm. 16 und 17.

[23] *Riedel* III, III Nr. 176 S. 205 (Urk. v. 28. 9. 1510); III, III Nr. 179 S. 208 f. (Urk. v. 12. 6. 1511); III, III Nr. 325 S. 455 f. (Urk. v. 29. 9. 1538); vgl. auch die Aufzählung der am Leichenbegängnis des Kurfürsten Friedrich II. teilnehmenden Personen bei *Riedel* III, I Nr. 391 S. 546 (Urk. v. 17. 3. 1471), wo viele Räte und Diener genannt werden.

[24] *Riedel* III, III Nr. 216 S. 254 (Urk. v. 29. 7. 1515).

[25] *Riedel* III, III Nr. 213 S. 251 (Urk. v. 25. 1. 1515).

[26] *Riedel* III, III Nr. 213 S. 251 (Urk. v. 15. 1. 1515).

[27] Siehe dazu *Lotz* S. 34.

aus den verschiedensten Gründen aus dem aktiven Dienst zurückgezogen hatten[28].

β) Der „Mann und Diener"

Waren die Dienstleistungen für den Fürsten überwiegend persönlicher oder militärischer Natur, so bezeichnete man die dazu Verpflichteten meistens als „Diener und Hofgesinde"[29] oder als „Mann und Diener"[30]. Neben dem Kriegsdienst waren auch sie verpflichtet, dem Landesherrn als Berater zu dienen[31, 32].

Da jedoch bei ihnen der Militärdienst im Vordergrund stand, sind sie von unseren heutigen Vorstellungen über das Wesen des Beamtentums weiter entfernt als die mit zivilen Aufgaben Beschäftigten. Es muß aber berücksichtigt werden, daß der moderne Beamtenbegriff am Berufsbeamtentum orientiert ist[33]. Legte man diesen Maßstab an das damalige „Beamtentum" an, so würde man den Gegebenheiten jener Zeit nicht gerecht werden. Das Beamtenwesen stand damals am Anfang seiner Geschichte. Es konnte daher noch nicht so durchgebildet sein wie das heutige Beamtentum.

Gerade das Institut des „Mannes und Dieners" zeigt, wie fließend zu dieser Zeit der Übergang zwischen Lehn- und Beamtenwesen war. Aus den Urkunden ergibt sich nicht eindeutig, in welchen Rechtskreis man diese Dienstverpflichteten einzuordnen hat. Eine derartige Kategorisie-

---

[28] *Isaacsohn* I S. 30.

[29] *Gercken* VII, III Nr. 148 S. 295 (Urk. v. 25. 3. 1436); *Riedel* III, II Nr. 57 S. 57 f. (Urk. v. 21. 11. 1471); III, III Nr. 116 S. 140 (Urk. v. 7. 12. 1500).

[30] *Riedel* III, III Nr. 234 S. 274 (Urk. v. 2. 4. 1519); *Gercken* VII, III Nr. 148 S. 295 (Urk. v. 25. 3. 1436).

[31] Siehe *Gercken* VII, III Nr. 148 S. 295 (Urk. v. 25. 3. 1436), wo es in der Bestallung des Nolleke von Melderick zum „Diener und Hoffgesinde" heißt: „... und sunst wo er mag gern furdern helfen und nach seinen besten Vormogen *rathen* wolle ...".

[32] *Isaacsohn* I S. 29 erwähnt darüber hinaus das Institut der „Räte und Mannen" als Kategorie des Beamtentums. Die von ihm als Beleg angeführten Quellen *Riedel* II, III Nr. 1319 S. 205 f. (Urk. v. 29. 3. 1413) und II, III Nr. 1337 S. 224 (Urk. v. 13. 8. 1414) enthalten jedoch keinen Hinweis auf ein derartiges Institut. In der erstgenannten Urkunde wird Herzog Ulrich von Mecklenburg mit der Verpflichtung, „rathen, helffen und czu dinste komen" zu müssen, in das „houegesinde" aufgenommen. In der zweiten Belegstelle treten die Herren von Werle in brandenburgische Dienste. Sie versprechen „getruwen rate, hulffe und dinste" zu leisten. Da in allen anderen Fällen der genaue Status der Dienstverpflichteten in den Urkunden ausdrücklich genannt wird, erscheint es nicht gerechtfertigt, hier ein besonderes Institut einzuführen. Diese Fälle sind einfach nicht einzuordnen in eine bestimmte Kategorie. Man hat es damals auch nicht für nötig gehalten, denn im Grunde genommen handelt es sich in beiden Fällen um verkappte Bündnis- und Beistandsversprechen benachbarter Fürsten. Mit dem Beamtentum haben sie also eigentlich nichts zu tun.

[33] Siehe dazu *Fischbach* I S. 13; *Ambrosius* S. 9; *Maunz - Dürig* Art. 33 Rdnr. 62 ff.

rung unternahm man damals zur Zeit des Bestehens dieses Instituts sicher auch gar nicht. Dazu war man nicht in der Lage, weil eine klare Trennungslinie zwischen beiden Rechtskreisen nicht gezogen wurde.

Versucht man mit den heutigen Mitteln dennoch eine Einordnung, so ergibt sich Folgendes:

Die Bezeichnung „Mann" und auch das Wort „Manngeld" weisen auf ein Vasallitätsverhältnis hin. Gleichzeitig wurde das Entgelt aber auch „Sold" genannt, was in Richtung auf ein Beamtenverhältnis deutet. In dieser Hinsicht neutral ist die Verpflichtung zum Heeresdienst, da sie Lehnleuten und Beamten in gleicher Weise auferlegt wurde. Daß sie im Falle des „Mannes und Dieners" der Hauptinhalt der Sonderverbindung war, läßt allenfalls den Schluß zu, daß es sich nach *modernen* Maßstäben nicht um ein reines Beamtenverhältnis handelte. Man würde es heute als beamtenähnliches Verhältnis bezeichnen, weil nicht die Erfüllung öffentlicher Aufgaben der Hauptinhalt der Verpflichtung war[34].

Mit derartigen Maßstäben ist das Wesen dieser Treubindungen jedoch nicht zu erfassen. Vielmehr gilt es, die Vorstellungen der damaligen Zeit zu ergründen und sie auf dieses Verhältnis anzuwenden. Mit ihrer Hilfe muß dann eine Einordnung vorgenommen werden.

Im vorliegenden Fall ist jedoch auch dieser Versuch zum Fehlschlagen verurteilt. Aus der Urkunde läßt sich einfach nicht entnehmen, welchem Rechtskreis das Institut des „Mannes und Dieners" angehörte.

Somit kann nur festgestellt werden, daß es sich hier um eine Zwischenform handelte, die keinem der beiden Rechtskreise eindeutig zuzuordnen ist. Ihr Ausgangspunkt lag wohl im Lehnrecht. Dem Vasallitätsverhältnis fügte man Elemente des Beamtenrechts hinzu, so daß schließlich eine Mischform entstand[35].

b) Das Beamtenrecht als Sonderform des Lehnrechts?

Das Vorhandensein solcher nicht einzuordnenden Treubindungen legt in Verbindung mit den vielen gemeinsamen Rechtsinstituten beider Rechtskreise den Gedanken nahe, daß das Beamtenrecht lediglich eine Sonderform des Lehnrechts ist. Das Lehnrecht wäre dann als der Oberbegriff anzusehen, in den das Beamtenrecht als eines der Teilgebiete einzuordnen wäre.

Tatsächlich ist Derartiges behauptet worden. Von *Everling*[36] wurde der Beamte sogar ausdrücklich als Vasall bezeichnet[37].

---

[34] Vgl. *Fischbach* I S. 13.
[35] *Isaacsohn* I S. 35 ordnet sie unter die Beamten ein.
[36] S. 31 f.; siehe auch *Friesenhahn* S. 83 ff.
[37] Die Begründung *Everlings* auf S. 31, daß die Vasalität immer die Form

B. Die Übergangszeit in Brandenburg-Preußen 105

Ein Teil der vom Lehnrecht abweichenden Besonderheiten des Beamtenrechts ließe sich damit erklären, daß man die dem Staatsaufbau und der Macht des Herrschers hinderlichen Elemente des Vasallenrechts aus dem Beamtenrecht zu entfernen suchte. Hierher würde vor allem die Abschaffung der erblichen Ämter, die im Lehnrecht überwogen hatten[38], gehören. Auch die früher mögliche Kündigung von Beamten innerhalb bestimmter Kündigungsfristen ist hierher zu zählen[39].

aa) Gegengründe

α) Unterschiedlichkeit der Quellen einzelner Verwaltungsstellen

Es sprechen jedoch gewichtige Gründe gegen die Annahme, daß das Beamtenrecht lediglich eine Sonderform des Lehnrechtes gewesen sei. Die von den Vasallen durchgeführten Verwaltungstätigkeiten sind in zwei Bereiche zu teilen: Es muß unterschieden werden zwischen der Verwaltung, die die Vasallen auf dem ihnen als Lehen überlassenen Gebietsteil ausübten, und derjenigen, die der Herr von ihnen allein aufgrund ihrer Pflicht zur Raterteilung verlangte[40]. Im ersteren Falle wurden die Lehnleute nicht nur im eigenen Interesse, sondern auch im eigenen Namen tätig[41].

„Im eigenen Interesse" bedeutet, daß ihre einzige Belohnung für die Verwaltungsarbeit in ihrem Patrimonium aus den Erträgnissen des Lehens bestanden. „Im eigenen Namen" heißt, daß sie zwar aus einem abgeleiteten Recht vorgingen[42], dieses jedoch in ihrem Namen und für sich selbst geltend machten.

Ganz anders verhält es sich bei den Beamten. Sie erhalten und erhielten von jeher ein festes Gehalt[43], mochten sie daneben auch mit einem

---

der persönlichen Verbindung und Ergebenheit gegenüber dem Herrn gewesen sei, enthält aber den Fehlschluß, daß es auch die einzige gewesen sei.
[38] Siehe zur Erblichkeit oben 1. Kap. B II 4.
[39] Z. B. *Riedel* I, V Nr. 373 S. 488 (Urk. v. 11. 11. 1499); I, XI Nr. 30 S. 279 (Urk. v. 18. 1. 1501); I, XII Nr. 22 S. 279 (Urk. v. 10. 10. 1513); III, III Nr. 212 S. 251 (Urk. v. 15. 1. 1515); *Raumer* II Nr. 17 S. 16 (Urk. v. 1472); II Nr. 38 S. 249 (Urk. v. 1505); II Nr. 68 S. 283 (Urk. v. 1528).
[40] Siehe unten 3. Kap. B II 1.
[41] *Ebel* S. 24; *Lotz* S. 5.
[42] *Ebel* S. 24.
[43] *Riedel* I, I Nr. 31 S. 317 (Urk. v. 1487); I, II Nr. 28 S. 287 (Urk. v. 1432); I, III Nr. 123 S. 412 (Urk. v. 1411); I, V Nr. 373 S. 488 (Urk. v. 11. 11. 1499); I, VI Nr. 484 S. 294 (Urk. v. 14. 6. 1572); I, VII Nr. 49 S. 151 (Urk. v. 30. 6. 1437); I, X Nr. 30 S. 278 (Urk. v. 18. 1. 1501); I, XI Nr. 35 S. 283 (Urk. v. 29. 9. 1519); I, XII Nr. 22 S. 279 (Urk. v. 10. 10. 1513); I, XVII Nr. 178 S. 159 (Urk. v. 25. 10. 1476); I, XXI Nr. 58 S. 509 (Urk. v. 25. 12. 1536); III, III Nr. 116 S. 140 (Urk. v. 7. 12. 1500); III, III Nr. 137 S. 162 (Urk. v. 7. 5. 1505); III, III Nr. 138 S. 163 (Urk. v. 18. 5. 1505); III, III Nr. 149 S. 175 (Urk. v. 1505); III, III Nr. 176 S. 205 (Urk. v. 28. 9. 1510); III, III Nr. 178 S. 207 (Urk. v. 31. 1. 1511); III, III Nr. 179 S. 208 (Urk. v. 12. 6. 1511); III, III Nr. 211 S. 249 (Urk. v. 31. 12. 1514); III, III

Anteil an den Verwaltungseinnahmen beteiligt sein[44]. Die primäre Vergütung war jedoch die Besoldung. Ihre Verwaltungshandlungen dienten daher in erster Linie dem Interesse des Herrschers bzw. der Gemeinschaft. Diese Handlungen nahmen bzw. nehmen sie nicht im eigenen Namen vor. Seit eh und je war es so, daß die Beamten im Namen des jeweiligen Trägers der Staatsgewalt auftraten und für ihn tätig wurden. Meiner Ansicht nach ist das Handeln im eigenen Namen und im eigenen Interesse eines der gravierenden Merkmale des Lehnrechts. Wenn das Beamtenrecht hiervon abweicht und die genau entgegengesetzte Regelung trifft, so ist es nicht mehr zulässig, diesen Rechtskreis als eine Sonderform des Lehnrechtes anzusehen. Die von den Vasallen verwalteten Patrimonien, die ihnen der Landesherr als Lehen überlassen hatte, waren daher nicht die Institutionen, in denen die Amts- und Landeshauptmannschaften[45] ihren Ursprung hatten.

Auch die als Lehen vergebenen Ämter können nicht als Quelle der von Beamten besetzten Amtsstellen angesehen werden. Denn auch hier wurden die Lehnleute immer im eigenen Interesse und im eigenen Namen tätig[46]. Die Vasallen waren also bezüglich dieser Amtsträgerschaft nur Vorläufer, nicht Vorbilder der beamtenrechtlichen Regelungen.

Etwas anderes gilt für die beratende Tätigkeit, die die Vasallen meistens am Hofe zu leisten hatten. Sie beruhte auf dem bei der Aufnahme in den Lehnverband zu leistenden Eid. In ihm mußten sich die Lehnleute u. a. zur Raterteilung und Hilfeleistung verpflichten[47]. Auf Verlangen des Landesherrn hatten die Vasallen sich bei Hofe einzufinden[48], um dort zur *zentralen* Verwaltung des Landes in Form der erwähnten Beratung des Herrschers ihren Beitrag zu leisten. In diesem Falle wurden die Vasallen bei eventuell vorzunehmenden Verwaltungshandlungen weder im eigenen Interesse noch im eigenen Namen tätig. Sie nahmen hier lediglich die Rechte des Landesherrn wahr und handelten in seinem Namen. Ihr eigenes Interesse war allenfalls ein mittelbares: Führten sie die Geschäfte des Herrn zu dessen Zufriedenheit durch, so konnten sie zur Belohnung mit der Vergabe weiterer Lehen oder anderer Geschenke rechnen.

Bei der Erfüllung der Pflicht zur Raterteilung und Hilfeleistung ähnelte die Stellung der Lehnleute äußerlich derjenigen der späteren

---

Nr. 212 S. 251 (Urk. v. 15.1.1515); III, III Nr. 325 S. 455 (Urk. v. 29. 9. 1538); *Raumer* II Nr. 68 S. 282 f. (Urk. v. 1528).

[44] Für die Sporteln vgl. z. B. *Mylius* II, I Nr. 1 Sp. 2 ff. (Ordnung v. 1516).
[45] Siehe unten 2. Kap. B V 2 a und b.
[46] Das gilt noch zur Zeit des ALR, das dem Adel gestattet, die Gerichtsbarkeit im eigenen Namen auszuüben — § 42 II 9 ALR. Bezüglich des eigenen Interesses vgl. §§ 114 ff. II 17 ALR.
[47] Siehe unten 3. Kap. B II 1.
[48] Zur Hoffahrt siehe oben 1. Kap. B III 3.

Beamten. Es darf jedoch nicht übersehen werden, daß es sich bei der Raterteilung nicht um die Haupttätigkeit der Vasallen handelte. Die meiste Zeit verbrachten sie mit der Verwaltung ihrer Lehen. Vor allem war die Beratungspflicht nur ein kleiner Teil des gesamten Lehnverhältnisses mit all den Rechten und Pflichten, die sich aus ihm ergaben. Aus dieser Tätigkeit der Lehnleute wurde zwar u. a. später das Institut der kurfürstlichen Räte, jedoch entstand es eben nur aus einem Ausschnitt der den Vasallen obliegenden *Pflichten*. Betrachtet man gar die *Gesamtheit des Lehnrechtes,* so enthielt dieser Bereich, der den Ursprung für das Beamtenrecht dargestellt haben könnte, nur einen Bruchteil aller im Lehnrecht getroffenen Regelungen. Es erscheint nicht gerechtfertigt, ein Rechtsgebiet, das aus einem kleinen Ausschnitt eines anderen Rechtsgebietes entstanden ist, als eine Sonderform jenes ersteren Gesamtrechtskreises anzusehen.

Das gilt vor allem, wenn der neue Rechtskreis darüber hinaus selbständige Institute schafft, die in dem alten nicht enthalten waren. So verhielt es sich beim Beamtenrecht. Trotz der bald erreichten sozialen Gleichrangigkeit von Lehnleuten und Beamten und trotz vieler ähnlicher oder gleicher Elemente in beiden Rechtskreisen kann man nur von einer Übernahme lehnrechtlicher Elemente in das Beamtenrecht sprechen. Das Beamtenrecht ist daher ein selbständiger Rechtskreis und keine Sonderform des Lehnrechtes.

β) Mehrere Quellen des Beamtenrechtes

Dies wird erhärtet durch einen zweiten bedeutsamen Unterschied.

Ein wesentliches Merkmal des Lehnverhältnisses war es, daß es von freien Männern eingegangen wurde, die auch in der Vasallität frei blieben[49]. Das Beamtenrecht enthielt jedoch Elemente der Unfreiheit, die aus dem Bereich der Ministerialität stammten[50]. Sie ist also als eine weitere Quelle des Beamtentums anzusehen.

Ein deutliches Anzeichen für die Unfreiheit war die Erforderlichkeit des Heiratskonsenses für Beamte[51]. Selbst höchste Beamte bedurften der Zustimmung des Landesherrn, um heiraten zu können. So bat z. B. im Jahre 1742 der brandenburgisch-preußische Minister für Schlesien, v. Münchow, um die Erteilung des Heiratskonsenses. Dieser wurde ihm von Friedrich dem Großen verweigert[52]. Die Heirat des Ministers konnte daraufhin nicht stattfinden.

Für die Vasallen als Freie hatte es das Institut des Ehekonsenses nicht gegeben. Die Ministerialen dagegen benötigten ebenso wie die Beamten

---

[49] Für die Frühzeit siehe *Ganshof* Lehnswesen S. 7.
[50] Vgl. zur Unfreiheit *Mitteis* Lehnrecht S. 446 f.
[51] Vgl. hierzu im einzelnen *Lotz* S. 223, 609 f.
[52] *Isaacsohn* III S. 212; *Lotz* S. 223.

späterer Zeiten zur Heirat das Einverständnis ihres Herrn[53]. Dies beruhte auf ihrer Stellung als Unfreie. Es ist hier zu bedenken, daß das Ministerialenrecht eine Mischung aus Lehn- und Hofrecht darstellte[54]. Die Elemente, die als Anzeichen der Unfreiheit gedeutet werden können — also auch der Heiratskonsens —, entstammten dem letzteren Rechtskreis.

Es mag eingewandt werden, daß auch den Ministerialen Lehen übertragen wurden. Hieraus könnte entnommen werden, daß das Lehnrecht nicht unbedingt die Freiheit des Vasallen erforderte. Dagegen ist jedoch zu sagen, daß man sich zunächst lange Zeit weigerte, die sog. Dienstlehen als rechte Lehen anzuerkennen[55]. Sie waren von diesen ihrem Wesen nach weiter entfernt als die erwähnten berg- und zunftrechtlichen Verleihungen[56]. Der Unterschied war größer, weil Letztere immerhin Freien gegenüber vorgenommen wurden. Die Dienstlehen gehörten also nur einem in sehr weitem Sinne verstandenen Lehnrecht an. Mit dem eigentlichen Lehen hatten sie wenig gemein[57].

Ein Ministeriale im ursprünglichen Sinne war nicht gleichzeitig Lehnmann seines Herrn. Empfing er jedoch mit Zustimmung des Dienstherrn von anderen ein Lehen, so war er diesen gegenüber nicht Ministeriale, sondern ausschließlich Lehnmann. Der Lehnherr hatte ihm gegenüber nicht die absoluten Rechte, die dem Herrn eines Dienstmannen zukamen. Insoweit nahm der Ministeriale also dem *Lehnherrn* gegenüber den Status eines Freien ein. Er hatte die gleichen Rechte und Pflichten wie dieser.

Als man die Dienstlehen später doch den rechten Lehen gleichstellte, hatten die Ministerialen bereits einen Rang in der Heerschildordnung und waren dem niederen Adel gleichgestellt. Sie waren nicht mehr unfrei und hatten mit den Dienstmannen früherer Jahrhunderte nur noch den Namen gemein[58]. Besonders deutlich wird dies daran, daß für sie seit dem 13. Jahrhundert wahllos die Bezeichnungen „miles" und „ministeriales" verwandt wurden[59]. In Wirklichkeit waren sie also bereits freie Lehnleute. Es scheint fast so, als sei dem Lehnrecht eine Tendenz zur Standeserhöhung und zur Lösung aus der Unfreiheit geradezu immanent gewesen. Die Freiheit des Vasallen muß somit weiterhin als wesentliches Element des Lehnrechtes angesehen werden.

---

[53] Siehe oben 1. Kap. B III 5 a.
[54] *Bosl* S. 73.
[55] Siehe oben 1. Kap. B III 5 b.
[56] Siehe oben 1. Kap. B V 4 und 5.
[57] Ausführlicher oben 1. Kap. B III 5 b, V 5.
[58] Siehe oben 1. Kap. B III 5 c.
[59] Siehe z. B. *Riedel* I, XVII Nr. 28 S. 441 ff. (Urk. v. 1311).

bb) Zwischenergebnis: Das Beamtenrecht ist keine Sonderform des Lehnrechtes

Auch die im Beamtentum zu bemerkenden Anzeichen der Unfreiheit verbieten es somit, das Beamtenrecht als Sonderform des Lehnrechtes zu bezeichnen. Es muß daher bei dem bisher vertretenen Grundsatz bleiben, daß das Beamtenrecht lediglich zahlreiche Elemente und Institute des Lehnrechtes übernommen hat, ohne selbst unmittelbar zu diesem Rechtskreis zu gehören.

Ob man diese Auffassung vertritt oder das Beamtenrecht als Teil des Lehnrechtes ansieht, ist im Grunde genommen nur ein gradueller Unterschied. Es dürfte keinen Rechtskreis geben, der ausschließlich Rechtsinstitute enthält, die bei seinem Entstehen neu geschaffen wurden. Immer wird er gleichzeitig bereits vorhandene Regelungen aus anderen Rechtskreisen übernommen haben, soweit sie sich in seinen Rahmen einfügten. Kommt den rezipierten Instituten das allein entscheidende Gewicht zu, so liegt lediglich eine Sonderform des alten Rechtskreises vor. Scheinen die neuen Regelungen die wesentlichen zu sein oder bestimmen sie das Gesicht des neuen Rechtssystems in bedeutendem Maße mit, so kann lediglich die Übernahme einzelner Institute aus dem alten Rechtskreis angenommen werden. In diesem Falle ist ein selbständiger Rechtskreis entstanden.

Die Neuerungen des Beamtenrechtes und die dadurch hervorgerufenen Unterschiede zum Lehnrecht sind so gravierend, daß man bei aller Übereinstimmung in einzelnen Instituten m. E. das Beamtenrecht als eigenständigen Rechtskreis neben dem Lehnrecht ansehen muß.

Hierfür spricht vor allem auch, daß neben dem Lehnwesen die Ministerialität eine zweite Wurzel des Beamtentums bildet. Die bereits erwähnte Bezeichnung „dedinges lude" für die Räte des Landesherrn[60] weist auf eine dritte Wurzel hin, die in der Beratung wichtiger Angelegenheiten durch die Volksversammlung ihren Ursprung hat.

Einen Rechtskreis als Sonderform eines anderen anzusehen, erscheint nur zulässig, wenn er im wesentlichen allein aus dem ursprünglichen Rechtskreis entstanden ist. Sind mehrere Quellen vorhanden, so darf man den neuentstandenen Rechtskreis nicht als Sonderform *einer* dieser Quellen bezeichnen.

cc) Erklärung der Zwischenformen

Die oben[61] festgestellte Mischform zwischen Lehn- und Beamtenverhältnis zwingt nicht zur Unterordnung des Beamtenrechtes unter das

---

[60] Siehe oben 2. Kap. B V 1 a bb.
[61] 2. Kap. B V 1 a bb β.

Lehnrecht. Sie läßt eine solche lediglich möglich und wahrscheinlich erscheinen. Der soeben geführte Gegenbeweis entkräftet jedoch derartige Vermutungen.

Zwischenformen treten in einer Übergangszeit, in der Neues entsteht, des öfteren auf. Die meisten verschwinden nach einiger Zeit wieder, ohne in den Rechtssystemen irgendwelche Spuren zu hinterlassen.

So verhielt es sich auch mit den „Mannen und Dienern". Dieses Institut trat in der kurzen Zeit seines Bestehens nur selten auf. In späteren Epochen war es gänzlich verschwunden. Es hat das Beamtenrecht nicht mitgeformt und kann daher nicht als Beweis für die oben aufgestellte These[62] herangezogen werden.

Auf der Suche nach Verwaltungsträgern, die geeignet waren, die Lehnleute abzulösen, schufen die Herrscher möglicherweise verschiedene Typen von Dienstverhältnissen. Zu ihnen mögen die „Mannen und Diener" gehört haben. Als nach und nach einer der Typen zum beherrschenden wurde — nämlich derjenige, aus dem später unser Beamtentum entstand —, entfielen die anderen, ohne den erwählten Typ in seiner rechtlichen Gestaltung mitzubestimmen. Ein solcher Einschnitt wird in jener Zeit des 16. Jahrhunderts vorgenommen worden sein, in der die Landes- von der Hofverwaltung getrennt wurde. Die nun vorhandene Scheidung machte die Zwischenformen entbehrlich. Tatsächlich finden sich nach dieser Periode keine Belege mehr für das Vorhandensein der „Mannen und Diener".

c) Die Stände als Berater des Landesherrn

Neben den bisher Genannten hatte der Landesherr eine weitere Gruppe von Beratern, deren Stellung und Tätigkeit jedoch sehr zwiespältig waren: die Stände[63].

Diese setzten sich ausschließlich aus Lehnleuten zusammen. Aus diesem Rechtsverhältnis scheint ihre Beratertätigkeit erwachsen zu sein.

In den meisten Eidesformeln der Vasallen hieß es in zwar manchmal etwas differierenden Formulierungen, dem Sinne nach aber völlig eindeutig, daß der Mann seinem Herrn mit Rat und Tat zu dienen habe[64]. Der Vasall hatte auf Geheiß des Herrn an dessen Hof zu erscheinen und ihn gemeinsam mit den Mitvasallen zu beraten[65]. Es handelte sich

---

[62] 2. Kap. B V 1 b.
[63] Über die Bedeutung der Stände in Holstein siehe *Heisch* S. 9 ff.
[64] Vgl. hierzu *Ganshof* Lehnswesen S. 97 f.; *Mitteis* Lehnrecht S. 59, 532; z. B. auch *Gercken* III, II Nr. 18 S. 85 (Urk. v. 1303); siehe unten 3. Kap. B II 1.
[65] *Ganshof* a.a.O.

B. Die Übergangszeit in Brandenburg-Preußen   111

also bei der Beratung um ein vom Herrn zu forderndes Recht. Ihm stand die entsprechende Pflicht des Lehnmannes gegenüber.

Dieses Verhältnis verkehrte sich bereits vom 13. Jahrhundert an in sein Gegenteil. Der Herr bedurfte immer weniger des Rates der Lehnleute. Er bediente sich inzwischen anderer Gruppen, besonders der erwähnten Räte, zur Raterteilung. Die Vasallen dagegen drängten darauf, weiterhin gehört zu werden. Für sie war die Beratung des Landesherrn eine günstige Gelegenheit, die Geschicke des Landes in ihrem Sinne zu lenken. So wurde es dem Kurfürsten schließlich zur Pflicht gemacht, in bestimmten Angelegenheiten den Rat und die Genehmigung der Stände einzuholen. Diese nunmehr in ein Recht verkehrte Pflicht zur Beratung ließen sich die Stände des öfteren bestätigen[66].

Daher rührt es, daß z. B. im Jahre 1432 die Stadt Münchberg auf 10 Jahre von allen Lasten befreit wurde „mit Rate unser Rete Manne und Stete"[67]. Hans von Rohr wurde 1432 „nach Rate bete und vulbort unser Hern Manne und Stete in der Prignitz" zum Hauptmann in der Prigniz gemacht[68]. Auch die Landeshauptleute durften wichtige Angelegenheiten — insbesondere über Krieg oder Frieden — nur nach Beratung mit den Ständen entscheiden[69].

Die Stände unterschieden sich insofern von den anderen beratenden Organen des Kurfürsten, als ihre Mitglieder keine beamtenähnliche Stellung hatten. Sie waren ausschließlich Lehnleute. Ihre Bedeutung und Macht sank entscheidend im 17. und 18. Jahrhundert, als die Macht des Landesherrn mehr und mehr zunahm[70].

d) Der Geheime Rat

Die Bedeutung der Träger der obersten Hofämter und der Räte im oben dargestellten Sinne[71] hatte bereits früher nachgelassen. Im Laufe des 16. Jahrhunderts verringerte sich die Zahl der Ratsbestallungen ständig. Das beruhte auf der allmählich fester werdenden Organisation

---

[66] Siehe z. B. *Mylius* VI, I Nr. 26 Sp. 77 f. (Landtagsrezeß v. 1549): „... und hinfürder ohne der gantzen Landschafft Wißen und Bewilligung, kein Schloß, Amt, Closter oder andere unsere Gefälle und Einkommen vergeben, verkauffen, versetzen, veräußern, oder sonsten in andere wege, nichts davon kommen laßen ...".
[67] *Gercken* VII, III Nr. 101 S. 232 (Urk. v. 1432). Räte und Mannen werden also in einem Atemzug genannt. Auch *Raumer* II Nr. 74 S. 73 (Urk. v. 1478).
[68] *Gercken* VII, III Nr. 106 S. 237 f. (Urk. v. 1432).
[69] *Riedel* I, XVII Nr. 102 S. 105 (Urk. v. 15. 5. 1416); *Raumer* I Nr. 36 S. 76 (Urk. um 1420); I Nr. 111 S. 136 (Urk. v. 1421); *Isaacsohn* I S. 111.
[70] Siehe *Isaacsohn* II S. 138 ff.
[71] 2. Kap. B V 1 a bb.

der Verwaltung und der Ausbildung eines zahlreicheren ständigen Beamtentums[72].

Der direkte Zugriff der obersten Hofchargen auf Angelegenheiten der Regierung und der Politik des Landes wurde im Jahre 1604 stark geschmälert, als der Geheime Rat begründet wurde[73]. Dieser übernahm nunmehr ihre beratenden Funktionen, während die Hofämter im wesentlichen auf ihre ursprünglichen Aufgaben beschränkt wurden[74]. Das heißt jedoch nicht, daß sie zu völliger Bedeutungslosigkeit herabsanken. Sie waren weiterhin in Händen von Vasallen, die durch ihren ständigen Umgang mit dem Herrscher viele politische Entscheidungen mittelbar mitbestimmten.

e) Die oberen Instanzen der Zentralverwaltung

Auch in den oberen Instanzen der nach und nach ausgebildeten eigentlichen Verwaltung waren die Lehnleute weiterhin tätig. Eine erhebliche Zahl der Stellen befand sich gleichsam „erblich" in Händen der Herren und der Ritterschaft.

Die Statthalterschaften in den einzelnen Landesteilen wurden z. B. meistens mit Angehörigen des Kurhauses, mindestens aber mit Mitgliedern des höheren Adels besetzt. Das gilt auch für die Statthalterschaft über das gesamte Territorium, die bei Abwesenheit des Landesherrn üblich war[75]. Ebenso waren die Präsidenten der höheren Kollegien, mit Ausnahme von Gericht und Konsistorium, adlige Vasallen[76].

In den Reihen der Räte war eine bedeutende Zahl von Vasallen auch in der Zeit um die Wende des 16. zum 17. Jahrhundert vertreten. Man unterschied immer noch zwischen adligen und gelehrten Räten[77]. Es wurde darauf geachtet, daß beide in allen Kollegien möglichst in gleicher Anzahl vorhanden waren[78].

Allmählich machte sich jedoch in dieser Periode eine Differenzierung bemerkbar. Es gab manche Posten, die fast ausschließlich mit Mitgliedern der Mannschaft besetzt waren. Andere wiederum wurden überwiegend von Bürgerlichen versehen.

---

[72] *Isaacsohn* I S. 34 f.
[73] *Altmann* I Nr. 30 S. 55 ff. (Urk. v. 13. 12. 1604) = *Acta Brandenburgica* I Nr. 40 S. 91 ff.; dazu näher *Stölzel* S. 294 ff.
[74] *Isaacsohn* II S. 23 f.
[75] Vgl. *Isaacsohn* II S. 34 f.
[76] *Isaacsohn* II S. 63 f.
[77] Siehe auch *Mylius* VI, I Nr. 29 Sp. 88 (Artikel v. 1550): „... wollen wir auch *Landt Räthe von Adel* verordnen, welche *neben Unseren Hoffräthen* bey Berathschlagungen der Sachen, auch bei Fällung der Urtveln zu den quartalen sollen mit sitzen, und gebraucht werden ...".
[78] *Isaacsohn* II S. 63 f.

Von jeher hatten die Mannen für ihren Herrn Missionen an fremden Höfen erledigt[79]. Auch jetzt noch spielten sie bei der Besetzung der diplomatischen Stellen eine überragende Rolle. Zum Teil beruhte das darauf, daß an vielen Höfen ein Adelstitel die Voraussetzung war, um sich im diplomatischen Leben Achtung und Ansehen zu verschaffen. Zum Vorteil des Landes war es daher wünschenswert, daß auch die meisten brandenburgischen Gesandten und sonstigen Diplomaten Adlige waren[80].

Die Beamten bürgerlichen Standes dagegen hatten den Vorzug der Schriftkunde, häufig auch den der Rechtskenntnis[81]. Sie wurden auf Posten eingesetzt, die diesen Fähigkeiten entgegenkamen. So lag ihr bevorzugtes Tätigkeitsfeld in der Kammerverwaltung[82] und der Rechtspflege[83].

f) Zwischenergebnis

Es läßt sich also folgendes Fazit ziehen: Die Bedeutung der Vasallen in der zentralen Verwaltung des Landes nahm auf manchen Sektoren ab. Jedoch behielten sie noch ihre beherrschende Stellung.

2. Die Verwaltung in den Provinzen

Zu einem ähnlichen Ergebnis kommt man bei der Betrachtung der auch als Landvögte oder Vögte bezeichneten Landeshauptleute[84]. Das Gleiche gilt ferner für die Amtmänner während der überwiegenden Zeit des Bestehens. Beide hatten im Unerschied zu den bisher behandelten obersten Verwaltungsträgern, die am Hofe des Landesherrn tätig waren, in vielen Fällen die Stellung einer Mittel- bzw. Unterinstanz. Von der Zentrale — dem kurfürstlichen Hof — meist entfernt, erhielten sie mit ihrer Amtstätigkeit die Verwaltung in den Provinzen und Amtsbezirken aufrecht.

a) Die Landeshauptleute

Die Landeshauptmannschaften waren in der ersten Hälfte des 14. Jahrhunderts entstanden. Sie sollten vor allem in den Grenzlanden die

---

[79] *Isaacsohn* I S. 69.
[80] Siehe *Isaacsohn* II S. 198, 207 ff., wo auf Ausnahmen hingewiesen wird.
[81] *Acta Borussica* I Einl. S. 130 f.; *Isaacsohn* II S. 69.
[82] *Isaacsohn* II S. 45.
[83] Siehe *Isaacsohn* II S. 63.
[84] *Isaacsohn* I S. 93; *Riedel* I, XXI Nr. 58 S. 508 f. (Urk. v. 25. 12. 1536); *Raumer* I Nr. 39 S. 77 (Urk. v. 1416).

2. Kapitel: Die Zeit des Übergangs

Machtmittel in einer Hand konzentrieren, die zur Erhaltung des Friedens und der Landessicherheit erforderlich waren. Da jedoch die Kurfürsten des 14. Jahrhunderts auf jede denkbare Art und Weise zu Geld zu kommen versuchten, nimmt es nicht wunder, daß sie bald ihre Landeshauptmannschaften an reiche Vasallen oder gar Nachbarfürsten verpfändeten. Diese wollten hauptsächlich große Erträge erzielen, so daß die Marken während ihrer Verwaltung ziemlich ausgebeutet wurden[85].

Eine Änderung trat erst ein, als die Hohenzollern die Herrschaft in Brandenburg übernahmen. Sie hoben den Amtscharakter der Hauptmannschaften hervor, indem sie sie an Vasallen übertrugen, die ihnen schon vorher als Räte gedient hatten.

Bei der Wichtigkeit des Amts verstand es sich von selbst, daß es trotz des nunmehr betonten Amtscharakters auch jetzt noch nur Mitgliedern der vornehmeren und einflußreichen Adelsgeschlechter übertragen wurde. Bei der Machtfülle dieser Geschlechter hatten die Kurfürsten gar keine andere Wahl. In den Urkunden erscheinen daher überwiegend Angehörige der Familien von Rohr[86], von Bredow[87], von Alvensleben[88], der Grafen von Lindow[89], der Edlen von Putlitz[90], der von der Schulenburg[91] und der von Arnim[92] als Inhaber dieses Amtes.

Für sie als Mitglieder der Mannschaft war die Ernennung zu einem solchen Amt eine hohe Ehre[93]. Bei der Hauptmannschaft war diese Ehre um so größer, als dem Landeshauptmann umfassende Befugnisse zugestanden wurden.

Er hatte als Inhaber der Polizeigewalt die erforderlichen Maßnahmen zu treffen, um die Sicherheit auf den Straßen und die Erhaltung von Ruhe und Ordnung zu gewährleisten[94].

---

[85] Siehe Beispiele für Verpfändungen bei *Isaacsohn* I S. 42.

[86] *Riedel* I, II Nr. 28 S. 287 f. (Urk. v. 1432).

[87] *Raumer* I Nr. 36 S. 75 f. (Urk. um 1420); *Riedel* I, VII Nr. 41 S. 151 f. (Urk. v. 30. 6. 1437), wobei es sich um die Bestallung zum obersten Hauptmann aller Marken handelt.

[88] *Riedel* I, XVII Nr. 177 S. 159 f. (Urk. v. 25. 10. 1476).

[89] *Raumer* I Nr. 121 S. 143 (Urk. v. 1440); *Riedel* I, IV Nr. 89 S. 104 f. (Urk. v. 1478).

[90] *Riedel* I, I Nr. 31 S. 317 (Urk. v. 1487).

[91] *Raumer* I Nr. 119 S. 141 f. (Urk. v. 1439); *Riedel* I, V Nr. 373 S. 487 f. (Urk. v. 11. 11. 1499).

[92] *Riedel* I, XXI Nr. 58 S. 508 f. (Urk. v. 25. 12. 1536).

[93] *Isaacsohn* I S. 125.

[94] So heißt es z. B. in der Bestallungsurkunde des Grafen Hans von Lindow zum Hauptmann der Prignitz — *Riedel* I, IV Nr. 89 S. 104 (Urk. v. 1478): „... dasselbige unnser Lanndt, die prignitz, an unnser Stadt zu regiren unde das trewlich zu schutzen und zu schirmmen, die strassen freyssamlich zuuerteydingen nach synem besten vermogen, eynen Iderman In solchem land, wy recht ist, rechts zu helffen ...".

B. Die Übergangszeit in Brandenburg-Preußen

Daneben standen ihm weitreichende Rechtsprechungsbefugnisse zu, die ihre Grenze nur an der Gerichtsherrlichkeit des Landesherrn selbst fanden[95].

Ferner hatte er die Befehlsgewalt über das Lehnaufgebot seiner Mark[96]. Schließlich war er berechtigt, in seiner Provinz Belehnungen — von gewissen Ausnahmen abgesehen — vorzunehmen[97]. Lediglich auf wirtschaftlich-finanziellem Gebiet waren seine Befugnisse stärker eingeschränkt. So mußte er die Einziehung von Geldern dem Kastner[98] und dem Zöllner überlassen. Allerdings hatte er sie dabei zu unterstützen[99]. Bei einem Amt, das eine derartige Machtfülle in einer Hand vereinte, ist die Forderung der Vasallen verständlich, daß es nur einem der ihren übertragen werden dürfe. Im Laufe des 14. und 15. Jahrhunderts wurde es zur Voraussetzung für die Ernennung zum Landeshauptmann, daß der dafür Vorgesehene in der ihm zu übergebenden Mark ansässig war. Darüber hinaus mußte er dort erheblichen Grund- und Lehnbesitz haben, also Mitglied der Mannschaft sein.

Seit der Mitte des 16. Jahrhunderts verlor der Landeshauptmann Stück für Stück seine zentrale und überragende Stellung in der Verwaltung des Landes[100]. Einige Landeshauptmannschaften waren sogar aufgehoben, andere längere Zeit nicht besetzt worden[101]. Dennoch ließen die Stände sich in einem Landtagsrezeß versichern:

---

[95] Siehe dazu *Mylius* VI, I Nr. 73 Sp. 242 f. (Spezial-Revers v. 12. 6. 1611), wo davon ausgegangen wird, daß der Hauptmann die Tätigkeit des Hofrichters mitversieht; zum Ganzen siehe *Isaacsohn* I S. 98 ff.

[96] Siehe *Isaacsohn* I S. 104; *Riedel* I, VI Nr. 41 S. 151 f. (Urk. v. 30. 6. 1437): „... wurde er auch unser manne von unser sach wegen zu im vorboten ..."; *Raumer* I Nr. 121 S. 143 (Urk. v. 1440); so auch *Riedel* I, V Nr. 373 S. 487 (Urk. v. 11. 11. 1499).

[97] *Raumer* I Nr. 120 S. 142 (Urk. v. 1439); z. B. *Mylius* VI, I Nr. 16 Sp. 30 (Landtagsrezeß v. 1534): „... Unsere Landvögte, Verweser und Hauptleute in unsern Landen und Herrschafften ... alte Stamlehn und Leibgedinge der Frauen ... verwilligen, geben und Leihen mögen, jedoch Gnaden Lehn, oder Lehen, so auff eine oder 2 Personen stunden, oder gesambter Hand belangend, und eines jeglichen Fals, der sonderlicher Gnade bedarff, ausgeschlossen ..."; so auch *Raumer* I Nr. 36 S. 75 f. (Urk. um 1420); I Nr. 111 S. 136 (Urk. v. 1421); *Riedel* I, VII Nr. 41 S. 151 f. (Urk. v. 30. 6. 1437); *Altmann* I Nr. 10 S. 9 (Urk. v. 22. 8. 1456); *Mylius* VI, I Nr. 20 Sp. 50 (Landtagsrezeß v. 1538); VI, I Nr. 58 Sp. 163 (Landesrevers v. 11. 3. 1602).

[98] Siehe dazu *Isaacsohn* I S. 63 ff.

[99] *Raumer* II Nr. 17 S. 16 (Urk. v. 1472); *Riedel* I, I Nr. 31 S. 317 (Urk. v. 1487): „... auch soll der gemeldte Johann Ganns in allen den, daß unser herschafft einzunehmen zustehet, davon nichts einnehmen oder ausgeben, sondern das unser Castner und Zöllner einnehmen und ausgeben lassen ... Er soll sie auch getreulich handhaben und Ihnen hülfflich und geräthig seyn ...". Manchmal war er aber auch zur Einziehung berechtigt — siehe z. B. *Raumer* I Nr. 111 S. 136 f. (Urk. v. 1421).

[100] Vgl. *Isaacsohn* II S. 4.

[101] *Isaacsohn* I S. 130 f.

„... und die Hauptmannschafft iederzeit einem Qualificierten Landsaßen von Adel, so in der Chur Brandenb. gebohren, und in der Altemarck wohnhafftig, sein Domicilium daselbst hatt, und gnugsamb und Adelich begütert ist, conferiret werden[102]."

b) Die Amtmänner

Bei den Amtmannschaften, die häufig auch als Amtshauptmannschaften bezeichnet werden[103], ergibt sich folgendes Bild:

Etwa von der Regierungszeit Albrecht des Bären bis ins 15. Jahrhundert hinein waren die Marken in Vogteibezirke eingeteilt. Ihre Verwaltungsspitze bildete jeweils ein Vogt[104]. Dieser war meistens gleichzeitig Verwalter eines landesherrlichen Domänenamtes. Bezüglich jener Tätigkeit wurde er als Amtmann bezeichnet[105].

Die Macht der Vögte in ihren Vogteien sank, als die Kurfürsten einen großen Teil ihrer Rechte und Besitzungen aus den verschiedenartigsten Gründen vor allem auf Mitglieder der Mannschaft zu übertragen begannen[106]. Die Herrschaftsgewalt wurde nunmehr von den neuen Herren ausgeübt.

Die Befugnisse der Vögte beschränkte man mehr und mehr auf das Gebiet der landesherrlichen Güter. So war es nur eine Frage der Zeit, bis das überflüssig gewordene Institut gänzlich entfiel[107]. Übrig blieb der weiterhin als Verwalter der Domänen fungierende Amtmann.

Häufig war er Pfandbesitzer der Amtmannschaft[108] und daher wie viele Landeshauptleute bemüht, einen möglichst großen Ertrag zu erzielen. Bei manchen Amtmannschaften wechselte die Verwaltung des öfteren zwischen Beamten des Landesherrn und Pfandinhabern hin und her. So war z. B. die Vogtei bzw. das Amt Potsdam bis 1515 im Besitz verschiedener Pfandamtmänner[109]. In diesem Jahre wurde es unter die

---

[102] *Mylius* VI, I Nr. 118 Sp. 439 (Landtagsrezeß v. 26. 7. 1653).
[103] *Isaacsohn* I S. 60 f.
[104] Zu den Einzelheiten siehe *Isaacsohn* I S. 36 ff.
[105] Siehe z. B. *Altmann* I Nr. 10 S. 8 (Urk. v. 22. 8. 1456): „... dass wir unsern rat und lieben treuwen Dionisius von der Ost ritter zu unserm voit zu Schivelbein ufgenommen gesatzt und ihm unser schloss daselbst mit der stadt Drawburg mit ihr zugehörenden genot und voitei in ambtsweise ingetan und bevolen haben ..."; *Riedel* I, VI Nr. 290 S. 221 (Urk. v. 5. 9. 1472); *Isaacsohn* I S. 47.
[106] Siehe oben 2. Kap. B I 2 a bb.
[107] Siehe *Isaacsohn* I S. 59 f.
[108] Siehe die Beispiele 2. Kap. B I 2 b aa Anm. 47—49.
[109] *Raumer* I Nr. 122 S. 143 f. (Urk. v. 1439); *Riedel* I, XI Nr. 30 S. 177 f. (Urk. v. 1456); I, XI Nr. 32 S. 178 f. (Urk. v. 30. 1. 1463); I, XI Nr. 35 S. 180 f. (Urk. v. 25. 7. 1466); I, XI Nr. 45 S. 190 f. (Urk. v. 2. 2. 1493); I, XI Nr. 47 S. 191 f. (Urk. v. 10. 6. 1505).

B. Die Übergangszeit in Brandenburg-Preußen

Verwaltung eines kurfürstlichen Beamten gestellt[110], befand sich jedoch schon 1544 wieder in Händen eines Nichtbeamten[111].

Bei dieser Sachlage ist es verständlich, daß die wirtschaftlichen Befugnisse bei den Amtmännern im Vordergrund standen[112].

Daneben hatten sie aber auch Rechtsprechungs-[113] und Verwaltungsaufgaben[114]. Trotz zahlreicher anderer, nicht mit der Verwaltung unmittelbar zusammenhängender Aufgaben sind sie deshalb als Amtsträger anzusehen.

Bereits im 16. Jahrhundert vergab der Landesherr ab und zu eine Amtmannschaft als Belohnung an verdiente Beamte[115]. Das hatte zur Folge, daß dieses Amt mehr und mehr als nutzbare Pfründe und immer weniger als eigentliches Amt aufgefaßt wurde. Hieran änderte sich auch dadurch nichts, daß es bis zum 19. Jahrhundert gewisse Rechtsprechungs-[116] und Verwaltungsaufgaben[117] zu erfüllen hatte. Es ist daher verständlich, daß der Große Kurfürst die für die Verwaltung des Landes nahezu bedeutungslos gewordenen Amtshauptmannschaften im Jahre 1651 gänzlich abschaffen wollte. Die Ämter sah er nur noch als Einnahmequellen an. Er führte für sie das Pachtsystem ein[118], das für den größten Teil auch im 18. Jahrhundert beibehalten wurde[119].

---

[110] *Riedel* I, XI Nr. 51 S. 194 f. (Urk. v. 16. 4. 1515).

[111] *Riedel* I, XI Nr. 52 S. 195 (Urk. v. 5. 12. 1544): daß der Inhaber kein Beamter ist, ergibt sich daraus, daß er lediglich als „Ehrnuhester, Gestrenger" bezeichnet wird.

[112] Siehe statt vieler *Riedel* I, XIII Nr. 58 S. 384 f. (Urk. v. 29. 1. 1429): „... wir In unszer Slosz boyczenburg mit der voigtien doselbst und mit allen gerechtigkeiten, nutzen, Renthen und czugehorungen ... und nemlichen mit uerfallen lehen, die nach dem und sie das slosz einnomen, uerfallen machten, dieselben lehen sie getrewlichen mit recht einfordern und czu dem Slosse haben sullen ...".

[113] *Isaacsohn* I S. 60.

[114] Vgl. statt vieler *Riedel* I, XI Nr. 30 S. 177 (Urk. v. 1456), wo es heißt: „... und was von dem Czolle, von dem Gericht, von der heyde und allen Andern czinsen, renten und czugehorungen doselbs uber dy obgenannten czynsz, Im hyryn verschriben, *dy er auch ufheben soll* ..."; siehe auch die bei *Isaacsohn* I S. 60 Anm. 1 zitierte Bestallung.

[115] Z. B. schon *Riedel* I, XII Nr. 4 S. 28 (Urk. v. 19. 11. 1499): „... *in ansehung seiner getrewen willigen und unverdrossen dinst* ... unser Ampt Copenick die Zit seins lebens ... in ambtmans weyse eingethan und verschryben ..."; *Riedel* I, XIII Nr. 120 S. 109 ff. (Urk. v. 28. 9. 1551); für Hannover siehe *Lotz* S. 271.

[116] *Mylius* V, III, 1. Kap. Nr. 32 Sp. 228 (Ordnung v. 16. 12. 1702); IV, II, 3. Kap. Nr. 6 Sp. 154 f. (Edikt v. 28. 2. 1705).

[117] *Mylius* IV, I, 2. Kap. Nr. 21 Sp. 564 (Patent v. 9. 6. 1677); V, III, 1. Kap. Nr. 24 Sp. 175 f. (Ordnung v. 14. 9. 1685); V, III, 1. Kap. Nr. 32 Sp. 232 f., 235, 243 f., 244 (Ordnung v. 16. 12. 1702); IV, II, 3. Kap. Nr. 6 Sp. 154 f. (Edikt v. 28. 2. 1705); IV, III, 1. Kap. Nr. 33 Sp. 52 (Edikt v. 18. 9. 1704); V, I, 2. Kap. Nr. 27 Sp. 240 (Edikt v. 14. 1. 1716); V, III, 2. Kap. Nr. 42 Sp. 384 (Edikt v. 24. 10. 1731); 1. Continuatio (1738) Nr. 41 Sp. 216 (Edikt v. 9. 9. 1738).

[118] *Isaacsohn* II S. 3.

[119] Vgl. z. B. *Mylius* IV, II, 3. Kap. Nr. 6 Sp. 151 ff. (Edikt v. 28. 2. 1705); VI, II Nr. 227 Sp. 435 f. (Verordnung v. 22. 2. 1732).

Die Stellung des Amthauptmanns wurde — soweit dieses Amt überhaupt noch existierte — unter Friedrich Wilhelm I. immer mehr zur Sinekure. Das Einkommen daraus erhielten verdiente Offiziere als Belohnung. Sie waren nicht verpflichtet, sich an der eigentlichen Verwaltung zu beteiligen. Nur in Ausnahmefällen griffen sie in diese ein[120].

Während der gesamten Zeit des Bestehens der Amtmannschaften läßt sich eine Bevorzugung der Mannen bei der Besetzung dieser Stellen nicht feststellen. Schon im 15. und 16. Jahrhundert wurden Amtmannschaften sowohl an Mitglieder der Mannschaft als auch an andere Untertanen vergeben. Das änderte sich in den folgenden Jahrhunderten nicht. Immerhin aber kann gesagt werden, daß hier — wie auf den anderen Ebenen der Verwaltung — ein erheblicher Teil der Stellungen mit Lehnleuten besetzt war.

c) Die Schulzen

Erwähnt seien noch die auf der untersten Ebene stehenden Verwaltungsträger: die Schulzen. Sie waren ursprünglich als „Unterbeamte" der Vögte, später der Haupt- und Amtleute tätig[121]. Ihre Stellung hatten sie entweder in Form eines Lehens inne[122], oder sie wurde ihnen als Amt übertragen[123].

Die Schulzenlehen waren jedoch keine rittermäßigen Lehen. Dennoch wurden sie gemeinsam mit vielen Lehen der Adligen im Jahre 1717 unter bestimmten Voraussetzungen für allod erklärt[124].

Wie bei den Amtmännern der landesherrlichen Domänen lagen die Aufgaben der Schulzen auf dem Gebiet der Rechtsprechung[125], der Verwaltung[126] und der Wirtschaft[127].

---

[120] *Isaacsohn* III S. 57 f.; die ähnlichen Verhältnisse in Ansbach schildert *Puchta* S. 111 ff.: dort wurde die eigentliche Arbeit von Unterbeamten getan, während der Amtmann seine Stellung nur als Sinekure betrachtete.

[121] *Isaacsohn* I S. 91 f.; *Mylius* V, III, 1. Kap. Nr. 32 Sp. 232 f., 235, 240, 243 f. (Ordnung v. 16. 12. 1702).

[122] Z. B. *Mylius* V, I, 1. Kap. Nr. 5 Sp. 39 (Landes-Ordnung v. 1561); II, V Nr. 28 Sp. 41 ff. (Edikt v. 12. 3. 1685); II, V Nr. 59 Sp. 81 ff. (Edikt v. 5. 1. 1717); *Isaacsohn* I S. 194 f.

[123] Daß dieser Unterschied gemacht wurde, ergibt sich z. B. aus *Mylius* IV, II, 4. Kap. Nr. 18 Sp. 303 ff. (Teich- und Uferordnung v. 23. 6. 1717), wo in der dortigen Teich-Rolle ausdrücklich zwischen „Schulze" und „Lehnschulze" (Sp. 307, 309) unterschieden wird.

[124] *Mylius* II, V Nr. 59 Sp. 81 ff. (Edikt v. 5. 1. 1717).

[125] *Mylius* VI, I Nr. 72 Sp. 238 (Spezialrevers v. 1611); II, V Nr. 28 Sp. 41 ff. (Edikt v. 12. 3. 1685); V, I 2. Kap. Nr. 38 Sp. 264 (Edikt v. 12. 6 1723).

[126] Z. B. *Mylius* IV, I, 2. Kap. Nr. 21 Sp. 564 (Patent v. 9. 6. 1677); V, III, 1. Kap. Nr. 24 Sp. 175 (Ordnung v. 14. 9. 1685); V, III, 1. Kap. Nr. 32 Sp. 232 f., 235, 240, 241 f., 243 f. (Ordnung v. 16. 12. 1702); IV, III, 1. Kap. Nr. 33 Sp. 52 (Edikt v. 18. 9. 1704); V, II, 7. Kap. Nr. 16 Sp. 524 f. (Edikt v. 2. 12. 1724); V, III,

B. Die Übergangszeit in Brandenburg-Preußen

Die Träger des Schulzenamtes waren im 15.—17. Jahrhundert meistens nicht Mannen. Erst im 18. Jahrhundert waren die Schulzenhöfe manchmal im Besitz von Adligen[128], ohne dadurch zu Ritterlehen zu werden. Im Rahmen der Untersuchung der Frage, ob viele landesherrliche Beamte gleichzeitig Vasallen waren, ist das Schulzenamt daher nur von untergeordneter Bedeutung.

3. Zwischenergebnis

Ein Blick auf die Gesamtheit aller dargestellten Ämter ergibt, daß bis gegen Ende des 17. Jahrhunderts der bei weitem überwiegende Teil der Verwaltungsstellen mit Beamten besetzt war, die daneben Mitglieder der Mannschaft des Landesherrn waren. In ihren Händen befanden sich insbesondere nahezu alle wichtigen höheren Positionen der Verwaltungshierarchie[129].

4. Der Kampf der Vasallen um ihren Platz in der Beamtenschaft

Die beherrschende Stellung der Vasallen in der Verwaltung beruhte auf der Machtfülle des Adels. Immer wieder gelang es ihm, dem Herrscher das Zugeständnis abzuringen, daß Angehörige des inländischen Herren- und Ritterstandes bei der Ämterbesetzung zu bevorzugen seien. Noch im Jahre 1593 versicherte der Kurfürst der Ritterschaft:

> „... Wir wollen auch ... unserer von Adel Kinder, so studiret, oder sonst etwas in unsern Landen erfahren haben, in gnädiger Acht haben, und für andern Ausländischen zu fürfallender Gelegenheit fordern...[130]."

Die Adligen schirmten also zum einen ihre beherrschende Stellung in der Beamtenschaft und bei der Verwaltung des Landes gegen Mitglieder des Bürgerstandes ab. Zum anderen versuchten sie zu verhindern, daß Adlige anderer Territorien, die eventuell gewillt gewesen wären,

---

2. Kap. Nr. 42 Sp. 384 (Edikt v. 24. 10. 1731); NCCM (1751) Nr. 82 Sp. 152 (Ordnung v. 22. 9. 1751); (1760) Nr. 34 Sp. 469 (Patent v. 14. 11. 1760).

[127] *Mylius* IV, II, 1. Kap. Nr. 5 Sp. 8 (Anschlag der Landsteuer v. 1573); VI, II, Nachlese Nr. 14 Sp. 62 (Dienst-Reglement v. 26. 10. 1720), wo darauf hingewiesen wird, daß die Schulzenhöfe, die teils im Besitz von Adligen, teils in dem von königlichen Bedienten und Beamten sind, mit tüchtigen Leuten besetzt werden müssen, weil sie nicht dem Nutzen der Schulzen, sondern dem der „Herrschafft und Unterthanen" dienen sollen.

[128] Siehe die Beispiele in der vorigen Anm.

[129] Siehe *Lotz* S. 84; für Sachsen und Hannover galt dies noch im 19. Jahrhundert — *Lotz* S. 467, 500.

[130] *Mylius* VI, I Nr. 45 Sp. 135 (Resolution v. 22. 12. 1593); ähnlich VI, I Nr. 69 Sp. 191 f. (Versicherung v. 30. 8. 1610); VI, I Nr. 71 Sp. 209 ff. (Landtagsabschied und -revers v. 11. 6. 1611).

2. Kapitel: Die Zeit des Übergangs

in die Dienste des brandenburgischen Landesherrn zu treten, ein ihrem Rang entsprechendes Amt erhielten[131].

a) Die Ausbildung als Voraussetzung für die Aufnahme in die Beamtenschaft

Eine gewisse Wandlung gegenüber den früheren Zuständen zeichnete sich jedoch bereits in der erwähnten Resolution von 1593 ab.

Auch von den Söhnen der Adligen, die in die Verwaltung eintreten wollten, wurde nunmehr eine geeignete Ausbildung gefordert. Sie mußten studiert oder zumindest Erfahrungen in Bereichen gesammelt haben, die für die Verwaltungstätigkeit von Wichtigkeit waren[132].

Der Große Kurfürst, der um die Mitte des 17. Jahrhunderts Landesherr der Marken war, nahm gerade in der Frage der Besetzung von Verwaltungsstellen eine recht schwankende Haltung ein.

Er bestätigte grundsätzlich das Primat des Adels bei der Ämterbesetzung. Manche Verwaltungsstelle, die bisher ein Adliger eingenommen hatte, übertrug er jedoch auf einen Bürger[133].

Am 2. 4. 1654 versicherte er in einem Schreiben an die pommerschen Landtagskommissare:

„... Damit nun dieselben zur raison gebracht werden mögen, So wollet Ihr Ihnen zu gemüthe führen, daß gleichwohl in der ganzen Welt herkommens, daß der Ritterstand in collatione officiorum ein Vorzug vor dem bürgerlichen Stande haben ...[134]."

Dagegen versprach er im Jahre 1653 in einem Landtagsrezeß, Adlige *und Bürger* gegenüber Fremden bei der Besetzung der „Praelaturen, Geistl. beneficien, dignitäten, Rathsstellen, und vornehmen Landesofficien" zu bevorzugen. Außerdem sollten Söhne nicht wegen der Verdienste ihrer Eltern, sondern nur wegen eigener angestellt werden. Allerdings behielt sich der Herrscher vor, qualifizierte Fremde, die dem Lande gute Dienste getan hatten, „mit beneficien undt Landt-Aemptern zu begnadigen"[135].

b) Die doppelte Treubindung des als Beamter tätigen Vasallen

Alle diese Maßnahmen bezweckten die Schaffung eines von ständischen Anschauungen möglichst freien Beamtentums. Dennoch konnten

---
[131] Zum Indigenatsrecht *Isaacsohn* II S. 138 f.
[132] *Lotz* S. 84.
[133] *Isaacsohn* II S. 138.
[134] *Isaacsohn* II S. 140 Anm. 5.
[135] *Mylius* VI, I Nr. 118 Sp. 431 (Landtagsrezeß v. 26. 7. 1653).

B. Die Übergangszeit in Brandenburg-Preußen

sie nicht verhindern, daß in der Praxis weiterhin ein großer Teil der Amtsstellen mit Vasallen besetzt wurde[136].

Die Bedeutung dieser Tatsache für das Verhältnis zwischen Herrscher und Beamten und damit für die Ausgestaltung des Beamtenrechtes ist nicht zu unterschätzen. Denn die Beamten, die gleichzeitig die Stellung von Lehnleuten hatten, waren sich ihres doppelten persönlichen Bandes zum Herrscher wohl bewußt. Dieses Bewußtsein wurde vom Landesherrn gefördert. Es lag in seinem Interesse, seinen Bediensteten immer wieder vor Augen zu führen, welch starke Bindung zwischen ihnen und ihm vorhanden war.

Das zeigt sich z. B. in einer Beamtenbestallung Joachims II., in der er den neuernannten Rat Achatius von Veltheim auf seine Pflichten hinwies. Er machte deren Erfüllung nicht nur von seinem Beamtenstatus abhängig, sondern verlangte sie auch aufgrund seiner Stellung als Adliger, als Vasall also. In der Bestallung heißt es:

„... Dagegen sol und wil er uns ... zu yder zeit uf uns und unser erben erfordern in allen und yden gescheff ten ... sich treulich und fleißig brauchen lassen, unser bestes befordern, schaden und nachteil wenden und vorhüten helffen, *wie einem rittermessigen vom Adel und getrewen diener eigent und gebürt,* gleich andern unsern diener und vorwandten...[137]."

So wurde auch im Jahre 1620 der erste kurfürstliche Kriegskommissar Joachim von Lossow in seiner Bestallung zur Leistung getreuer Dienste aufgefordert. Der Landesherr tat dies unter Bezugnahme auf seine Eigenschaft als „geborner Unterthan, Lehnmann und Bedienter"[138].

Auch die Beamten selbst bezogen sich manchmal auf die doppelte Treubindung. Noch 1663 unterzeichnete Otto v. Schwerin, der Oberpräsident aller Kollegien, ein Schreiben an den Kurfürsten mit „Ew. Chf. Dchl. unterthänigster und treugehorsamster *Diener und Vasall*"[139]. Er mag diese Unterschrift zwar u. a. deshalb gewählt haben, weil es in dem Brief um die Ablösung des Lehndienstes ging. Daneben wehrte v. Schwerin sich in dem Schreiben gegen Angriffe auf seine Person. Ein zweiter Grund wird daher gewesen sein, dem Herrscher seine doppelte, besonders enge und starke Bindung an ihn zu zeigen, auf die dieser jederzeit vertrauen könne.

Das Bewußtsein von dem Bestehen eines zweifachen Bandes war also in beiden Partnern noch um die Mitte des 17. Jahrhunderts lebendig.

---

[136] *Isaacsohn* II S. 138 f.
[137] *Riedel* III, III Nr. 325 S. 455 (Urk. v. 29. 9. 1538).
[138] Siehe die Bestallungsurkunde v. 8. 6. 1620 — abgedruckt bei *Isaacsohn* II S. 163 ff. (165).
[139] Schreiben vom September 1663, abgedruckt bei *Isaacsohn* II S. 157 Anm. 1.

Auch zu dieser Zeit noch bestand es nicht nur theoretisch, sondern man zog praktische Konsequenzen daraus. Welche Bedeutung muß diese Doppelbindung erst in den vorhergehenden Jahrhunderten gehabt haben, in denen das Lehnverhältnis enger und fester war! Es konnte natürlich sehr leicht geschehen, daß dabei Pflichten, die ursprünglich aus dem Vasallitätsband entstanden waren, nun aus beiden Verhältnissen begründet wurden. Später stützte man sie dann gar allein auf das Beamtenverhältnis. Häufig werden sich die Partner bei der Erfüllung einzelner Verpflichtungen gar nicht klargemacht haben, ob sie diese oder jene Handlung wegen des bestehenden Lehnverhältnisses oder aufgrund der beamtenrechtlichen Bindung vornahmen[140]. So war es möglich, daß sich bei allen Beamten, die zugleich die Stellung eines Vasallen hatten, die Grenzen zwischen den beiden Verhältnissen verwischten. Im 14., 15. und 16. Jahrhundert waren der weitaus überwiegende Teil, im 17. und 18. Jahrhundert noch eine erhebliche Zahl aller bedeutenderen Beamten gleichzeitig Lehnmannen. Aus diesem Grunde verschwammen die Grenzen beider Treubänder nicht nur bei dem einzelnen Betroffenen, sondern es wurden in großer Breite lehnrechtliche Gedanken in das Beamtenwesen insgesamt aufgenommen. Auf diesem Umwege fanden sie dann auch auf die nicht vasallitisch gebundenen Beamten Anwendung. Sie wurden schließlich Teil des Beamtenrechts überhaupt. Als solche wurden und werden sie heute noch empfunden. Das Bewußtsein ihrer Herkunft jedoch ist bei uns im allgemeinen geschwunden.

c) Das Beamtenverhältnis als persönliches Band zum Herrscher

Wie sehr man das Beamtenverhältnis noch in neuerer Zeit als ein persönliches, fast vasallitisches Band zwischen Herrscher und Beamten auffaßte, zeigte sich z. B. im Jahre 1888. Als die Könige Friedrich III. und Wilhelm II. die Regierung antraten, mußten alle preußischen Beamten einen neuen Treueid auf die nunmehr regierenden Herrscher ablegen[141]. Das geschah zu einer Zeit, in der der Eid nicht mehr den Namen eines bestimmten Königs enthielt, sondern auf den „König von Preußen" abgelegt wurde[142]. Er wurde ihm nicht als Person, sondern als

---

[140] Nach *Isaacsohn* III S. 213 ging dies so weit, daß Friedrich Wilhelm I. und Friedrich II. ihre Beamten vornehmlich als Vasallen und Untertanen betrachteten, die schon aufgrund dieser Stellung zu tadelloser Pflichterfüllung verpflichtet waren. Daneben stand die aus dem bei Dienstantritt geleisteten Amtseid erwachsene Pflicht.

[141] Siehe *Lotz* S. 434.

[142] In früherer Zeit fand beim Regierungsantritt jedesmal eine neue Vereidigung statt — siehe z. B. *NCCM* (1786) Nr. 49 Sp. 139 f. (Reskript v. 17. 8. 1786). Für wie persönlich man das Verhältnis hielt, wird auch an einem Publikandum von 1807 deutlich, als nach der Eroberung Preußens durch Napoleon bei der Abtretung einer Provinz auch die Beamten aus ihrer Pflicht gegenüber dem König entlassen wurden — *NCCM* (1807) Nr. 14 Sp. 249 f. (Publikandum v. 29. 8. 1807); für Bayern siehe *Lotz* S. 295.

Staatsoberhaupt geleistet[143]. Aus den Beamten des Landesherrn waren Staatsbeamte geworden. Die Gründe für die erneute Vereidigung liegen nicht so sehr auf rationalem, sondern mehr auf gefühlsmäßigem und vor allem historischem Gebiet. Noch immer hielt man nach alter Gewohnheit daran fest, daß doch ein ganz persönliches Band zwischen dem Herrscher und den Staatsdienern bestehe.

5. Die Trennung von Lehn- und Beamtenwesen

Waren auch viele lehnrechtliche Elemente in das Beamtenrecht übergegangen, so machte sich gegen Ende des 17. Jahrhunderts doch eine langsame Trennung zwischen Lehn- und Beamtenwesen bemerkbar.

Die Verwaltungsaufgaben, die die Vasallen in ihrer Eigenschaft als Lehnleute zu erfüllen hatten, verloren immer stärker an Bedeutung. Nach und nach wurden diese Verwaltungsstellen gänzlich aufgehoben. Auch vergab der Landesherr Ämter kaum noch als Lehen. Mehr und mehr Angehörige des Bürgerstandes traten als Inhaber auch wichtigerer Staatsämter neben die adligen Beamten, die aber dennoch einen verhältnismäßig hohen Anteil an der Regierung und Verwaltung des Landes behielten.

Die Trennung von Lehn- und Beamtenwesen wurde begünstigt durch die Intensivierung und Ausdehnung der Verwaltungstätigkeit. Sie erforderte qualifizierte Beamte, die sich ausschließlich ihrem Amte widmeten. Derartiges war in allen deutschen Territorien zu beobachten. In einigen setzte es sich früher durch, in anderen später. Der Ausgangspunkt dieser Auffassung über die Verwaltungsarbeit lag in Brandenburg-Preußen.

Bereits im Jahre 1693 schrieb der Landesherr in einem Reskript vor, daß die zukünftigen Räte des Kammergerichts vor ihrer Einstellung eine Proberelation zu verfassen und sich einer Prüfung zu unterziehen hätten[144]. In der folgenden Zeit wurden in einer Vielzahl von Erlassen genaue Vorschriften über die Berufsqualifikation und die abzulegenden Prüfungen geschaffen. Diese Erscheinung ist in allen Verwaltungsbereichen, vor allem auf dem Gebiete der Justiz zu beobachten[145].

---

[143] *Lotz* S. 434.
[144] *Mylius* II, I Nr. 79 Sp. 201 f. (Reskript v. 22. 8. 1693).
[145] Z. B. *Mylius* II, I Nr. 119 Sp. 359 (Kammergerichts-Ordnung v. 1. 3. 1709); II, I Nr. 140 Sp. 569 f. (Reskript v. 3. 3. 1715); II, I Nr. 149 Sp. 587 ff. (Reskript v. 4. 4. 1716); 1. Continuatio (1737) Nr. 70 Sp. 101 ff. (Edikt v. 9. 12. 1737); *NCCM* (1755) Nr. 82 Sp. 891 ff. (Reglement v. 12. 11. 1755); (Supplem. nach 1765) Nr. 68 Sp. 1331 f. (Zirkularverordnung v. 27. 8. 1761); für Hannover *Lotz* S. 275, 469; für Sachsen *Lotz* S. 301; für Hessen *Lotz* S. 302; für Württemberg *Lotz* S. 536 f.; für Ansbach *Puchta* S. 114, 159 f.

Ein Schritt in Richtung auf die Spezialisierung der Beamten wurde getan, als man Verwaltung und Justiz trennte[146]. Weitere Einrichtungen, die zu einer gewissen Eigenständigkeit des Beamtenwesens führten und es vom Lehnwesen unterschieden, waren die Einführung der Residenzpflicht für Beamte[147] und das Verbot von Nebenbeschäftigungen[148].

All diese Bestimmungen bewirkten ein Auseinanderstreben von Lehn- und Beamtenwesen. Sie führten dazu, daß die Beamten sich als neuer Stand zu fühlen begannen[149]. Vor allem unter Friedrich Wilhelm I., aber auch schon unter dem Großen Kurfürsten zeigte es sich, daß selbst die im Dienst des Herrschers stehenden Adligen sich mehr dem Beamtentum als dem Adel verbunden fühlten[150]. So entstand ein Beamtentum, in dem ständische Anschauungen eine für damalige Begriffe sehr untergeordnete Rolle spielten[151].

Andererseits wurden viele Beamte wegen ihrer Verdienste in den Adelsstand erhoben, so daß neben den alten Adel ein neuer Verwaltungsadel trat[152]. Auch in diesem tatsächlichen Sinne stimmte daher das Wort, daß der Fürstendienst adele[153].

VI. Das Generalerbpostmeisteramt zwischen Lehn- und Beamtenwesen

Ein Beispiel soll zum Abschluß zeigen, daß auch im 18. Jahrhundert trotz der langsamen Trennung von Lehn- und Beamtenwesen noch keine tiefe Kluft zwischen den beiden Rechtskreisen bestand.

Das Amt des Leiters des Postwesens hatte seit der Zeit seines Entstehens bis zum Jahre 1700 ein Beamter inne. In der Regel war der erste Minister gleichzeitig Chef der Post[1]. Er versah dieses Amt in seiner Eigenschaft als Beamter; als Lehen wurde es nicht vergeben.

Das änderte sich am 15. Juni 1700. Der brandenburgische Kurfürst und König von Preußen Friedrich III./I. wollte seinen Oberkammerherrn, den Grafen von Wartenberg, für seine Verdienste um die Erwerbung der preußischen Königswürde belohnen[2]. Zu diesem Zwecke wan-

---

[146] Siehe *NCCM* (1753) Nr. 9 Sp. 437 (Zirkular v. 26. 2. 1753); (1753) Nr. 12 Sp. 439 f. (Verordnung vom 15. 3. 1753); (1770) Nr. 40 Sp. 7047 ff. (Reglement v. 26. 5. 1770).
[147] *Mylius* 1. Continuatio (1738) Nr. 34 Sp. 181 f. (Edikt v. 2. 8. 1738).
[148] *NCCM* (1767) Nr. 36 Sp. 879 ff. (Publikandum v. 28. 5. 1767); Sonderbestimmungen in *KPGS* (1839) Nr. 2037 S. 235 (Kabinettsorder v. 13. 7. 1839).
[149] *Isaacsohn* III S. 128 f., 201 f.; *Lotz* S. 208.
[150] *Isaacsohn* II S. 138 f.; III S. 127 f.
[151] *Isaacsohn* II S. 138 f., 208.
[152] *Isaacsohn* III S. 75 f.
[153] Siehe dazu *Hintze* S. 39 f.
[1] *Stephan - Sautter* S. 119.
[2] *Lotz* S. 113.

delte er die Stellung des Chefs der Postverwaltung in die eines Generalerbpostmeisters für die gesamten kurbrandenburgisch-preußischen Lande um. Mit dieser Würde belehnte er den Grafen Wartenberg und dessen männliche Nachkommen[3]. Am 21. 6. 1700 leistete der Graf den Lehneid[4].

Die Übereinstimmung von Vasallen- und Beamtenstellung ging hier so weit, daß ihm neben einem bestimmten Prozentsatz an den Postgebühren eine „Besoldung" von 1000 Reichstalern zuerkannt wurde[5]. Man benutzte hier einen Ausdruck, der an keiner anderen Stelle im Zusammenhang mit Vasallen genannt wurde. Er war sonst den Beamten zur Bezeichnung des ihnen gewährten Entgelts vorbehalten. Möglicherweise wurde er deshalb beibehalten, weil das Amt des Leiters der Postverwaltung im Bewußtsein der Zeitgenossen so sehr als der Posten eines Beamten verankert war, daß man den Namen für sein Entgelt nicht ändern wollte oder es gar vergaß.

Die Position wurde vor allem aus Repräsentationsgründen geschaffen. In die praktische Verwaltung des Postwesens griff der Graf kaum ein[6]. Wenn man weiterhin berücksichtigt, daß als Entlohnung u. a. der dreißigste Pfennig des Überschusses gewährt wurde, dann gewinnt man den Eindruck, es habe sich weniger um ein Amtslehen, als vielmehr um ein Rentenlehen gehandelt. Dennoch ändert das nichts daran, daß wir hier den Fall einer bisher als „Amt" versehenen Verwaltungsstelle vor uns haben, die in ein Lehen verwandelt wurde.

Es geschah also das genau Umgekehrte von dem, was in allen anderen, gewöhnlichen Fällen eintrat: Die bisher als Lehen vergebene Verwaltungsstelle wurde nicht zu einem „echten Amt" gemacht, sondern man verwandelte die ursprüngliche Beamtenstelle in ein Lehen.

Man kann die Belehnung mit der Generalerbpostmeisterwürde als „Rückfall in mittelalterliche Zustände" beklagen[7]. Sie zeigt jedoch in aller Deutlichkeit, daß etwas Derartiges für das 18. Jahrhundert noch durchaus denkbar war. So groß war die Trennung zwischen Lehn- und Beamtenrecht noch nicht, daß der Übergang einer Verwaltungsposition von einem Rechtsbereich in den anderen als unmöglich erschien. Man war sich sehr wohl des auch weiterhin bestehenden engen Zusammenhanges zwischen beiden bewußt. Ein solcher Wechsel erschien daher vielleicht als ungewöhnlich — dafür sorgte die langsam fortschreitende Trennung der Rechtskreise —, völlig undenkbar war er jedoch nicht.

---
[3] Siehe *Mylius* IV, I, 3. Kap. Nr. 22 Sp. 863 ff. (Patent v. 11. 5. 1700 nebst Beilagen A und B).
[4] *Mylius* IV, I, 3. Kap. Nr. 22 Sp. 863 ff. (Patent v. 11. 5. 1700) nebst Beilage B).
[5] *Mylius* IV, I, 3. Kap. Nr. 22 Sp. 864 (Patent v. 11. 5. 1700).
[6] So *Stephan - Sautter* S. 121 f.
[7] So *Lotz* S. 113.

2. Kapitel: Die Zeit des Übergangs

Es ist allerdings zuzugeben, daß es sich hier um einen Einzelfall handelte, der außerdem nur knapp 11 Jahre währte. Er blieb ein kurzes, aber kennzeichnendes Intermezzo. Denn mit der Entlassung des Grafen als Oberkammerherr am 6. 1. 1711[8] wurde auch die Verleihung des Generalerbpostmeisteramtes kassiert[9]. Die Stellung eines Leiters des Postwesens wurde nunmehr wieder von einem beamteten Staatsdiener als „Amt" verwaltet[10].

C. Ergebnis

Das Ergebnis lautet somit: In der Zeit vom Ende des 14. bis ins 18., in manchen Dingen sogar bis ins 19. Jahrhundert hinein hat es eine Übergangsperiode gegeben, in der als Amtsträger sowohl Lehnleute als auch Beamte tätig waren.

Viele Vasallen waren über ihren Lehnmannstatus hinaus gleichzeitig Beamte, standen also in einem Doppelverhältnis zum Landesherrn.

Die gemeinsamen Aufgaben und die häufige Identität von Vasallen und Beamten führten zu einem Übergang vieler für die Lehnleute getroffener Regelungen in das Beamtentum.

Lehnleute und Beamte wurden daher in vielen Dingen gleichbehandelt. Beide hatten häufig die gleichen Vorrechte. So kam es schließlich zu einer Gleichachtung und einer gleichen sozialen Einschätzung von Vasallen und Beamten in vergleichbaren Stellungen.

Daher stimmt für die damalige Zeit auch in dieser Hinsicht der oben in anderem Zusammenhang bereits erwähnte Satz[1], daß der Fürstendienst adele.

---

[8] *Acta Borussica* I Nr. 66 S. 215 Anm. 7 (Schreiben v. 30. 6. 1712).
[9] *Lotz* S. 113.
[10] Siehe *Stephan - Sautter* S. 122 ff.
[1] Siehe oben 2. Kap. B V 5.

Drittes Kapitel

Lehneid und Beamteneid

Im vorigen Kapitel wurde dargestellt, daß viele Elemente und Institute des Lehnrechtes in das Beamtenrecht übernommen wurden. An einem markanten Beispiel soll nunmehr gezeigt werden, wie weit die Rezeption ging. Für diese Untersuchung eignet sich besonders gut der Eid[1]. Er war sowohl von den Vasallen als auch von den Beamten bei Abschluß der Sonderverbindung mit dem Lehn- bzw. Dienstherrn zu leisten.

A. Der Treuebegriff

Bei diesem Eid handelte es sich zunächst um einen reinen Treueid. Man erfaßt daher das Wesen sowie den gesamten Inhalt der Eide und ihrer häufig sehr vielfältigen Einzelregelungen mit einem Wort, wenn man sagt, daß die Lehnleute und Beamten ihren jeweiligen Herren Treue schworen. Denn alle in den Eiden näher beschriebenen und festgelegten Einzelpflichten der Schwörenden[2] waren letztlich ein Ausfluß dieses Treuegedankens. Daher wurden einerseits die Form des Eides und die in ihm enthaltenen Formulierungen von der jeweiligen Auffassung des Treuebegriffes geprägt. Umgekehrt wirkte auch die stetig steigende Bedeutung des Eides auf die Auslegung des Begriffes der Treue zurück. Beider Schicksale waren untrennbar miteinander verwoben. Will man also den Inhalt und die Bedeutung der Lehn- und Beamteneide miteinander vergleichen, so muß man zunächst die Wege verfolgen, die die Auffassung über die Treue gegangen ist.

I. Das Fehlen des Treueides in der gallorömischen Vasallität

In der gallorömischen Vorform der Vasallität war das Element der Treue nicht enthalten[1]. Der Mann hatte daher bei seinem Eintritt in

---

[1] Zum Wesen des Eides im allgemeinen siehe *Lasch, Schmidt, Friesenhahn, Everling, Hattenhauer* in ZRG GA 83 (1966), 258 ff.; zum Untertaneneid vgl. *Wiesmann*.

[2] Siehe die Beispiele unten 3. Kap. B II.

[1] Siehe oben 1. Kap. B I 1.

diese besonders enge Verbindung zum Herrn keinen Treueid abzulegen[2]. Denn zu dieser Zeit war der Schwur die Treue selbst[3]. Beide Begriffe wurden synonym gebraucht[4].

Aufgrund der Vasallität alten Stiles wurde nur Gehorsam geschuldet[5]. Das hatte für den Herrn seine Vor- und Nachteile. Der Vorteil lag vor allem darin, daß der Mann bei der Erfüllung seiner Gehorsamspflicht praktisch den Willen seines Herrn an die Stelle seines eigenen setzte. Er hatte keine Möglichkeit, die Handlungen, die der Herr von ihm verlangte, durch seinen eigenen Verstand zu kontrollieren. Kritik war so lange ausgeschlossen, wie die Wünsche des Herrn sich mit dem Status des Vasallen als dem eines freien Mannes vereinbaren ließen[6]. Das Verhältnis bekam dadurch etwas absolutes. Es unterlag den Anschauungen von Befehl und Gehorsam[7], forderte von dem Mann also die widerspruchslose Ausführung der gegebenen Anweisungen.

Daraus erwuchs gleichzeitig ein entscheidender Nachteil: Die Vasallen der beschriebenen Art hatten nur auf besondere Anweisung oder bei periodisch wiederkehrenden Einzelleistungen tätig zu werden. Ein loyales Dauerverhalten wurde von ihnen nicht verlangt[8].

II. Die Einführung der Treue in das Vasallitätsverhältnis

Das änderte sich, als aus der germanischen Gefolgschaft das Element der Treue in die Vasallität übernommen wurde. Das geschah in einer für die damalige Zeit typischen Weise: Der Herr sicherte sich die Treue seines Vasallen, indem er ihn einen Treueid schwören ließ. Dieser wurde sogar zu einem konstitutiven Element bei der Begründung des Lehnverhältnisses erhoben[1].

Mit der Einführung der Treue in das Vasallitätsverhältnis wurde der Lehnmann nun zu jenem loyalen Dauerverhalten gegenüber dem Herrn verpflichtet, daß dieser aufgrund der Gehorsamspflicht nicht zu fordern berechtigt gewesen war.

---

[2] Zweifelnd *Ganshof* Lehnswesen S. 7.
[3] *Hattenhauer* ZRG GA 83 (1966), 264.
[4] Dazu *Hattenhauer* ZRG GA 83 (1966), 265.
[5] Siehe MGH Form. S. 158 Nr. 43, wo es heißt: „... ingenuili ordine tibi servicium vel obsequium inpendere debeam ..."; vgl. auch oben 1. Kap. B I 1.
[6] Siehe oben 1. Kap. B I 1; *Ganshof* Lehnswesen S. 85.
[7] *Mitteis* Lehnrecht S. 79.
[8] *Mitteis* Lehnrecht S. 48.
[1] *Mitteis* Lehnrecht S. 479.

A. Der Treuebegriff

1. Der negative Kern der Treue

Ein Anhalt dafür, daß dieser Treuebegriff in seinem Kern negativ war[2], ergibt sich bereits aus der Verpflichtung zu einem *Dauerverhalten*. Denn auch eine Vielzahl von positiven Handlungen des Vasallen kann immer nur als eine Summe von Einzelleistungen angesehen werden, nicht jedoch als Dauerverhalten. Als positives Dauerverhalten kommt allenfalls eine ständige Dienstbereitschaft in Betracht[3]. Eine solche wurde jedoch ursprünglich nicht geschuldet. Das Dauerverhalten konnte also in jener Zeit nur darin bestehen, daß der Lehnmann sich während des Bestehens des Vasallitätsverhältnisses jeglicher gegen den Herrn gerichteten Handlungen enthielt.

Seine Treue mußte getragen sein von dem Willen, dem Herrn nicht schaden zu wollen und ihm keinen Nachteil zuzufügen. Das primäre Element des Treuebegriffes war somit ein *Unterlassen*[4].

Das ergibt sich auch aus einem Kapitular Karls des Großen aus dem Jahre 802, in dem die allgemeine Auffassung über das Wesen der Treue folgendermaßen wiedergegeben wurde:

„... non, ut multi usque nunc extimaverunt, tantum fidelitate domno imperatori usque in vita ipsius, et ne aliquem inimicum in suum regnum causa inimicitiae inducat, et ne alicui infidelitate illius consentiant aut retaciat...[5]."

Daß das negative Element der Treue vor allem während der Karolingerzeit in den Vordergrund gestellt wurde, erklärt sich auch daraus, daß man den Treueid eigentlich gar nicht benötigte. Der Vasall war auch ohne ihn zur Erbringung positiver Leistungen gezwungen. Da es sich bei ihnen primär um die Erfüllung der Dienstpflichten handelte, konnte der Herr ihre Erbringung bereits aufgrund der geleisteten Kommendation verlangen. Ausschließlich auf ihr beruhte zu dieser Zeit noch die Dienstpflicht, während sich aus dem Treueid lediglich die soeben beschriebene Treupflicht ergab[6].

2. Die Ethisierung der Treue

Man kann sich dennoch leicht vorstellen, daß es bei der im Kern negativen Begriffsbestimmung der Treue nicht blieb. War man z. B. ver-

---

[2] So auch *Ganshof* Lehnswesen S. 36, 88 f.; *Mitteis* Lehnrecht S. 48 f.
[3] *Mitteis* Lehnrecht S. 482.
[4] *Mitteis* Lehnrecht S. 48.
[5] MGH Cap. I Nr. 33 § 2 S. 92: „... es handelt sich nicht nur, wie viele bisher geglaubt haben, um eine Treue gegen den kaiserlichen Herrn in bezug auf dessen Leben und nicht nur darum, aus Feindschaft gegen ihn keinen Feind in sein Reich hineinzulassen und keinen Treubruch eines anderen zu billigen oder zu verschweigen ..."; dazu *Ganshof* Lehnswesen S. 35 f.
[6] *Mitteis* Lehnrecht S. 481 f.

pflichtet, alles für den Herrn Nachteilige zu unterlassen, so lag der Gedanke nahe, eine Verletzung dieser Unterlassungspflicht bereits darin zu sehen, daß man einen Dritten nicht daran hinderte, den Herrn zu schädigen. Denn mittelbar fügte der Vasall selbst ihm durch die unterlassene Anzeige oder durch die Nichtabwendung der Handlung einen Schaden zu. Es war daher nur ein Schritt, um aus dem negativen Kern des Begriffes positive Leistungspflichten zu deduzieren[7].

Gefördert wurde die „Positivierung des Treuebegriffs" durch die Schaffung von Lehnverhältnissen, bei deren Begründung keine Mannschaft geleistet wurde[8]. Hier stützte man die Gesamtheit der den Vasallen treffenden Pflichten — einschließlich der früher aus dem homagium abgeleiteten — auf den Treueid. Er wurde mit positivem Inhalt gefüllt und ersetzte so das homagium[9], indem er dessen Aufgaben mitübernahm[10].

3. Die Relativierung der Vasallität durch die Treue

In gewisser Weise relativierte man dadurch das Verhältnis zwischen Lehnherr und Vasall. Zwar war der Lehnmann nun zu einem Dauerverhalten verpflichtet. Andererseits aber wurde ihm mit der Eigenverantwortung für sein Tun das Recht zugestanden, das von ihm geforderte Verhalten kritisch zu überprüfen. Er konnte es also z. B. auf seine Zumutbarkeit hin untersuchen. Vor allem aber war er berechtigt, nunmehr vom Herrn die gleiche Treue zu fordern, denn die Treue beruht immer auf Gegenseitigkeit[11].

4. Die nicht-ethisierende Auffassung von der Treue

Wie auf allen anderen Gebieten[12] waren die Menschen der damaligen Zeit auch hier Praktiker, denen das Denken in abstrakten Begriffen ungewohnt war. Daher mußte die Treue für sie anschaulich und praktikabel sein.

Das zeigt sich noch im 11. Jahrhundert, als Fulbert von Chartres den Inhalt der Treupflicht zu formulieren suchte. Aufgrund seiner hohen Bildung[13] besaß er an sich die Fähigkeit zur Abstraktion. Ohne sich offenbar seines Vorgehens bewußt zu sein, versuchte er dennoch von

---

[7] *Mitteis* Lehnrecht S. 532, 482.
[8] *Mitteis* Lehnrecht S. 488 ff.
[9] Zum Begriff siehe oben 1. Kap. B II 3.
[10] *Mitteis* Lehnrecht S. 489.
[11] *Mitteis* Lehnrecht S. 533.
[12] Siehe oben 1. Kap. B II 5 b.
[13] Dazu *Ganshof* Lehnswesen S. 86; *Mitteis* Lehnrecht S. 312.

A. Der Treuebegriff

vornherein keine abstrakte Definition der Treue. Stattdessen umschrieb er sie — als sei das völlig selbstverständlich —, indem er lediglich die aus ihr erwachsenden konkreten Pflichten aufzählte.

So heißt es in einem Brief Fulberts an Herzog Wilhelm V. von Aquitanien aus dem Jahre 1020:

„... Qui domino suo fidelitatem iurat, ista sex in memoria semper habere debet: incolume, tutum, honestum, utile, facile, possibile...[14]."

Nach der schlagwortartigen Aufzählung dieser Begriffe folgt eine nähere Darstellung der einzelnen Pflichten, die sich aus ihnen für den Vasallen ergeben. Dabei nannte auch Fulbert noch als erstes eine Vielzahl von Unterlassungspflichten. Er sagte dann ausdrücklich, daß ihre Erfüllung allein nicht genüge, um ein treuer Vasall zu sein. Man müsse nicht nur Böses unterlassen, sondern gleichzeitig Gutes tun. Die Darstellung endete mit einer Aufzählung der Pflichten zu positivem Tun.

Diese Umschreibung der Treue hatte nicht nur im 11. Jahrhundert Gültigkeit. Sie behielt bis in die Neuzeit hinein ihre Bedeutung, mochten sich auch die Schwerpunkte verschoben haben.

Die Worte Fulberts gingen in das Decretum Gratiani[15] über, von wo sie in die Libri Feudorum[16] gelangten[17]. Auf diesem Wege wurden sie in Deutschland geltendes Recht[18].

Faßt man das Dargestellte zusammen, so hat die Auffassung über den Inhalt der Treue folgende Wandlung durchgemacht: Zunächst wurde aus der Treupflicht lediglich ein Unterlassen geschuldet. Die Ableitung einzelner positiver Pflichten aus dem Treubegriff war nicht erforderlich, da der Lehnmann zu ihrer Erfüllung schon aufgrund des geleisteten homagium verpflichtet war.

Als die Zahl der Vasallen ohne homagium stieg, war man gezwungen, den Rechtsgrund für die von dem Lehnmann zu erbringenden Leistungen in seiner Treuverpflichtung gegenüber dem Herrn zu suchen. Man deduzierte daher aus dem negativen Kern der Treue die Pflicht zur Erfüllung positiver Leistungen, die man im einzelnen näher bestimmte.

Mit dieser äußerlichen, nicht ethisierenden Auffassung über die Treue gab man sich jahrhundertelang zufrieden. Während dieser Zeit änderte sich nichts am Treubegriff.

---

[14] So wiedergegeben bei *Mitteis* Lehnrecht S. 313 Anm. 153; *Ganshof* Lehnswesen S. 87: „... Wer seinem Herrn Treue schwört, soll folgender sechs Worte eingedenk sein: unversehrt, sicher, ehrbar, nützlich, leicht, möglich ...".
[15] C. 22 qu. 5 cap. 18.
[16] LF II, 6.
[17] Siehe *Mitteis* Lehnrecht S. 314 Anm. 154.
[18] Dazu oben 1. Kap. B V.

B. Der Treueid in Lehn- und Beamtenrecht

Dieser Werdegang der Auffassungen läßt sich am Treueid des Vasallen, an seiner Ausführlichkeit und an seinen Formulierungen, ablesen.

Als der Treubegriff erst einmal seine umfassende Gestalt gewonnen hatte, mußte das natürlich zu Änderungen bei der Formulierung des Eides führen. Dann allerdings blieben die Form und die Worte des Eides bis ins 18. Jahrhundert hinein die gleichen. Die manchmal zu bemerkenden geringen Veränderungen bezogen sich immer nur auf unwesentliche Dinge. Sie bestanden häufig in einer bloßen Umstellung der Reihenfolge der Formelteile. Sie waren mehr durch die individuellen Wünsche des jeweiligen Lehnherrn veranlaßt, als daß sie eine wirkliche Änderung des Inhalts herbeiführen sollten.

Der große Zeitraum, in dem der Lehneid in gleichbleibender Form und mit unveränderten Formulierungen gebraucht wurde, macht es verständlich, daß er ohne Änderungen auch in das Beamtenwesen Eingang fand. Die Beamten waren wie die Lehnleute zur Treue verpflichtet und hatten außerdem die gleichen Aufgaben wie diese zu erfüllen[1]. Es empfahl sich daher, sie auch den gleichen Eid in seiner bisherigen Form schwören zu lassen. Denn ein Schwur, der so lange unverändert geblieben war, hatte zunächst die Wahrscheinlichkeit für sich, daß er kaum verbesserungsfähig sei.

Das Verhältnis Lehn- und Beamteneid gilt es jetzt im einzelnen zu untersuchen und darzulegen[2].

I. Die umfassende Treuformel im Lehneid

Als der Treueid bei der Begründung der Vasallität neben die Mannschaftsleistung trat, war er zunächst von äußerster Kürze. Der Lehnmann schwor seinem Herrn lediglich Treue, ohne daß diese in ihren Einzelheiten näher erläutert wurde.

So forderte im Jahre 802 Karl der Große von seinen Vasallen einen Treueid, in dem es bezüglich ihrer Pflichten lediglich hieß:

---

[1] Siehe oben 1. Kap. C.

[2] Es erscheint dabei zulässig, für den Nachweis bestimmter Formulierungen auch die Lehnreverse und Beamtenbestallungen heranzuziehen. Denn zumindest in dem Teil, in dem sie die dem Verpflichteten obliegenden Pflichten behandeln, sind sie lediglich Zitate aus den dem Herrn geleisteten Eiden. Das zeigt sich in zahlreichen Bestallungen, in denen es nach der Aufzählung der Pflichten heißt: „... wie er dann des eyd unnd pflicht gethan ...". Siehe z. B. *Riedel* III, III Nr. 137 S. 163 (Urk. v. 7. 5. 1505); III, III Nr. 216 S. 254 (Urk. v. 29. 7. 1515); III, III Nr. 325 S. 456 (Urk. v. 29. 9. 1538); *Raumer* II Nr. 68 S. 282 (Urk. v. 1628); ähnlich *Raumer* II Nr. 4 S. 6 (Urk. v. 1471); II Nr. 76 S. 76 (Urk. v. 1481); II Nr. 56 S. 265 (Urk. v. 1529); II Nr. 58 S. 268 (Urk. v. 1521); II Nr. 60 S. 270 (Urk. v. 1522); II Nr. 65 S. 278 (Urk. v. 1526).

B. Der Treueid in Lehn- und Beamtenrecht

„... Sacramentale qualiter repromitto ego: domno Karolo piisimo imperatori, filio Pippini regis et Berthane, *fidelis sum*, sicut homo per drictum debet esse domino suo, ad suum regnum et ad suum rectum...[1]."

Noch im langobardischen Lehnrecht findet sich eine ähnlich kurze Eidesformel. Sie enthielt außer dem Treueschwur nur das Versprechen, niemandem die Geheimnisse des Herrn zu verraten[2].

Zwar stimmten beide Eidesformeln bezüglich ihrer Kürze überein, und die gebrauchten Formulierungen ähnelten einander sehr. Dennoch waren die Motive für die Knappheit im Ausdruck vollkommen unterschiedlich. Unter Karl dem Großen lag der Hauptgrund darin, daß die Dienstpflichten und viele Leistungen der Vasallen bereits aufgrund des homagium geschuldet wurden. Die Libri Feudorum dagegen gingen davon aus, daß an sich der Treueschwur ausreiche, um alle Leistungen verlangen zu können. Es heißt dort an einer Stelle ausdrücklich, daß lediglich für Unwissende der Inhalt der Treue und die aus ihr erwachsenden Pflichten näher zu umschreiben seien[3].

II. Die Aufzählung von Einzelpflichten in den Eiden

Üblich und allgemein gebräuchlich war eine so kurze Eidesformel zur Zeit der Libri Feudorum jedoch nicht mehr. Als man die Treue zum Rechtsgrund für die zu erfüllenden Pflichten gemacht hatte, begann man, die einzelnen Leistungen des Vasallen und das von ihm geschuldete Gesamtverhalten in den Treueiden genauer darzustellen. Das geschah wohl vor allem, um Irrtümer auszuschließen. Außerdem wollte man weder beim Herrn noch beim Lehnmann Unsicherheiten aufkommen lassen. Zu leicht hätte sich sonst insbesondere der Vasall bei einer Pflichtverletzung herausreden können, er habe sein Verhalten nicht als treuwidrig angesehen.

---

[1] *MGH Cap.* I Nr. 34 S. 102 (Kapitular v. 802): „... Durch diesen heiligen Eid verspreche ich, meinem Herrn Karl, dem sehr frommen Kaiser, Sohn des Königs Pippin und der Bertha, treu zu sein, wie es von rechtswegen ein Mann seinem Herrn zur Erhaltung seiner Herrschaft und zur Wahrung seines Rechtes sein soll...".

[2] *LF* II, 5, wo es heißt: „Juro ego ad haec sancta Dei evangelia, quod a modo *ero fidelis* huic, sicut debet esse vasallus domino, nec id, quod mihi sub nomine fidelitatis commiserit, pandam alii ad ejus detrimentum me sciente".

[3] Nach *LF* II, 7 lautete eine neuere Eidesformel: „Ego Titius juro super haec sancta Dei evangelia, quod ab hac die inantea usque ad ultimum diem vitae meae ero fidelis tibi Caio, domino meo, contra omnem hominem excepto imperatore vel rege". Die *Libri Feudorum* fügen dann hinzu: „... *Quod verbum*, si recte intelligatur (worin doch ein Zweifel an den Kenntnissen der Leser zum Ausdruck kommt), nulla quidem indiget adjectione, sed *integram et perfectam in se continet fidelitatem*. Sed propter simplices et nominis significationis ignaros ad illius verbi interpretationem hoc adjici solet ...". Es folgt eine ins Einzelne gehende Aufzählung der zu fordernden Pflichten und Verhaltensweisen.

Aus diesem Grunde sind bereits vom 9. Jahrhundert an mehr und mehr Eide überliefert, die ausführlich alle Pflichten aufzählen.

Da die Aufgaben der Vasallen nahezu überall die gleichen waren, ergaben sich aus ihnen auch gleiche oder doch sehr ähnliche Pflichten. Das führte dazu, daß ebenfalls die Umschreibungen dieser Pflichten häufig gleichlautend waren. Die in den Eiden benutzten Wendungen nahmen daher bald einen formelhaften Charakter an. Sie wurden schließlich überall in gleicher Weise gebraucht und änderten sich über Jahrhunderte hinweg kaum.

1. Die „consilium-atque-auxilium"-Formel

Eine der ältesten dieser Formeln, die sich als Zusammenfassung[1] und als Bezeichnung des Urgrundes[2] aller vasallitischen Pflichten immer stärker durchsetzte, lautete: „consilium atque (et) auxilium".

Die Wendung, daß der Lehnmann seinem Herrn mit „Rat und Tat" beizustehen habe, zeigt deutlich, wie sehr sich der Inhalt des Treuebegriffs gewandelt hatte. Das negative Element war nicht mehr das Wesentliche. Man war dem Herrn nicht schon dann treu, wenn man jedes schädigende Verhalten gegen ihn unterließ. Die Verpflichtung zu „consilium atque auxilium" ging viel weiter.

Sie verlangte von dem Lehnmann eine dauernde Leistungsbereitschaft, ein Immer-Zur-Verfügung-Stehen[3].

Sie zeigte gleichzeitig, wie wenig Wert man dem negativen Element der Treue noch beimaß. Denn daraus, daß dem Herrn „Rat und Tat" geschuldet wurde, ließ sich zwanglos nur eine positive Leistungspflicht entnehmen. Daß auch ein Unterlassen geschuldet wurde, ergab sich hieraus nicht ohne weiteres.

Man ließ es also einerseits nicht mit einem bloßen Unterlassen des Vasallen genug sein. Andererseits begnügte man sich nicht damit, die aus der Kommendation bzw. dem homagium geschuldeten Leistungen nunmehr einfach aus der Treue zu begründen. Vielmehr abstrahierte man entgegen dem Zuge der damaligen Zeit[4] aus den einzelnen, bereits bekannten Leistungspflichten die Verpflichtung zu „Rat und Tat", zu einem Dauerverhalten also. Dies erschien jetzt als das Primäre, aus dem man nun umgekehrt die Einzelpflichten abzuleiten pflegte[5].

---

[1] *Ganshof* Lehnswesen S. 58.
[2] *Mitteis* Lehnrecht S. 59.
[3] *Mitteis* Lehnrecht S. 59.
[4] Siehe oben 3. Kap. A II 4.
[5] Siehe *Mitteis* Lehnrecht S. 59.

B. Der Treueid in Lehn- und Beamtenrecht 135

Etwa um die Mitte des 9. Jahrhunderts wurde es üblich, in den Lehneiden die Formulierung „consilium atque auxilium" zu gebrauchen.

So findet sich in einem Treueid aus dem Jahre 858 der Satz:
„Quantum sciero et potuero, Domino adiuvante absque ulla dolositate aut seductione et *consilio et auxilio* secundum meum ministerium et secundum meam personam fidelis vobis adiutor ero...[6]."

Auch in den von den Libri Feudorum überlieferten Eiden wurden „consilium" und „auxilium" versprochen. Diese Worte wurden dort jedoch nicht formelhaft in einer Wendung genannt, sondern man führte sie getrennt auf und erläuterte sie anschließend[7].

Die den Vasallen aus dieser Formel erwachsenden Pflichten sind bereits dargestellt worden[8]. Sie bedürfen hier daher nur einer kurzen Erwähnung.

Aufgrund des versprochenen auxilium war der Lehnmann dem Herrn zu Diensten verpflichtet, die in dieser Epoche hauptsächlich aus Kriegsdiensten bestanden[9]. Daneben wurden manchmal Dienste anderer Art geschuldet, wie z. B. die Erledigung von Verwaltungsaufgaben oder das Überbringen von Botschaften[10].

Die Pflicht zum consilium erlegte es dem Vasallen auf, dem Herrn mit seinem Rat beizustehen. In gewisser Weise handelte es sich hierbei auch um eine Form des Dienstes. Das wird besonders daran deutlich, daß sich aus dem versprochenen consilium die Pflicht zur Hoffahrt ergab. Der Lehnmann hatte dabei seinen Herrn auf dessen Geheiß aufzusuchen[11]. Die Hauptaufgabe der Vasallen bei derartigen Gelegenheiten bestand darin, gemeinsam mit dem Herrn in allen vorgelegten Streitfragen Recht zu sprechen[12].

Betrachtet man nun die in späteren Jahrhunderten in Deutschland — vor allem in Brandenburg-Preußen — üblichen Formulierungen der Lehneide, so stellt man fest, daß die Wendung „consilium et auxilium" in ihnen nicht gebräuchlich war. Sie enthielten nur ganz vereinzelt jene umfassende Formel[13], der Vasall sei dem Herrn zu Rat und Tat ver-

---

[6] *MGH Cap.* II Nr. 269 S. 296 (Urk. v. 21.3.858): „... Ich will, wenn ich meinem Herrn nach bestem Wissen und Können ohne Arg- und Hinterlist mit Rat und Tat helfe, wie es meinem Amt und meiner Person zukommt, Euer treuer Helfer sein...". Die älteste Belegstelle findet sich in *MGH Cap.* II Nr. 205 S. 72 f. cap. 3 + 6 (Urk. v. 851); siehe auch *MGH Cap.* II Nr. 30 S. 452 cap. 9 (Urk. v. 14.6.859); *MGH Ann.* S. 138 (Urk. v. 30.11.877).
[7] Vgl. z. B. *LF* II, 7.
[8] Siehe oben 1. Kap. B III 3.
[9] Siehe dazu oben 1. Kap. B III 3.
[10] Weitere Beispiele bei *Ganshof* Lehnswesen S. 94 ff.
[11] Siehe oben 1. Kap. B III 3.
[12] So *Ganshof* Lehnswesen S. 97 f.
[13] Siehe eines der seltenen Beispiele bei *Gercken* III, II Nr. 18 S. 85 (Urk.

pflichtet, die doch bei aller Weite und Elastizität verhältnismäßig deutlich war. Sie führte dem Lehnmann seine Pflichten recht plastisch vor Augen. Sie gab ihm jedenfalls die Richtung an, in die seine Bemühungen zu gehen hatten.

2. Die Formel „getreu, hold, gehorsam und gewärtig"

In Deutschland, aber auch in anderen Ländern bediente man sich dagegen einer allgemeineren Formel, wenn man etwa das ausdrücken wollte, was die Wendung „consilium atque auxilium" besagte. Diese Formel war sehr unplastisch und für einfachere Gemüter kaum in ein praktisches Verhalten umzusetzen. Man ergänzte sie deshalb durch die Aufzählung jener Pflichten, die man aus ihr abgeleitet hatte.

a) Im Lehneid

Diese umfassende Wendung lautete meistens:
„... getruwe, gewere (oder auch gewärtig) und gehorsam zu sein...[14]."
Manchmal wurde auch geschworen
„...getreu, hold, gehorsam und gewärtig..."
zu sein[15]. Anderen Orts wiederum verkürzte man die Formel auf
„... hold und treu..."[16],
oder es hieß im Eide schlicht, man wolle treu sein[17].

In allen Formeln taucht der Begriff Treue auf. Man verwendete ihn anscheinend als eine Art Auffangtatbestand, weil man sich darüber klar war, daß die später folgende Aufzählung bestimmter Pflichten nur unvollständig und bruchstückhaft sein konnte. Zu allen sonstigen Leistungen und Verhaltensweisen, die dem Herrn günstig waren, verpflichtete man daher den Vasallen, indem man ihn umfassende Treue schwören ließ.

Das Wort „gewere" wurde in der Formel im Sinne von „gewärtig" gebraucht. Es bedeutete soviel wie „dienstgewärtig" und sollte die

---

v. 1303), wo es heißt: „... eisque assistere efficaciter *auxilio consilio et fauore* cum omni posse ...".

[14] So *Riedel* III, I Nr. 150 S. 242 (Urk. v. 1440/1441); ähnlich *Riedel* III, I Nr. 201 S. 323 (Urk. v. 18. 6. 1455); *Raumer* II Nr. 8 S. 9 (Urk. v. 1472); II Nr. 13 S. 14 (Urk. v. 1472); *Mylius* II, V Nr. 36 Sp. 47 ff. (Citation v. 8. 5. 1688); IV, I, 3. Kap. Nr. 22 Sp. 867 ff. (Patent vom 11. 5. 1700 — Beilage B v. 21. 6. 1700); NCCM (1773) Nr. 58 Sp. 2449 f. (Reskript v. 11. 10. 1773).

[15] So *Perneder* Lehnrecht S. 12.

[16] *Melonius* I, 41.

[17] MGH Reg. Gregor VII. I, 21 a (Urk. v. 14. 9. 1073): „Ego, Richardus Dei gratia et sancti Petri Capue princeps ab hac hora et deinceps *ero fidelis* sante Romane ecclesie apostolice sedi et tibi domino meo Gregorio universali pape ...". Ähnl. MGH Reg. Gregor VII. VIII, 1 a (Urk. v. 29. 6. 1080).

B. Der Treueid in Lehn- und Beamtenrecht

Dienstwilligkeit des Vasallen zum Ausdruck bringen[18]. Seine Erwähnung war insofern sinnvoll, als es den Treuebegriff etwas näher erläuterte. Es wies auf die aufgrund der Treue geschuldeten Dienste hin. Es hatte hier ähnliche Funktionen wie das „auxilium" in den oben erwähnten Formeln.

Der in manchen Wendungen auftretende Begriff „hold" muß in diesem Zusammenhang im Sinne von „treu ergeben"[19] und „dienstbar"[20] verstanden werden. Auf den ersten Blick scheint es daher ein Pleonasmus zu sein, wenn neben der Treue nun auch noch versprochen wurde, „hold" zu sein. Dennoch hatte diese Erwähnung ihre eigenständige Bedeutung. Wies die Treue auf die Gegenseitigkeit — und damit auf eine Art Gleichordnung — der Verpflichtungen hin, so zeigte das in diesem Zusammenhang gebrauchte „hold" an, daß bei aller Gegenseitigkeit dennoch ein Über- und Unterordnungsverhältnis zwischen Herrn und Vasall vorlag.

Schließlich findet sich in vielen dieser Formeln das Versprechen des Vasallen, er wolle gehorsam sein. Es wurde schon festgestellt, daß in der älteren Form der Vasallität keine Treue, sondern nur Gehorsam geschuldet wurde[21]. Da bei ihm der eigene Wille des Lehnmannes ausgeschaltet und durch den des Herrn ersetzt wurde, bildeten Gehorsam und Treue in dieser Hinsicht einen Gegensatz. In einem Eide beides zu versprechen und auch beiden Verpflichtungen nachzukommen, wäre daher an sich undenkbar. Da es dennoch geschehen ist, läßt sich daraus entnehmen, daß man inzwischen den Gehorsamsbegriff geändert oder zumindest modifiziert hatte.

Am naheliegendsten ist folgende Auslegung: Grundsätzlich schuldete der Vasall dem Herrn aufgrund der Treue ein Verhalten, das diesem nützlich war. Welches Verhalten in bestimmten Situationen die Interessen des Herrn am ehesten wahrte, entschied der Lehnmann in Eigenverantwortung. Lag dagegen eine ausdrückliche Weisung des Herrn vor, so hatte er dieser zu folgen, jedoch nur insoweit, als es die Pflicht zur Treue gebot. Aus ihr ergab sich ein Prüfungsrecht gegenüber den Befehlen des Herrn, so daß die Gehorsamspflicht durch die Treue beschränkt wurde[22]. Diese Auslegung führt zu einem Zusammenspiel von Gehorsam und Treue, das die Aufzählung beider Verpflichtungen in einer Formel sinnvoll erscheinen läßt.

---

[18] Zum Begriff *Grimm* Sp. 5354 unter „gewärtig".
[19] Siehe *Grimm* Sp. 1734 unter „hold".
[20] *Everling* S. 32.
[21] Siehe oben 3. Kap. A I.
[22] Zum noch weitergehenden Widerstandsrecht des Vasallen gegen seinen Herren siehe *Mitteis* Lehnrecht S. 81, 89, 543, 546.

Nur auf den ersten Blick also enthält die hier behandelte Wendung unnötige Wiederholungen. Bei genauerem Hinsehen hatte jede angeführte Verpflichtung ihre eigene Bedeutung und Funktion, die die Aufnahme in die Formel rechtfertigte.

b) Im Beamteneid

In den Eiden, die die Beamten bei der Übernahme ihres Amtes zu leisten hatten, kannte man eine dem „consilium atque auxilium" der Lehnleute entsprechende Wendung nicht. Lediglich das Versprechen, dem Herrn in seinen Angelegenheiten Rat zu erteilen, wurde hier und da in die Eide aufgenommen[23]. Das galt natürlich immer nur für die Inhaber höherer Ämter, denn allein sie kamen als Berater in Betracht. Die mit einfachen Tätigkeiten beschäftigten Beamten kamen kaum in die Lage, dem Dienstherrn jemals einen Rat erteilen zu müssen. In ihren Eiden fehlte daher ein in diese Richtung gehendes Versprechen völlig.

Die consilium-atque-auxilium-Formel war aus allen Eiden gänzlich verschwunden. Das erklärt sich daraus, daß das Beamtentum zu einer Zeit entstand, in der diese Worte auch im Lehnrecht bereits ungebräuchlich geworden waren.

Dort verwandte man jetzt die soeben erläuterte Wendung „treu, gewärtig, hold und gehorsam". Wenn also die aufgestellte These stimmen soll, daß das Beamtenrecht auch hinsichtlich des Eides viele Formulierungen und Einrichtungen des Lehnrechtes rezipiert hat, so müßten diese Worte sich im Beamteneid wiederfinden. Und tatsächlich tauchen in einer unübersehbaren Zahl von Eiden genau diese oder sehr ähnliche Formeln auf. Wie im Lehnrecht schwankte man auch hier zwischen

„... holt, getrew und gewertig..."[24],
„... getrewe, gewartig und gehorsam..."[25],
„... gehorsam, getrew, holt und gewertig..."[26]

oder ähnlichen Wendungen[27].

---

[23] Z. B. *Riedel* III, I Nr. 376 S. 530 (Urk. v. 20. 6. 1470), wo es heißt: „... Ouch In das getrewlichst und bestes nach der herschaft nutz und meiner verstentnus raten ...". Ähnlich *Mylius* II, I Nr. 94 Sp. 261 (Kammergerichts-Ordnung v. 11. 12. 1700); *Altmann* I Nr. 53 S. 208 (Urk. v. 1713).

[24] *Riedel* III, I Nr. 376 S. 530 (Urk. v. 20. 6. 1470).

[25] *Raumer* II Nr. 8 S. 9 (Urk. v. 1472).

[26] *Riedel* III, I Nr. 376 S. 530 (Urk. v. 21. 6. 1470).

[27] Siehe z. B. *Riedel* III, II Nr. 57 S. 57 (Urk. v. 21. 11. 1471); III, III Nr. 211 S. 250 (Urk. v. 31. 12. 1514); *Raumer* II Nr. 76 S. 75 (Urk. v. 1481); *Isaacsohn* II S. 317 f. Anm. 1 (Urk. v. 14. 12. 1702); *Mylius* IV, I, 2. Kap. Nr. 4 Sp. 519 (Holzordnung v. 23. 5. 1593); IV, I, 2. Kap. Nr. 9 Sp. 550 (Holzordnung v. 1. 2. 1622); IV, I, 2. Kap. Nr. 104 Sp. 719 (Holzordnung v. 20. 5. 1720); II, I Nr. 94 Sp. 261 (Kammergerichtsordnung v. 11. 12. 1700); *NCCM* (1770) Nr. 33 Sp. 6724 (Ge-

B. Der Treueid in Lehn- und Beamtenrecht

Die in der vorigen Anmerkung aufgeführten Beispiele zeigen, daß diese Formel auch in den Eiden der Beamten jahrhundertelang unverändert enthalten war. Dabei machte man keinen Unterschied zwischen den Beamten der verschiedenen Verwaltungszweige. Alle, ob Forstbeamter oder Kammergerichtsrat, hatten einheitlich zu schwören, sie würden treu, gewärtig, hold und gehorsam sein.

Gegenüber dem Lehneid war das Schwergewicht beim Beamteneid jedoch insofern verschoben, als bei letzterem der Gehorsam mehr im Vordergrund stand. Dies war eine Folge der bereits erwähnten Tatsache, daß einer der Vorläufer des Beamtenrechts das Ministerialenrecht war. Die von ihm übernommenen Elemente der Unfreiheit mußten dazu führen, daß der Gehorsam neben der Treue an Bedeutung gewann. Das zeigte sich z. B. bei dem auch für Beamte erforderlichen Heiratskonsens[28].

Ansonsten jedoch ergeben sich keine Anhaltspunkte dafür, daß der Inhalt des Beamteneides von dem des gleichlautenden Lehneides abwich. Es ist hier dem heuristischen Prinzip beizutreten, wonach die Verwendung gleicher Worte die Vermutung für sich hat, daß auch der Inhalt und die dahinterstehenden Rechtsvorstellungen die gleichen sind[29]. Im vorliegenden Fall sind außer den angeführten keine Tatsachen ersichtlich, die diese Vermutung widerlegen könnten. Denn der einzige Anhalt für weitere Abweichungen des Inhalts könnte sich nur aus der unterschiedlichen Reihenfolge der Elemente in dieser Formel ergeben. Dieser Hinweis ist jedoch nicht überzeugend, da die Reihenfolge sowohl im Lehneid als auch im Beamteneid häufig und anscheinend völlig willkürlich geändert wurde. Es wäre nicht gerechtfertigt, hieraus sachliche Schlüsse zu ziehen. Es bleibt somit eine Übereinstimmung von Lehn- und Beamtenrecht festzuhalten.

3. Die Formel „Nutzen und Frommen fördern, Schaden und Nachteil wenden"

In beiden Rechtskreisen jedoch begnügte man sich nicht mit einer derart allgemeinen Umschreibung der dem Schwörenden auferlegten

---

richtsordnung v. 5. 4. 1770); (1773) Nr. 47 Sp. 1167 f. (Reglement v. 20. 9. 1773 — Beilage D); (1773) Nr. 50 Sp. 1833 f. (Instruktion v. 21. 9. 1773 — Beilage); (1773) Nr. 55 Sp. 2377 f. (Extrakt v. 3. 10. 1773 — Lit. B); (1774) Nr. 51 Sp. 517 f. (Instruktion v. 30. 7. 1774 — Beilage A); (1777) Nr. 35 Sp. 885 (Reskript v. 20. 8. 1777); (1779) Nr. 18 Sp. 1571 (Reskript v. 8. 6. 1779); (1794) Nr. 56 Sp. 2289 f. (Reglement v. 3. 6. 1794 — Beilage); für Holstein: *Cronhelm* I, V, 9 Nr. 1 S. 1688 (Verordnung v. 29. 5. 1739); III, V, 2 Nr. 7 S. 860 (Rendsburgische Stadt- und Polizeiverordnung v. 17. 9. 1720).

[28] Zum Problem des Heiratskonsenses siehe *Lotz* S. 223, 609 f.
[29] Siehe hierzu *Ebel* S. 15.

3. Kapitel: Lehneid und Beamteneid

Pflichten. Vielmehr versuchte man sie durch genauere, anschaulichere Begriffe und Pflichtenkataloge zu konkretisieren.

a) Im Lehneid

In den Lehneiden mußten daher die Vasallen u. a. immer wieder versprechen, ihrer Herren „Frommen und Bestes zu werben"[30]. Auch andere Formulierungen waren gebräuchlich, um diese Verpflichtung auszudrücken.

So hieß es in manchen Eiden „Nutzen und Frommen fördern"[31], in anderen einfach „Bestes fördern"[32]. Als etwas ausführlichere Formel benutzte man „Praeeminentz, Interesse und Bestes suchen und befördern"[33]. In dem letztgenannten Patent verpflichtete sich der Schwörende an anderer Stelle außerdem, den „Vorteil des Herrschers und des Publici zu fördern"[34]. Man war also zu der Auffassung gelangt, daß der Lehnmann nicht nur seinem Landesvater, der hier als Lehnherr auftrat, sondern auch der Allgemeinheit die Erfüllung gewisser Pflichten schuldete. Diese im allgemeinen nicht benutzte Formulierung ergab sich jedoch aus einer besonderen Situation, die später zu erläutern sein wird[35].

Abgesehen von dieser Ausnahme stimmte der Sinn aller sonstigen erwähnten Formeln überein. Denn der Ausdruck Frommen bedeutete nichts anderes als „Nutzen"[36], und das Wort „Praeeminenz" übersetzt man in diesem Zusammenhang am besten mit „Vorzug, Vorrang oder Vorteil"[37].

Die Wendung „Nutzen und Bestes fördern" verpflichtete die Vasallen also zu einem in zweifacher Hinsicht positiven Verhalten: Zum einen hatten sie aufgrund dieser Formel aktiv für ihren Herrn einzutreten. „Positiv" wird hier also im Sinne von „aktiv handeln" verstanden. Zum anderen bedeutete das „Eintreten für den Herrn" ein Tätigwerden zu seinen Gunsten, auch wenn kein Nachteil oder keine Gefahr drohte. Man begnügte sich nicht damit, daß der Lehnmann aus einem bestimm-

---

[30] *Riedel* III, I Nr. 150 S. 242 (Urk. v. 1440/41); III, I Nr. 201 S. 323 (Urk. v. 18. 6. 1455); *Raumer* II Nr. 8 S. 9 (Urk. v. 1472); *Bechstein* S. 47 (Urk. v. 1472—1486); *Mylius* II, V Nr. 36 Sp. 50 (Citation v. 8. 5. 1688).
[31] *Melonius* I, 41; *Perneder* Lehnrecht S. 12; ähnl. *Seckendorff* S. 664.
[32] NCCM (1773) Nr. 58 Sp. 2449 f. (Reskript v. 11. 10. 1773); LF II, 6.
[33] *Mylius* IV, I, 3. Kap. Nr. 22 Sp. 867 (Patent v. 11 5. 1700 — Beilage B v. 21. 6. 1700).
[34] *Mylius* IV, I, 3. Kap. Nr. 22 Sp. 868 (Patent v. 11. 5. 1700 — Beilage B v. 21. 6. 1700); ähnl. schon *Perneder* Lehnrecht S. 12.
[35] Siehe unten 3. Kap. B IV 2.
[36] Siehe *Grimm* Sp. 246 unter „Frommen".
[37] Vgl. *Oberländer* S. 544 unter „Praeeminenz".

B. Der Treueid in Lehn- und Beamtenrecht

ten Anlaß tätig wurde, um einen dem Herrn drohenden Schaden abzuwenden. Man verlangte darüber hinaus von ihm ein Eingreifen auch dann, wenn er dadurch eine dem Herrn sich bietende Chance, z. B. ein gutes Geschäft, wahrnahm. Ein „Nicht-Tätigwerden" in einem solchen Falle hätte keinen Schaden für den Herrn nach sich gezogen. Es wäre lediglich alles beim Alten geblieben. Das Eingreifen des Vasallen dagegen barg die Möglichkeit einer Mehrung des Vermögens oder des Ansehens des Herrn in sich.

In die Verpflichtung, „Nutzen und Bestes" des Herrn zu fördern, könnte man zwar die Pflicht zur Schadensabwendung hineininterpretieren, prima facie ist sie darin jedoch nicht enthalten. Die sinnvolle Ergänzung zu dieser Formel ist daher eine Wendung, die von dem Vasallen die Verhütung von Nachteilen und Schäden fordert.

So kam es, daß die Lehnleute sich in vielen Eiden verpflichten mußten, „Schaden und Nachteil zu wehren" oder einfach „Schaden zu wenden"[38]. Beide Wendungen sind als Umschreibungen verschiedener Seiten eines einheitlichen Pflichtenkomplexes anzusehen. Denn ob man die Pflichten negativ als „Schaden und Nachteil wehren" oder positiv als „Nutzen und Bestes fördern" formulierte, immer forderte man von dem Vasallen die Erfüllung einer umfassenden Pflicht, nämlich die Belange des Herrn zu wahren. In beiden Fällen sollte dies vor allem durch aktives Handeln geschehen.

Die Formeln bildeten daher eine Einheit und ergänzten sich[39]. Nur schwer waren sie voneinander zu trennen. Aus diesem Grunde hatte man sie in den meisten der aufgezählten Beispiele miteinander verbunden, so daß die Vasallen in den Lehneiden schwören mußten,

„... Schaden warnen, frommen und bestes werben..."
zu wollen[40].

b) Im Beamteneid

Der in dieser Formulierung enthaltene Sinn — die bereits erwähnte Verpflichtung zur Wahrung der Belange des Herrn — entsprach genau dem Zweck des Beamtenverhältnisses der damaligen Zeit.

---
[38] Siehe *Riedel* III, I Nr. 150 S. 242 (Urk. v. 1440/41); III, I Nr. 201 S. 323 (Urk. v. 18. 6. 1455); *Raumer* II Nr. 8 S. 9 (Urk. v. 1472); *Melonius* I, 41; *Perneder* Lehnrecht S. 12; *Mylius* II, V Nr. 36 Sp. 50 (Citation v. 8. 5. 1688); IV, I, 3. Kap. Nr. 22 Sp. 867 (Patent v. 11. 5. 1700 — Beilage B v. 21. 6. 1700); NCCM (1773) Nr. 58 Sp. 2449 f. (Reskript v. 11. 10. 1773); für Hohenlohe siehe *Bechstein* S. 47 (Urk. v. 1472—1486).
[39] Siehe *Everling* S. 32.
[40] Z. B. *Riedel* III, I Nr. 150 S. 242 (Urk. v. 1440/41); III, I Nr. 201 Sp. 323 (Urk. v. 18. 6. 1455); *Raumer* II Nr. 8 S. 9 (Urk. v. 1472); *Mylius* II, V Nr. 36 Sp. 50 (Citation v. 8. 5. 1688); in Hohenlohe: *Bechstein* S. 147 Anm. 502 (Urk. v. 1429).

3. Kapitel: Lehneid und Beamteneid

Auch die Tätigkeit der Beamten war auf dieses Ziel ausgerichtet. Es nimmt daher nicht wunder, wenn uns in den von ihnen zu leistenden Eiden die gleichen Wendungen begegnen.

Aus einer Vielzahl von uns überkommenen Eiden wird ersichtlich, daß auch die Beamten schworen, ihrer Herren

„Nutzen und Frommen zu befördern"[41], „Irn frommen zu werben..."[42]

oder ihr

„Bestes zu befördern..."[43].

Wie im Lehnrecht benutzte man auch im Beamteneid vereinzelt die Formel:

„... der Herrschaft und des Landes Bestes fördern..."[44]

Ein dem obigen ähnelnder Ausnahmefall ist hier jedoch nicht ersichtlich. Aus der gebrauchten Wendung kann demnach nur geschlossen werden, daß die aus der Beamteneigenschaft sich ergebenden Pflichten gegenüber der Allgemeinheit den Zeitgenossen offenkundiger und bewußter waren als im Lehnwesen. Während die Vasallen bei der Verwaltung der ihnen übertragenen Amtsstellen häufig neben den Interessen des Herrn auch eigene vertraten, galten für die Tätigkeit der Beamten von vornherein ausschließlich die Belange des Landesherrn als Richtschnur. Allein das Zurückstellen eigener Vorteile führte zu einer Förderung des Allgemeinwohls, die ja auch im Interesse des Landesherrn liegen mußte. Dieses aus der praktischen Handhabung der landesherrlichen Angelegenheiten folgende Ergebnis wurde nun hier und da in die Eidesformel aufgenommen, indem man es zu einer Pflicht der Beamten verstärkte. Diese stand in jener Zeit im Verhältnis zum

---

[41] *Riedel* I, VII Nr. 53 S. 442 (Urk. v. 4. 9. 1472); I, VI Nr. 290 S. 221 (Urk. v. 5. 9. 1472); III, III Nr. 137 S. 162 (Urk. v. 7. 5. 1505); I, XII Nr. 22 S. 279 (Urk. v. 10. 10. 1513); I, XI Nr. 35 S. 283 (Urk. v. 29. 9. 1519); *Raumer* II Nr. 17 S. 16 (Urk. v. 1472); II Nr. 56 S. 265 (Urk. v. 1529); *Isaacsohn* II S. 245; *Mylius* II, I Nr. 94 Sp. 261 (Kammergerichtsordnung v. 11. 12. 1700); IV, I, 2. Kap. Nr. 104 Sp. 719 (Holzordnung v. 20. 5. 1720); *NCCM* (1773) Nr. 47 Sp. 1167 f. (Reglement v. 20. 9. 1773 — Beilage D); (1773) Nr. 50 Sp. 1833 f. (Instruktion v. 21. 9. 1773 — Beilage); (1773) Nr. 55 Sp. 2377 f. (Extrakt v. 3. 10. 1773 — Lit. B); (1777) Nr. 35 Sp. 885 (Reskript v. 20. 8. 1777); *Bechstein* S. 134 Anm. 305.

[42] *Riedel* III, I Nr. 376 S. 530 (Urk. v. 20. 6. 1470); III, III Nr. 211 S. 250 (Urk. v. 31. 12. 1514); III, III Nr. 234 S. 275 (Urk. v. 2. 4. 1519); *Raumer* II Nr. 76 S. 75 (Urk. v. 1481); II Nr. 60 S. 270 (Urk. v. 1522).

[43] *Raumer* II Nr. 4 S. 6 (Urk. v. 1471); *Mylius* IV, I, 2. Kap. Nr. 4 Sp. 519 (Holzordnung v. 23. 5. 1593); IV, I, 2. Kap. Nr. 9 Sp. 550 (Holzordnung v. 1. 2. 1622); *NCCM* (1770) Nr. 33 Sp. 6724 (Gerichtsordnung v. 5. 4. 1770); (1774) Nr. 51 Sp. 517 f. (Instruktion v. 30. 7. 1779 — Beilage A); (1794) Nr. 56 Sp. 2289 f. (Reglement v. 3. 6. 1794 — Beilage); vgl. auch *Riedel* I, VII Nr. 49 S. 151 (Urk. v. 30. 6. 1437); I, XI Nr. 30 S. 278 (Urk. v. 18. 1. 1501); III, III Nr. 138 S. 164 (Urk. v. 18. 5. 1505).

[44] *Isaacsohn* II S. 317 f. Anm. 1 (Urk. v. 14. 12. 1702); für die frühere Zeit finden sich ähnliche Formulierungen schon in *Riedel* I, XI Nr. 35 S. 283 (Urk. v. 1519); III, III Nr. 325 S. 455 (Urk. v. 29. 9. 1538).

Interesse des Landesherrn nur an zweiter Stelle. Erst später, gegen Ende des 18. und im Laufe des 19. Jahrhunderts, wuchs ihre Bedeutung derart, daß sie zum Maßstab für alle Handlungen wurde. Die Belange des Herrn rückten in die zweite Reihe. In der Praxis war dieser Gegensatz jedoch nicht so stark, wie es hier scheint, da meistens die Interessen beider übereinstimmten. Denn ein der Allgemeinheit dienliches Gedeihen des Landes, das durch die Beamten gefördert wurde, nutzte fast immer auch dem Landesherrn.

Es zeigt sich also, daß Lehn- und Beamteneid so weitgehend übereinstimmten, daß sogar die nur vereinzelt auftretenden Ausnahmeformulierungen den gleichen Wortlaut und Inhalt hatten.

Dies galt um so mehr für die allgemeingebräuchlichen Formulierungen. So ist es nur natürlich, daß der Eid des Beamten neben dem Versprechen, Nutzen und Frommen zu fördern, die bereits im Lehneid festgestellten Worte

„... Schaden und Nachteil wenden..."

enthielt[45].

Damit jedoch nicht genug. Denn die Erscheinung, daß die beiden soeben untersuchten Wendungen im Lehneid zusammengezogen wurden und als einheitliche Formel auftraten, begegnet auch in den Beamteneiden.

Immer wieder hieß es:

„... schaden zu wenden und frommen zu werben..."

oder ähnlich[46].

4. Die Pflicht, dem Herrn alles Wissenswerte mitzuteilen

Nicht immer begnügte man sich im Lehn- und im Beamteneid mit einer derartigen Umschreibung der Pflicht, aktiv für das Wohl des

---

[45] Siehe *Riedel* III, I Nr. 376 S. 530 (Urk. v. 20. 6. 1470); III, III Nr. 137 S. 162 (Urk. v. 7. 5. 1505); III, III Nr. 138 S. 164 (Urk. v. 18. 5. 1505); I, XII Nr. 22 S. 279 (Urk. v. 10. 10. 1513); III, III Nr. 211 S. 250 (Urk. v. 31. 12. 1514); III, III Nr. 234 S. 275 (Urk. v. 2. 4. 1519); I, XI Nr. 35 S. 283 (Urk. v. 29. 9. 1519); III, III Nr. 325 S. 455 (Urk. v. 29. 9. 1538); *Raumer* II Nr. 76 S. 75 (Urk. v. 1481); II Nr. 56 S. 265 (Urk. v. 1529); II Nr. 60 S. 270 (Urk. v. 1522); II Nr. 65 S. 278 (Urk. v. 1526); *Isaacsohn* II S. 245; *Mylius* IV, I, 2. Kap. Nr. 4 Sp. 519 f. (Holzordnung v. 23. 5. 1593); IV, I, 2. Kap. Nr. 9 Sp. 550 (Holzordnung v. 1. 2. 1622); II, I Nr. 94 Sp. 261 (Kammergerichtsordnung v. 11. 12. 1700); IV, I, 2. Kap. Nr. 104 Sp. 719 (Holzordnung v. 20. 5. 1720); *NCCM* (1770) Nr. 33 Sp. 6724 (Gerichtsordnung v. 5. 4. 1770); (1773) Nr. 47 Sp. 1167 f. (Reglement v. 20. 9. 1773 — Beilage D); (1773) Nr. 50 Sp. 1833 f. (Instruktion v. 21. 9. 1773 — Beilage); (1773) Nr. 55 Sp. 2377 f. (Extrakt v. 3. 10. 1773 — Lit. B); (1774) Nr. 51 Sp. 517 f. (Instruktion v. 30. 7. 1774 — Beilage A); (1777) Nr. 35 Sp. 885 (Reskript v. 20. 8. 1777); (1779) Nr. 18 Sp. 1571 (Reskript v. 8. 6. 1779); (1794) Nr. 56 Sp. 2289 f. (Reglement v. 3. 6. 1794 — Beilage).

[46] Vgl. aus der Vielzahl der hier anzuführenden Beispiele nur: *Raumer* II Nr. 8 S. 9 (Urk. v. 1472); *Riedel* III, I Nr. 376 S. 530 (Urk. v. 20. 6. 1470);

3. Kapitel: Lehneid und Beamteneid

Herrn einzutreten. Zwar war die Wendung „Schaden wenden und Nutzen fördern" weniger abstrakt als das Versprechen, „treu, gehorsam und gewärtig" zu sein. Auch war sie anschaulicher und besser faßbar. Eine Aufzählung genau umgrenzter Einzelpflichten enthielt sie dennoch nicht. Diese ließen sich lediglich aus ihr ableiten.

Manchmal empfand man offenbar die Notwendigkeit, gewisse dieser Pflichten ausdrücklich in den Eid aufzunehmen. Es versteht sich, daß man sich dabei auf die Aufzählung der wesentlichsten beschränkte.

a) Im Lehneid

Für besonders wichtig hielt man die Verpflichtung, dem Herrn alles für ihn Wissenswerte sofort mitzuteilen. Das galt in ganz besonderem Maße, wenn es gegen ihn gerichtet und ihm nachteilig war[47]. Bereits ein in den Libri Feudorum enthaltener Eid verpflichtete die Vasallen:

> „Et si scivero vel audivero de aliquo, qui velit aliquid istorum contra te facere, pro posse meo, ut non fiat, impedimentum praestabo, et si impedimentum praestare nequivero, quam cito potero, *tibi nuntiabo* et contra eum, pront potero, tibi meum auxilium praestabo...[48]."

Auch Melonius berichtet, daß in manchen Eiden geschworen wurde:

> „... und ob er etwas erfahren würde, das dem Lehenherrn zuwider wäre, daß er dasselbe wolle anzeigen[49]."

b) Im Beamteneid

In den Beamteneiden finden sich hier und da ähnliche Formulierungen. So wurde der kurfürstliche Kriegskommissar Joachim von Lossow bei der Ablegung seines Eides am 8. 6. 1620 zu Folgendem verpflichtet:

> „... Und hinwiederum da er etwas sähe oder erführe, welches Uns ohne Unsern Schaden nicht verhalten werden kann, so soll und will er schuldig

---

Mylius II, I Nr. 94 Sp. 261 (Kammergerichtsordnung v. 11. 12. 1700); *NCCM* (1777) Nr. 35 Sp. 885 (Reskript v. 20. 8. 1777).

[47] Vereinzelt finden sich auch andere Pflichten in den Eiden. So versprach der Vasall in LF II, 7 ausdrücklich, dafür zu sorgen, daß der Herr nicht verletzt werde. Dieselbe Eidesformel enthielt auch das Versprechen, den Herrn in seinem Besitz zu schützen. Ebenso *MGH Reg. Gregor VII.* I, 21 a (Urk. v. 14. 9. 1073). Diese Pflichten wurden im einzelnen allein wegen der Anschaulichkeit aufgezählt. Schon oben wurde dargestellt, daß sie an sich im Treuebegriff enthalten waren.

[48] LF II, 7: „... Und wenn ich hören und erfahren sollte, daß jemand etwas derartiges gegen Dich unternehmen will, so werde ich dessen Durchführung nach besten Kräften zu vereiteln suchen; und wenn ich dazu nicht in der Lage bin, so werde ich Dich so schnell wie möglich davon unterrichten und Dir gegen jenen, so gut ich kann, Hilfe leisten...".

[49] *Melonius* Tit. I Rdnr. 42; vom Inhalt her ebenso *Perneder* Lehnrecht S. 12; *NCCM* (1773) Nr. 58 Sp. 2451 f. (Reskript v. 11. 10. 1773).

sein, Uns ... in aller möglichen Eilschrift — oder mündlich solches anzuzeigen und zu vermelden ...[50]."

Die angeführten Beispiele zeigen, daß es für die Mitteilungspflicht gegenüber dem Herrn keine einheitliche Bezeichnung in den Eidesformeln gab. Diese Feststellung gilt nicht nur, wenn man die Eidesformeln der Lehnleute mit denen der Beamten vergleicht. Auch innerhalb eines der beiden herangezogenen Rechtskreise ist eine Einheitlichkeit in der Benennung jener Pflicht nicht festzustellen.

Diese Tatsache ist ein weiteres Indiz für die bereits bei der Betrachtung der Anzahl der hier einschlagenden Quellen aufkommende Vermutung, daß die Mitteilungspflicht nur selten in den Eiden verankert wurde. Tat man es dennoch, so geschah das nicht in dem Bewußtsein, daß bereits in früheren Eiden manchmal eine derartige Pflicht ausdrücklich erwähnt worden war. Man hatte also keine Vorbilder und formulierte daher diesen Teil des Eides selbständig. Um so erstaunlicher ist es, daß trotzdem auch bei der Mitteilungspflicht gewisse Übereinstimmungen zwischen Lehn- und Beamteneid festzustellen sind.

In beiden wurde sie recht selten ausdrücklich aufgeführt, und in beiden war ihr Inhalt gleich.

5. Die Pflicht zur Geheimniswahrung

War in der Anfangszeit des Lehnwesens der Treuebegriff nur negativ verstanden worden, so drängten sich im Laufe der Zeit mehr und mehr die positiven Pflichten in den Vordergrund. Das ist durchaus verständlich, wenn man bedenkt, daß man die althergebrachte negative Seite als bekannt voraussetzen konnte. Lediglich das Neue, die positiven Leistungspflichten, bedurften der genaueren Umschreibung. Dies wiederum barg die Gefahr in sich, daß nun die andere, die negative Seite mangels eindeutiger Nennung in den Eiden in Vergessenheit geriet. Da jedoch die Unterlassungspflichten neben den aktiven Handlungspflichten nicht gänzlich ohne Bedeutung waren, versuchte man in manchen Eiden, jedenfalls die wichtigsten von ihnen durch ausdrückliche Erwähnung dem sich Verpflichtenden ins Gedächtnis zu rufen.

Von besonderer Bedeutung war die Verpflichtung zur Geheimniswahrung, auf deren Fixierung in den Eiden man großen Wert legte. Das galt für die Lehnleute weniger als für die Beamten. Denn diese erlangten bei ihrer fast ausschließlich der Verwaltung des Landes gewidmeten Tätigkeit häufiger Kenntnis von Dingen, die nicht für die Öffentlichkeit und erst recht nicht für die Feinde des Herrschers und

---

[50] So zitiert bei *Isaacsohn* II S. 165. Eine solche Verpflichtung findet sich auch in *NCCM* (1774) Nr. 51 Sp. 517 f. (Instruktion v. 30. 7. 1774 — Beilage A).

des Landes bestimmt waren. Die Vasallen, für die die Verwaltungsarbeit und die Beratung des Herrn nur eine der vielen, von ihnen ausgeübten Tätigkeiten war, wurden nicht in so großem Umfange Mitwisser von Geheimnissen ihres Herrn wie die Beamten. Dennoch kam es auch bei ihnen des öfteren vor. In einer Anzahl von Eiden finden sich daher Formulierungen, in denen sie die Wahrung dieser Geheimnisse versprachen[51].

Aus den dargestellten Gründen traten derartige Wendungen wesentlich häufiger in den Eiden der Beamten auf. Allerdings gilt auch hier die bereits bei der Erörterung der Pflicht zur Raterteilung gemachte Einschränkung[52], daß nur höhere Beamte schworen, sie würden die Geheimnisse des Herrn nicht verraten. Die Beschränkung dieser Formel auf sie geschah aus dem naheliegenden Grunde, daß ein untergeordneter Beamter nur in Ausnahmefällen überhaupt Kenntnis von einem solchen Geheimnis erhielt. War das trotzdem einmal der Fall, so konnte man ihn daran erinnern, daß er eine Geheimhaltungspflicht schon aufgrund der versprochenen Treue habe. Darauf hätte man sich natürlich auch bei den höheren Beamten stützen können. Da diese jedoch verhältnismäßig häufig in Geheimnisse des Herrn eingeweiht wurden, hielt man die Pflicht zu ihrer Bewahrung für so wichtig, daß man sie in die Eidesformel jener Leute aufnahm.

So versprach z. B. Werner Pfuhl, der Vogt von Küstrin:

„... und Irn Rate bis in meinen tod versweigen..."[53],

und der bereits erwähnte Kriegskommissar Joachim von Lossow wurde verpflichtet:

„... Vertraueten Wir ihm dann auch etwas Angelegenes, so sich zu offenbaren nicht gebühret, ... so soll er Uns und Landen und Leuten solches zu Nachtheil Niemanden entdecken, sondern bis in seine sterbliche Grube verschwiegen bei ihm behalten..."[54]

Ebenso schworen die brandenburgisch-preußischen Landräte im 18. Jahrhundert:

„... Ich will auch die Geheimnisse und Rathschläge, so mir von höchstgedachter Sr. Königlichen Majestät vertraut, ... nicht vermelden, sondern

---

[51] Z. B. *MGH Reg. Gregor VII.* I, 21 a (Urk. v. 14. 9. 1073); *MGH Reg. Gregor VII.* VIII, 1 a (Urk. v. 29. 6. 1080); *LF* II, 5: „... Juro ego ..., nec id, quod mihi sub nomine fidelitatis commiserit, pandam alii ad eius detrimentum me sciente..."; *LF* II, 7: „... Et si aliquid mihi de secreto manifestaveris, illud sine tua licentia nemini pandam vel, per quod pandatur, faciam...". Auch Fulbert v. Chartres erwähnt die Pflicht zur Geheimniswahrung unter dem Stichwort „tutum" — siehe *LF* II, 6.

[52] Siehe oben 3. Kap. B II 2 b.

[53] *Riedel* III, I Nr. 376 S. 530 (Urk. v. 20. 6. 1470).

[54] Bei *Isaacsohn* II S. 164 (Urk. v. 8. 6. 1620).

dieselbe im Geheimniß bis in meine Grube verschweigen und bei mir behalten...⁵⁵."

6. Die Pflicht,
keinen gegen den Herrn gerichteten Plan zu unterstützen

Als weitere Unterlassungspflicht nahm man in manche Lehneide auf, daß der Vasall kein Unternehmen stützen dürfe, das gegen den Herrn gerichtet sei. Vor allem wurde ihm verboten, diesen Leuten einen Rat zu erteilen. Die Vorschrift beruhte anscheinend auf der Überlegung, daß der Lehnmann sehr eng mit dem Herrn verbunden und mit dessen Gewohnheiten vertraut sei. Er mußte daher auch seine Schwächen gut kennen, so daß ein Rat von ihm dem Herrn besonders schwer schaden mußte. So findet sich in den Eiden der Satz,

„... daß der Lehenmann auch in keinem Rat sein wolle, der dem Lehenherrn zuwider ist...⁵⁶."

Bei dieser Wendung handelt es sich um ein Gegenstück und die Ergänzung zum Geheimhaltungsversprechen.

Verbot jenes, die Geheimnisse des Herrn nach außen zu tragen, so ging dieses einen Schritt weiter und untersagte den Beitritt zu einem gegen den Herrn gerichteten Zusammenschluß. Das beinhaltete u. a. das Verbot, die Geheimnisse des Herrn gegen ihn selbst zu verwerten.

Eine derartige Formel findet sich im Beamteneid nicht; möglicherweise deshalb nicht, weil man die Erfüllung dieser Pflicht für selbstverständlich hielt. Es mag hinzugekommen sein, daß die Vielzahl der Aufgaben die Beamten in einer Weise auslastete, die die Zugehörigkeit zu dem Herrn feindlich gesinnten Verbindungen als unwahrscheinlich erscheinen ließ.

7. Die Verpflichtung zur Unbestechlichkeit

Dagegen wurde eine andere Unterlassungspflicht, die im Lehneid noch nicht enthalten gewesen war, in den Beamteneid aufgenommen: Schon in der Anfangszeit des modernen Beamtentums — im 15. Jahrhundert — mußten die Beamten versprechen, keine Geschenke entgegen-

---

[55] *Altmann* I Nr. 53 S. 207 (Urk. v. 1713); weitere Beispiele für die Verankerung der Geheimhaltungspflicht in den Eidesformeln von Beamten: *Riedel* I, VI Nr. 484 S. 294 (Urk. v. 14. 6. 1572); *Raumer* II Nr. 56 S. 265 (Urk. v. 1529); *Mylius* II, I Nr. 94 Sp. 261 (Kammergerichtsordnung v. 11. 12. 1700); NCCM (1773) Nr. 50 Sp. 1835 f. (Instruktion v. 21. 9. 1773 — Beilage); (1773) Nr. 55 Sp. 2377 f. (Extrakt v. 3. 10. 1773 — Lit. B).

[56] *Melonius* Tit. I Rdnr. 42; ähnlich *MGH Reg. Gregor VII.* I, 21 a (Urk. v. 14. 9. 1073); *MGH Reg. Gregor VII.* VIII, 1 a (Urk. v. 29. 6. 1080); *Perneder* Lehnrecht S. 12; NCCM (1773) Nr. 58 Sp. 2451 f. (Reskript v. 11. 10. 1773).

zunehmen, die eine von ihnen zu treffende Entscheidung in eine dem Schenker günstige Richtung lenken könnte. Sie versprachen also, sich nicht bestechen zu lassen[57].

Diese Neuerung war erforderlich, weil die Beamten allein im Interesse und zum Vorteil des Herrschers und des Landes tätig werden sollten. Für sie selbst ergab sich aus ihren Handlungen kein unmittelbarer Vorteil. Es hatte auf ihre wirtschaftliche Stellung keine direkten Auswirkungen, ob sie eine Sache in diesem oder in jenem Sinne entschieden. Daher lag der Gedanke nahe, daß sie sich in ihren Beschlüssen durch Geschenke eines Interessenten beeinflussen lassen könnten.

Eine derartige Gefahr bestand bei den Lehnleuten nicht. War ihnen z. B. ein Amt verliehen, so verwalteten sie es nicht nur im eigenen Namen, sondern auch im eigenen Interesse. Im Rahmen der Treuepflicht hatten sie dabei die Belange des Herrn zu berücksichtigen, im Vordergrund standen für sie jedoch ihre eigenen. Ließen sie sich nun durch ein Geldgeschenk zur einer bestimmten Entscheidung bewegen, die nicht sachgerecht war, so schlug das zu ihrem eigenen Nachteil aus. Eine Beeinflussung durch Dritte stand somit bei ihnen nicht zu befürchten.

Hiermit erschöpft sich die Reihe der in den Treueiden regelmäßig wiederkehrenden Einzelpflichten.

8. Die „Auffangformel" in Lehn- und Beamteneid

Damit war jedoch die Eidesformel noch nicht beendet. Trotz der genauen Aufzählung der Einzelpflichten und trotz der vorangegangenen allgemeinen Wendungen über die Verpflichtungen der Lehnleute oder Beamten hatten die Lehn- bzw. Dienstherren anscheinend immer noch den Eindruck, ihre Leute nicht umfassend genug verpflichtet zu haben. Noch immer schienen sie zu befürchten, die Vasallen oder Beamten könnten die Erfüllung einiger Pflichten mit dem Hinweis ablehnen, diese seien von der Eidesformel nicht mehr gedeckt.

Am Schluß des Eides wurde daher eine umfassende Wendung angefügt, die noch einmal an alle dem Lehn- bzw. Beamtenrecht bekannten Pflichten erinnern sollte. Sie war zwar wegen ihrer Allgemeinheit wenig anschaulich, vermittelte jedoch den Herren das Gefühl, bei der Verpflichtung der Lehnleute und Beamten alle denkbaren Möglichkeiten

---

[57] Für die Frühzeit siehe *Riedel* I, I Nr. 31 S. 317 (Urk. v. 1487); I, V Nr. 373 S. 487 (Urk. v. 11. 11. 1499); I, XXI Nr. 58 S. 508 (Urk. v. 25. 12. 1536); *Raumer* II Nr. 17 S. 16 (Urk. v. 1472); II Nr. 76 S. 75 (Urk. v. 1481); II Nr. 58 S. 268 (Urk. v. 1521); für die spätere Zeit: *NCCM* (1774) Nr. 51 Sp. 519 f. (Instruktion v. 30. 7. 1774 — Beilage A); (1777) Nr. 35 Sp. 885 (Reskript v. 20. 8. 1777); (1779) Nr. 18 Sp. 1571 (Reskript v. 8. 6. 1779); (1794) Nr. 56 Sp. 2289 f. (Reglement v. 3. 6. 1794 — Beilage).

B. Der Treueid in Lehn- und Beamtenrecht

berücksichtigt zu haben. Denn die Formulierung war derart umfassend, daß aus ihr die Pflicht zur Erfüllung nahezu aller vom Herrn geforderten Leistungen abgeleitet werden konnte. Es war eine Frage der Machtverhältnisse, ob dies auch geschah.

In einigen Lehneiden benutzte man die Wendung:

„... thun, als solcher Lehen recht und gewonheit ist..."[58],

während die Vasallen in den meisten anderen zu schwören hatten:

„... sich halten, wie einem getreuen Lehenmann gegen seinen Herrn zu tun gebührt...[59]."

Die beiden Formulierungen unterscheiden sich dadurch, daß in der ersten auf das traditionelle Lehnrecht Bezug genommen wurde, während man in der zweiten die persönliche Bindung stärker betonte. Nicht das sachliche Substrat stand im Vordergrund, sondern das vasallitische Element der Treue.

Da das Beamtentum keinerlei Rückhalt an irgendwelchen dinglichen Besitzrechten hatte, wurde die erste der genannten Formulierungen in keinem Beamteneid gebraucht. Die zweite dagegen findet sich in einer Vielzahl von ihnen.

So wurde der bereits des öfteren zitierte Joachim v. Lossow verpflichtet:

„... Und in Summa, will er sich in allem so verhalten, erzeigen und erweisen ..., wie das von einem tauglichen und aufrichtigen Krieges-Commissario und Musterherren immer erheischen und erfordert werden mag...[60]."

Ebenso mußte nach der neumärkischen Kammergerichtsordnung aus dem Jahre 1700 z. B. ein Regierungsrat schwören:

„... und alles das thun will, was einem getreuen Regierungs- und Consistorial-Raht und Diener zu stehet...[61]."

---

[58] *Altmann* I Nr. 12 S. 12 (Urk. v. 18. 3. 1472); *Raumer* II Nr. 13 S. 14 (Urk. v. 1472); II Nr. 14 S. 14 (Urk. v. 1472); *Riedel* I, I Nr. 42 S. 331 (Urk. v. 1510).

[59] *Melonius* I, 41; ähnlich *LF* II, 5; *Perneder* Lehnrecht S. 12; *Raumer* II Nr. 8 S. 9 (Urk. v. 1472); *Mylius* II, V Nr. 36 Sp. 50 (Citation v. 8. 5. 1688); NCCM (1773) Nr. 58 Sp. 2451 f. (Reskript v. 11. 10. 1773); siehe auch *Mylius* IV, I, 3. Kap. Nr. 22 Sp. 868 (Patent vom 11. 5. 1700 — Beilage B v. 21. 6. 1700); vgl. auch *Everling* S. 32.

[60] *Isaacsohn* II S. 165 (Urk. v. 8. 6. 1620).

[61] *Mylius* II, I Nr. 94 Sp. 262 (Kammergerichts-Ordnung v. 11. 12. 1700); weitere ähnliche Formulierungen finden sich in *Raumer* II Nr. 76 S. 75 (Urk. v. 1481); II Nr. 58 S. 268 (Urk. v. 1521); II Nr. 60 S. 270 (Urk. v. 1522); II Nr. 65 S. 278 (Urk. v. 1526); *Riedel* I, VI Nr. 484 S. 294 (Urk. v. 14. 6. 1572); I, XI Nr. 30 S. 279 (Urk.v.18. 1. 1501); I. XI Nr. 35 S. 283 (Urk. v. 29. 9. 1519); I, XII Nr. 22 S. 279 (Urk. v. 10. 10. 1513); I, XXI Nr. 58 S. 508 (Urk. v. 25. 12. 1536); III, III Nr. 234 S. 275 (Urk. v. 2. 4. 1519); III, III Nr. 325 S. 455 (Urk. v. 29. 9. 1538); *Altmann* I Nr. 53 S. 208 (Urk. v. 1713); *Mylius* IV, I, 2. Kap. Nr. 4 Sp. 520 (Holzordnung v. 23. 5. 1593); IV, I, 2. Kap. Nr. 9 Sp. 550 (Holzordnung v. 1. 2. 1622); IV, I, 2. Kap. Nr. 104 Sp. 719 (Holzordnung v. 20. 5. 1720); NCCM

3. Kapitel: Lehneid und Beamteneid

Ein Unterschied in den Formulierungen des Lehn- und des Beamteneides war insofern gegeben, als bei ersterem nur von „Lehnmann" gesprochen wurde, während man im Beamteneid die genaue Dienst- oder Rangbezeichnung nannte. Jedoch ergab sich daraus kein sachlicher Unterschied. Es war lediglich eine Auswirkung des allgemeinen Trends zu größerer Spezialisierung in der Verwaltung, der zwangsläufig das Beamtentum als Verwaltungsträger miterfassen mußte.

Waren in dieser Zeit Lehnleute als Verwaltungsträger tätig, so wirkte es sich auch auf sie aus. Die Eidesformel des mit der Postverwaltung belehnten Grafen von Wartenberg enthielt daher die Worte:

„... wie es einem getreuen sorgfältigen General-Erb-Postmeister obliegt und gebühret...[62]."

Wo es erforderlich war, paßte sich also auch das Lehnrecht den neuen Gegebenheiten an. Es blieb dagegen beim Althergebrachten, wo eine Änderung trotz neuer Umstände nicht notwendig erschien. Das galt vor allem für die vielen Vasallen, deren Lehen keine Bedeutung mehr für die Verwaltung des Landes hatten[63].

9. Zwischenergebnis

Vergleicht man die Gesamtheit der in den Eiden der Lehnleute und in denen der Beamten enthaltenen Pflichten, so stellt man eine weitgehende Übereinstimmung fest. Das gilt nicht nur für den Inhalt der Verpflichtungen, sondern in demselben Maße auch für die Formulierung als solche. In vielen Fällen stimmten die Wendungen wörtlich überein, in anderen waren sie einander sehr ähnlich.

Derart weitgehende Entsprechungen können nicht nur darauf beruhen, daß die recht umfassende Übereinstimmung der Aufgabengebiete notwendig zur Erfüllung gleicher Pflichten und damit zu gleichen Formulierungen in den Verpflichtungseiden führen mußte. Würde eine solche Übereinstimmung lediglich hinsichtlich einer bestimmten Pflicht festgestellt, so hätte der Gedanke einige Wahrscheinlichkeit für sich, daß die Gleichheit dieser einen bestimmten Aufgabe in beiden Rechtskreisen zufällig in genau den gleichen Formulierungen ihren Ausdruck gefunden haben könnte. Stimmen jedoch — von einigen unerheblichen, sachlich bedingten Abweichungen abgesehen — die Pflichtenkataloge

---

(1770) Nr. 33 Sp. 6725 (Gerichtsordnung v. 5. 4. 1770); (1773) Nr. 47 Sp. 1167 f. (Reglement v. 20. 9. 1773 — Beilage D); (1774) Nr. 51 Sp. 519 f. (Instruktion v. 30. 7. 1774 — Beilage B); (1777) Nr. 35 Sp. 885 (Reskript v. 20. 8. 1777); (1779) Nr. 18 Sp. 1572 (Reskript v. 8. 6. 1779); (1794) Nr. 56 Sp. 2289 f. (Reglement v. 3. 6. 1794 — Beilage).

[62] *Mylius* IV, I, 3. Kap. Nr. 22 Sp. 868 (Patent v. 11. 5. 1700 — Beilage B v. 21. 6. 1700).

[63] Siehe die oben 3. Kap. B II 8 Anm. 61 angeführten Beispiele.

der Eidesformeln fast wörtlich überein, so beruht das sicher nicht auf einem Zufall. Man kann dann mit ziemlicher Sicherheit davon ausgehen, daß eine Formel das Vorbild für die andere bildete. Das gilt um so mehr, wenn man außerdem die weitgehende Gleichbehandlung auf vielen anderen Gebieten bedenkt.

Dieser Schluß würde in unserem Fall bedeuten, daß der Beamteneid nach dem Modell des Lehneides geschaffen wurde, von dem er viele Formulierungen wörtlich übernahm.

III. Bekräftigungsformeln in Lehn- und Beamteneid

Diese Annahme wird durch eine weitere Beobachtung bestätigt. Die Übereinstimmung der Wendungen bezog sich nicht nur auf die Pflichtenkataloge, sondern auch auf die Bekräftigungsformeln, die in beiden Eiden häufig benutzt wurden.

1. Die Formel „nach höchstem Vermögen"

Bereits in einem Lehneid aus dem Jahre 858 finden sich die Worte: „Quantum sciero et potuero...[1]."

Den Inhalt dieser Formel drückte man in deutschen Vasallitätseiden mit den Wendungen

„... nach meinen äußersten Kräften..."

oder

„... nach höchstem Vermögen..."

aus[2].

Vor allem die letztere Formel war auch in den Beamteneiden üblich[3]. Man gebrauchte sie besonders häufig im Zusammenhang mit zweien der dargestellten Pflichten. So wurde des öfteren entweder versprochen,

---

[1] *MGH Cap.* II Nr. 269 S. 296 (Urk. v. 21. 3. 858); die gesamte Formel siehe oben 3. Kap. B II 1; dazu *Mitteis* Lehnrecht S. 64; vgl. auch *LF* II, 7.

[2] Siehe z. B. *Perneder* Lehnrecht S. 12; *Mylius* IV, I, 3. Kap. Nr. 22 Sp. 867 (Patent v. 11. 5. 1700 — Beilage B v. 21. 6. 1700); *NCCM* (1773) Nr. 58 Sp. 2449 f. (Reskript v. 11. 10. 1773).

[3] *Riedel* I, VI Nr. 290 S. 221 (Urk. v. 5. 9. 1472); I, XII Nr. 22 S. 279 (Urk. v. 10. 10. 1513); III, III Nr. 211 S. 250 (Urk. v. 31. 12. 1514); I, XI Nr. 35 S. 283 (Urk. v. 29. 9. 1519); *Raumer* II Nr. 17 S. 16 (Urk. v. 1472); II Nr. 56 S. 265 (Urk. v. 1529); *Mylius* IV, I, 2. Kap. Nr. 4 Sp. 519 (Holzordnung v. 23. 5. 1593); IV, I, 2. Kap. Nr. 9 Sp. 550 (Holzordnung v. 1. 2. 1622); II, I Nr. 94 Sp. 261 (Kammergerichtsordnung v. 11. 12. 1700); IV, I, 2. Kap. Nr. 104 Sp. 719 (Holzordnung v. 20. 5. 1720); *NCCM* (1770) Nr. 33 Sp. 6724 (Gerichtsordnung v. 5. 4. 1770); (1773) Nr. 55 Sp. 2377 f. (Extrakt v. 3. 10. 1773 — Lit. B); (1774) Nr. 51 Sp. 517 f. (Instruktion v. 30. 7. 1774 — Beilage A); (1779) Nr. 18 Sp. 1571 (Reskript v. 8. 6. 1779); (1794) Nr. 56 Sp. 2289 f. (Reglement v. 3. 6. 1794) — Beilage); für Holstein *Cronhelm* III, V, 2 Nr. 7 S. 860 (Rendsburgische Stadt- und Polizeiverordnung v. 17. 9. 1720).

„des Herren Nutzen und Frommen nach hochstem vermogen zu befördern"[4] oder man schwor,

„Schaden und Nachteil nach höchstem Vermögen zu wenden"[5].

2. Die Formel „an arg und ane geverde"

Die zweite Wendung, die man wie die erste als unselbständige Formel bezeichnen könnte, weil sie nur in Verbindung mit den im Eid enthaltenen Verpflichtungen einen Sinn erhielt, wurde ebenfalls sowohl im Lehn- als auch im Beamteneid verwendet.

In den Lehneiden der Karolingerzeit[6], in denen man „consilium atque auxilium" versprach, wurde diesen Worten hinzugefügt:

„absque fraude et male ingenio[7]."

Mit dieser Wendung wollte man dem Herrn versichern, man werde ihm ohne jede Arg- und Hinterlist oder gar Eigennutz mit Rat und Tat beistehen.

In den deutschen Eiden drückte man dasselbe aus, indem in die Formel Worte wie

„ane alles geverde",

„an arg und ane alles geverde[8]"

oder

„getrewlich und an geverde"

aufgenommen wurden[9].

Besonders die letzte Wendung weist noch einmal auf die Wandlung hin, die der Inhalt der Begriffe „Treue" oder „getreu" durchgemacht hatte.

---

[4] *Riedel* I, VI Nr. 290 S. 221 (Urk. v. 5. 9. 1472); I, XII Nr. 22 S. 279 (Urk. v. 10. 10. 1513); I, XI Nr. 35 S. 283 (Urk. v. 29. 9. 1519); *Raumer* II Nr. 17 S. 16 (Urk. v. 1472).

[5] Z. B. *Mylius* IV, I, 2. Kap. Nr. 4 Sp. 519 (Holzordnung v. 23. 5. 1593); IV, I, 2. Kap. Nr. 9 Sp. 550 (Holzordnung v. 1. 2. 1622); IV, I, 2. Kap. Nr. 104 Sp. 719 (Holzordnung v. 20. 5. 1720); NCCM (1770) Nr. 33 Sp. 6724 (Gerichtsordnung v. 5. 4. 1770); (1794) Nr. 56 Sp. 2289 f. (Reglement v. 3. 6. 1794 — Beilage).

[6] Dazu siehe oben 1. Kap. B II.

[7] Z. B. *MGH Cap.* II Nr. 279 C S. 348 (Urk. v. 30. 6. 876); dazu *Mitteis* Lehnrecht S. 64.

[8] Vgl. zum verschiedenen Inhalt der Begriffe „arg" und „geverde" Fuhr- Zur Entstehung und rechtlichen Bedeutung der mittelalterlichen Formel „ane argeliste unde geverde"; *Gudian* ZRG GA 82 (1965), 334 f.

[9] *Riedel* III, I Nr. 150 S. 242 (Urk. v. 1440/41); III, I Nr. 201 S. 323 (Urk. v. 18. 6. 1455); *Raumer* II Nr. 8 S. 9 (Urk. v. 1472); *Perneder* Lehnrecht S. 12; NCCM (1773) Nr. 58 Sp. 2451 f. (Reskript v. 11. 10. 1773). Diese Formel begegnet auch sonst — vgl. *Gudian* ZRG GA 82 (1965) 333 ff.; auch *Fuhr*.

Seinem ursprünglichen Sinne nach hätte „getrewlich" alle Unterlassungspflichten mitenthalten, die sich aus dem „an geverde" ergeben konnten. Da man jedoch die aus der Treue erwachsenden positiven Handlungspflichten immer stärker betont hatte, waren die Unterlassungspflichten in den Hintergrund gedrängt worden. Es war nicht mehr jedem bewußt, daß auch sie sich aus der Treue ergaben. Man hielt es daher für erforderlich, mit den Worten „an geverde" an sie zu erinnern.

Das gleiche gilt für das Beamtenwesen. Hier benutzte man neben den Formulierungen „one geverde" und „sunder arglist und on geuerde"[10] auch die Wendung „getreulich und ohnegefährlich"[11].

Es zeigt sich also, daß nicht nur der Wortlaut der Pflichtenkataloge beider Rechtskreise, sondern ebenfalls der der Bekräftigungsformeln übereinstimmte.

Hatte der Vasall die Erfüllung der hier erwähnten Pflichten geschworen, sie mit den dafür vorgesehenen Wendungen bekräftigt und am Schluß eine religiöse Beteuerungsformel gesprochen, so endete damit der von ihm zu leistende Eid.

IV. Der Diensteid

1. Im Beamteneid

Der Beamteneid dagegen war umfangreicher. Der übliche Lehneid enthielt im Grunde genommen nur eine Aufzählung und Umschreibung der aus der Treue sich ergebenden Pflichten. Er war also ausschließlich ein Treueid. Der Beamteneid erschöpfte sich darin nicht. Zwar nahm auch bei ihm der Treueschwur einen bedeutenden Platz ein, daneben jedoch hatte der Beamte einen Diensteid abzulegen.

Dieser enthielt eine genaue Aufzählung aller Pflichten, die sich aus seiner ganz speziellen Amtstätigkeit ergaben. Aus dem Begriff der Treue ließ sich ihre Erfüllung meistens nicht erklären. Außerdem gingen diese Pflichten derart ins einzelne, daß ihre Ableitung aus der sehr umfassenden Treue auf Schwierigkeiten stieß und wenig praktikabel war. Man sah sich daher gezwungen, sie in aller Ausführlichkeit in den Eid aufzunehmen.

---

[10] *Riedel* I, VII Nr. 49 S. 151 (Urk. v. 30. 6. 1437); III, I Nr. 376 S. 530 (Urk. v. 20. 6. 1470); III, II Nr. 57 S. 57 f. (Urk. v. 21. 11. 1471); I, VI Nr. 290 S. 221 (Urk. v. 5. 9. 1472); I, VII Nr. 53 S. 442 (Urk. v. 4. 9. 1472); *Raumer* II Nr. 4 S. 6 (Urk. v. 1471).

[11] Z. B. *Altmann* I Nr. 53 S. 208 (Urk. v. 1713); siehe auch *NCCM* (1770) Nr. 33 Sp. 6725 (Gerichtsordnung v. 5. 4. 1770).

Diese Einfügung eines Diensteides in den Beamteneid wurde nicht erst im Laufe der hier behandelten Epoche gebräuchlich. Man findet ihn vielmehr bereits am Anfang dieses Zeitraums im Beamteneid. Er wurde während der ganzen Periode beibehalten.

Im Jahre 1470 schwor z. B. der Vogt zu Küstrin neben dem allgemein verwandten Treueid:

„... und mit dem Slosz unnd dem Ampt doselbst, als Ir amptman, alle dieweyl ich das von Irer wegen Inn hab, getrewlich wider allermeniglich zuwarten und zu uolgen, auch sein gult, zins und bete, die ich von Irer gnaden wegen aldo einnym, zuguter haben reichen...[1]."

An dem Prinzip, den Beamten neben dem Treueid einen Diensteid leisten zu lassen, hatte sich auch im 18. Jahrhundert noch nichts geändert. So hatte ein Lehnsekretär im Jahre 1700 in seinem Eid u. a. zu versprechen:

„... dasjenige, was Mir von Sr. Churfürstl. Durchl. Herrn Cantzler oder Befehls-Habern aufferleget wird, und mein Ambt mitbringet, getreulich und fleissig zu verrichten, und die Leute, so zu Thun, nicht zu verzögern, sondern nach Möglichkeit zu befordern, niemand von der Herrschafft Händeln und Registraturen einige Abschrifft zu geben, ohne des Herren Cantzlers Bewilligung, und von denselben Büchern nichts in meine Behausung zu nehmen, oder abschreiben zu lassen, von den Partheyen über die Gebühr nicht zu nehmen...[2]."

An der Beurteilung, daß Beamten- und Lehneid fast völlig übereinstimmten, ändert die Einführung des Diensteides nichts. Denn zunächst ist festzuhalten, daß lediglich die *Treue*eide beider Rechtskreise untersucht werden sollten. Diese jedoch glichen einander auch noch im 18. Jahrhundert nahezu völlig.

Zum anderen ist die Einfügung besonderer Dienstpflichten lediglich als eine Anpassung des Eides an die veränderten Zeitumstände zu verstehen. Wie bereits bei der genauen Bezeichnung der Dienststellung im Beamteneid hervorgehoben[3], handelt es sich auch hier um eine Auswirkung der immer stärker werdenden Spezialisierung in der Verwaltung. Einen grundsätzlichen Unterschied wollte man damit nicht schaffen.

2. Im Lehneid

Wenn diese Überlegung richtig sein soll, so müßte dieser Trend sich ebenfalls in den Eiden jener Vasallen widerspiegeln, denen im 17. und 18. Jahrhundert noch ein Amt zu Lehen gegeben wurde. Tatsächlich läßt sich etwas derartiges nachweisen. Besonders deutlich wird dies in

---

[1] *Riedel* III, I Nr. 376 S. 530 (Urk. v. 20. 6. 1470).
[2] *Mylius* II, I Nr. 94 Sp. 262 (Kammergerichtsordnung v. 11. 12. 1700).
[3] Siehe oben 3. Kap. B II 8.

B. Der Treueid in Lehn- und Beamtenrecht

dem Eid, den der schon erwähnte Generalerbpostmeister[4], der Graf von Wartenberg, abzulegen hatte. In ihm schwor er neben dem Treueid Folgendes:

„... absonderlich aber Seiner Churfürstlichen Durchlauchtigkeit hohes Post-Regal gebührend beobachten ..., wenn von andern, sie seyn wer sie wollen, Seine Churfürstliche Durchlauchtigkeit in solchem Ihrem Post-Regal einiger Eingriff gethan werden solte, solches in Zeiten abkehren, und unter Seiner Churfürstlichen Durchlauchtigkeit hohen Autorität alle diensame Mittel dawider zur Hand nehmen, daß absonderlich die an Seiner Churfürstlichen Durchlauchtigkeit einkommende, und unter Dero hohen Nahmen abgehende Briefe sicher, uneröffnet und schleunig überkommen, befördern, daß der Ertrag und Überschuß bey dem Post-Wesen so hoch als es das Publicum nur einigergestalt erleiden will, gebracht, solcher Überschuß auch gebührend administriret und berechnet werde, behörige Obacht tragen...[5]."

Auch dieses Beispiel zeigt, daß Lehn- und Beamtenrecht in einer Wechselwirkung zueinander standen. Als zunächst allein das Lehnrecht fertig ausgebildet war und die meisten Verwaltungsstellen als Lehen vergeben wurden, rezipierte das im Entstehen begriffene Beamtenrecht viele der dort ausgebildeten Regelungen und Institute. Nachdem nun die Beamten das beherrschende Element in der Verwaltung geworden waren, übernahmen sie die Führung bei der Schaffung eigenständiger Institute für das ihren eigenen Status bestimmende Rechtsgebiet. Diese Regelungen wiederum wurden von dem bezüglich der Verwaltung des Landes mehr und mehr in den Hintergrund gedrängten Lehnrecht übernommen, soweit es erforderlich war.

So gewinnt man den Eindruck, daß sich bei der Umwandlung des Generalpostmeisteramtes in ein Lehen hinsichtlich der eigentlichen Verwaltung nichts geändert hat. Für die Erfüllung der dem Postwesen gestellten Aufgaben war es unerheblich, ob ein Beamter oder ein Lehnmann an der Spitze stand. Zu bedenken ist allerdings, daß das Erbpostmeisteramt mehr den Charakter eines Rentenlehens hatte[6]. Die hier gewonnenen Ergebnisse dürfen daher nicht zu sehr verallgemeinert werden.

Der Eid des Generalerbpostmeisters scheint genau dem des Generalpostmeisters entsprochen zu haben. Jedenfalls unterscheidet er sich in Aufbau und Inhalt nicht von dem eines Beamten jener Jahre. Geändert war er lediglich insofern, als er zum Ausdruck brachte, daß der Leiter der Postverwaltung diese nunmehr als Lehen erhielt.

Insgesamt kann man also feststellen, daß während des ganzen Zeitraums von 14. bis zum 18. Jahrhundert keine Veränderungen an den

---
[4] Siehe oben 2. Kap. B VI.
[5] *Mylius* IV, I, 3. Kap. Nr. 22 Sp. 868 (Patent v. 11. 5. 1700 — Beilage B v. 21. 6. 1700).
[6] Dazu siehe oben 2. Kap. B VI.

3. Kapitel: Lehneid und Beamteneid

Formeln des Lehn- und des Beamteneides vorgenommen wurden. Für den Lehneid gilt dies sogar bis zu dem Zeitpunkt, in dem die Vasallität aufhörte zu existieren.

V. Die Wandlungen des Beamteneides seit dem 18. Jahrhundert

Einschneidende Neuerungen gab es nur auf dem Gebiet des Beamteneides. Dort nämlich trat am Ende des 18. Jahrhunderts ein Trend in Erscheinung, der dem bisher zu beobachtenden völlig entgegengesetzt war. Hatte man sich bis zu dieser Zeit um eine immer genauere Aufzählung der Pflichten bemüht, so suchte man nun nach einer allgemeinen, umfassenden Formulierung, aus der alle Pflichten abzuleiten waren.

Im Falle des Beamteneides bedeutete dies, daß der König von Preußen im Jahre 1799 anordnete, alle Eide allgemeiner zu fassen. Es sollte nicht bei jeder Versetzung oder sonstigen Veränderung des Dienstverhältnisses ein neuer Schwur abgelegt werden müssen[1].

Den in dem Beamteneid enthaltenen, aus dem Lehnrecht übernommenen Treueschwur berührte diese königliche Verordnung nicht. Sicherlich war mit der in dem Erlaß gewählten Bezeichnung „Diensteid" nicht der Diensteid im engeren Sinne, so wie der Begriff hier benutzt wurde[2], gemeint, sondern es sollte der gesamte Eid damit angesprochen werden. Dennoch zeigt die Bezeichnung, daß man dabei nicht an den Treueid — und damit auch nicht an seine Veränderung — dachte. Eine solche wäre zudem sinnlos gewesen, da die Formeln dieses Teiles des Beamteneides so allgemein gefaßt waren, daß sie auf jede Dienststellung angewendet werden konnten. Sie entsprachen also von vornherein den Forderungen des Königs. Der Treueid behielt also weiterhin seine ursprüngliche Form und damit seine große Ähnlichkeit mit dem Lehneid.

Eine Änderung, die auch das Treueversprechen betraf, trat in Preußen erst im Jahre 1867 ein. Die Verordnung vom 6. Mai dieses Jahres legte für die Zukunft folgenden Wortlaut des Beamteneides fest:

„Ich N. N. schwöre zu Gott dem Allmächtigen und Allwissenden, daß Seiner Königlichen Majestät von Preußen, meinem Allergnädigsten Herrn, ich

---

[1] NCCM (1799) Nr. 60 Sp. 2663 ff. (Verordnung v. 26. 10. 1799): § 2. Zur Verhütung einer unnötigen Wiederholung der Diensteyde, müssen die Formulare so gefasset werden, daß sie die von jedem Officianten, nach Verschiedenheit seines Berufs, zu beobachtenden Amtspflichten dergestalt im Allgemeinen enthalten, daß zugleich auf die itzt und in der Folge bey vorfallender Veränderung in den Dienstverhältnissen zu erhaltende Instruction Bezug genommen wird, und es daher keiner erneuerten Vereydung bedarf, wenn dem Officianten, in demselben Departement, durch Versetzung oder weitere Beförderung, ein neuer Wirkungskreis angewiesen wird.

[2] Siehe oben 3. Kap. B IV; dazu *Everling* S. 32 f.; *Friesenhahn* S. 83 bezeichnet ihn als „Amtseid".

B. Der Treueid in Lehn- und Beamtenrecht

unterthänig, treu und gehorsam sein und alle mir vermöge meines Amtes obliegenden Pflichten nach meinem besten Wissen und Gewissen genau erfüllen, auch die Verfassung gewissenhaft beobachten will, so wahr mir Gott helfe u.s.w.[3]."

Der Treueid im engeren Sinne bestand also nunmehr nur noch aus den Worten „untertänig, treu und gehorsam sein". Eine Formulierung, die, wenn auch nicht sehr plastisch, so doch ausreichend war, da sich aus ihr alle in früheren Eiden aufgezählten Einzelpflichten ableiten ließen[4].

Außerdem wurde in den Beamteneid neben Treu- und Diensteid ein Verfassungseid aufgenommen[5]. In ihm versprach der Beamte nicht die Aufrechterhaltung der Verfassung, sondern lediglich ihre gewissenhafte Beobachtung. Immerhin aber zeigte sich gegenüber früheren Beamteneiden, daß jetzt der Landesherr nicht mehr den alleinigen Beziehungspunkt für den Beamten und sein Verhältnis zum Staat darstellte. Neben ihn war — allerdings zu dieser Zeit noch mit einer geringeren Bedeutung — die Verfassung getreten. Das Beamtenverhältnis wurde dadurch in gewisser Weise „entpersönlicht".

Dies wurde noch deutlicher in der Zeit der Weimarer Republik und im Beamtenrecht der Bundesrepublik Deutschland.

Einen Landesherrn im Sinne früherer Epochen, der als persönlicher Anknüpfungspunkt für das Beamtenverhältnis hätte dienen können, gab es — mit Ausnahme der Jahre von 1933 bis 1945 — nicht mehr. Der Treueid gegenüber einer bestimmten Person, dem Herrscher, konnte also im Beamteneid nicht enthalten sein. Daher leisteten die Reichsbeamten der Weimarer Zeit folgenden Eid:

„Ich schwöre Treue der Verfassung, Gehorsam den Gesetzen und gewissenhafte Erfüllung meiner Amtspflichten[6]."

Die Formel „Treue der Verfassung" erläuterte die überwiegende Meinung dahingehend, daß sie gleichbedeutend mit dem bisher geschworenen „Beobachten der Verfassung" sei[7].

Der Bundesbeamte unserer Zeit verspricht in seinem Eid, das Grundgesetz für die Bundesrepublik Deutschland und alle in der Bundesrepublik geltenden Gesetze zu wahren und seine Amtspflichten gewissenhaft zu erfüllen[8].

---

[3] *KPGS* (1867) Nr. 6658 S. 715 (Verordnung v. 6. 5. 1867).
[4] Vgl. oben 3. Kap. B II; zum Treuebegriff in dieser Zeit siehe *Lotz* S. 435 ff.
[5] Näheres bei *Everling* S. 34; *Friesenhahn* S. 83 ff.
[6] *RGBl.* (1919) Nr. 6983 S. 1419 (Verordnung v. 14. 8. 1919).
[7] Vgl. dazu *Redelberger* DÖV 1954, S. 398 und die dort Aufgeführten.
[8] § 58 BBG. Zur Frage des Treueides in der heutigen Zeit siehe auch *BayVerfGH* in DÖV 1965, S. 135 (Entscheidung v. 26. 11. 1964).

Die Erwähnung der Treue gegenüber der Verfassung unterbleibt hier also gänzlich; vor allem wohl deshalb, weil diese Formulierung bereits in der Weimarer Republik zu zahlreichen Kontroversen geführt hatte[9]. Immerhin kann das Versprechen, das Grundgesetz und die anderen Gesetze der Bundesrepublik wahren zu wollen, als eine Art Treueid auf die Verfassung verstanden werden.

Seine Formel ist genauso knapp wie die des Verfassungseides der Weimarer Zeit. Die früher in den Eiden aufgezählten Einzelpflichten sind nunmehr in den Beamtengesetzen enthalten.

Vergleicht man sie mit denen vergangener Zeiten, so kommt man zu dem bemerkenswerten Ergebnis, daß sich hinsichtlich der Art der einzelnen Verpflichtungen nichts geändert hat.

So trifft den Beamten auch heute noch eine Gehorsamspflicht[10]. Ferner hat er das Amtsgeheimnis zu wahren[11] sowie seine Vorgesetzten zu beraten und zu unterstützen[12]. Belohnungen darf er nur mit Genehmigung der obersten Dienstbehörde entgegennehmen[13]. Schließlich finden sich allgemeine Formulierungen, die ihn verpflichten, sich wie ein ordentlicher Beamter zu verhalten[14].

Lediglich eine Tatsache unterscheidet die heute den Beamten treffenden Pflichten von denen, die er zu anderen Zeiten auf sich nahm: Früher versprach er in seinem Eid einer ganz bestimmten Person, dem Landesherrn, die Erfüllung dieser Pflichten. Heute dagegen ist der Beamteneid[15] kein Treueid auf irgendeine Person, sondern er enthält neben dem Amts- oder Diensteid im engeren Sinne nur noch einen Verfassungseid. Gleichgeblieben ist, daß der Beamte damals wie heute in einem Dienst- und Treueverhältnis stand bzw. steht[16].

Daß daneben andere Elemente des Beamtenwesens früherer Epochen auch im heutigen Beamtentum von großer Bedeutung sind, dafür sorgt Art. 33 V GG. Diese Norm bestimmt, daß bei der Regelung des öffentlichen Dienstes die hergebrachten Grundsätze des Berufsbeamtentums zu berücksichtigen sind.

---

[9] Siehe 3. Kap. B V Anm. 7.
[10] § 55 BBG; siehe auch *Brand* S. 85 ff. zu § 10 RGB, das mit zahlreichen Änderungen auch in der Weimarer Republik galt.
[11] § 61 BBG; § 11 RBG.
[12] § 55 BBG.
[13] § 70 BBG; § 15 RBG.
[14] Zum Ganzen siehe *Ebert* D III S. 81 ff. §§ 52, 54 BBG; § 10 RBG.
[15] *Ebert* D II 16 (S. 96); *Fischbach* § 58 Anm. II, 1 (S. 441).
[16] Siehe Art. 33 IV GG; dazu *Mangoldt-Klein* Art. 33 Anm. VII 3 d 2 (S. 816).

C. Ergebnis

Als Fazit der Untersuchung des Lehn- und des Beamteneides ist festzustellen, daß viele Elemente und Wendungen des Lehneides in den Beamteneid übernommen worden sind. Die Übereinstimmung der Formeln brachte es mit sich, daß von den Verpflichteten in beiden Rechtskreisen die gleichen Leistungen geschuldet wurden.

Voneinander abweichende Formulierungen gebrauchte man nur dort, wo eine Änderung der sachlichen Gegebenheiten dies erforderte.

Dieser Grundsatz macht auch verständlich, warum sich eine gewisse Lösung der Wendungen des Beamteneides von denen des Lehneides erst mit der Änderung der Regierungsform ergab, d. h. mit dem Übergang von der absoluten zur konstitutionellen Monarchie. Diese Trennungslinie prägte sich stärker aus, als sich später gar die Staatsform änderte, als also aus der Monarchie eine Republik wurde[1].

Der Beamteneid der Weimarer Republik enthielt nur noch *eine* aus dem Lehneid überkommene Formel, in dem heutigen Eid findet sich gar keine mehr. Dennoch sind die hinter den Formulierungen stehenden Pflichten im wesentlichen die gleichen geblieben.

---

[1] Zu den Begriffen siehe *Küchenhoff* S. 174 f., 179 f.; *Maunz* S. 58 ff.

Viertes Kapitel

Ergebnis und Ausblick

A. Ergebnis

Die Untersuchung des Lehn- und des Beamtenrechtes hat ergeben:

1. Bei aller Vielfältigkeit der Aufgaben des Lehnwesens steht doch bei ihm die Verwaltung des Landes derart im Vordergrund, daß ein Vergleich mit dem Beamtentum sinnvoll erscheint und brauchbare Ergebnisse zeitigt.
2. Es hat — wie am Beispiel Brandenburg-Preußens gezeigt wurde — zwischen dem 14. und dem 18. Jahrhundert eine Übergangszeit gegeben, in der zahlreiche Elemente des Lehnrechtes vom Beamtenrecht rezipiert wurden. Gegen Ende dieser Übergangsphase machte sich auch die umgekehrte Erscheinung bemerkbar, daß nämlich das Lehnrecht einige vom Beamtenrecht selbständig ausgebildete Institute übernahm.
3. Beides führte zu einer sozialen Gleichrangigkeit der Vasallen und Beamten. Dennoch war das Beamtenrecht keine Sonderform des Lehnrechts. Es war ein selbständiger Rechtskreis, der lediglich viele Elemente des Lehnrechts enthielt.
4. Die Formulierungen und der Inhalt des Beamten- und des Lehneides entsprachen einander. Hieraus kann nur der Schluß gezogen werden, daß die Wendungen des Beamteneides in ihren wesentlichen Teilen aus dem Lehneid übernommen worden sind. Die festzustellenden geringfügigen Abweichungen beruhten nicht auf der Willkür der Verfasser, sondern auf Veränderungen der sachlichen Gegebenheiten.

B. Ausblick

Vergleicht man das moderne Beamtentum in seiner Gesamtheit mit dem früherer Jahrhunderte, so kommt man zu dem Ergebnis, daß es nicht nur in den Ausprägungen einiger Institute weitgehende Übereinstimmung gibt, sondern daß sich auch das Gesamterscheinungsbild des Beamtentums im Laufe der Epochen geradezu verblüffend wenig geändert hat. Ein Ergebnis, das nachdenklich stimmen muß, denn beinahe zwangsläufig erwächst daraus die Frage, ob ein Beamtentum, dessen äußere Gestalt sich während vieler Jahrhunderte kaum gewandelt hat, überhaupt zeitgemäß ist. Kann ein solches Beamtentum, eingezwängt in althergebrachte Rechtsnormen und Rechtsgrundsätze, den Anforderungen der heutigen Zeit gerecht werden? Einer Zeit, deren Gesicht geprägt wird von einer industrialisierten Massengesellschaft, in der das Individuum seine Bedeutung für die Gestaltung der Gesellschaft und des Staates mehr und mehr verliert. Muß in einer solchen Epoche das Beamtentum nicht wie ein verstaubter Anachronismus wirken?

Es klammert sich noch immer an eine Vielzahl von ursprünglich lehnrechtlichen Instituten, obwohl das Lehnwesen seit langer Zeit nicht mehr existiert und bereits sehr viel früher seine staatstragende Bedeutung verloren hatte. Das Lehnwesen ist nur noch Geschichte, weil es sich selbst überlebt hat. Das Beamtenwesen aber hat viele der lehnrechtlichen Elemente bewahrt, obwohl ein äußerer Anlaß dafür heute nicht mehr ersichtlich ist. Es hat den Anschein, als habe für das Beamtentum die Französische Revolution nie stattgefunden. Auch andere Ereignisse haben das Beamtenwesen fast unberührt gelassen. Wir begegnen dort auch heute noch Einrichtungen, die schon vor Jahrhunderten das Aussehen des Beamtenrechts bestimmten.

So geht man z. B. noch heute davon aus, daß das Beamtenverhältnis regelmäßig auf Lebenszeit zu begründen ist[1]. Dieser Grundsatz wird offensichtlich unter dem Gesichtspunkt aufrechterhalten, daß die Staatsverwaltung nur funktionieren kann, wenn sie sich in den Händen von eingearbeiteten Beamten befindet, die auf ihren Posten über teilweise jahrzehntelange Erfahrungen verfügen. Der Staat stellt hier in seinem vermeintlich eigenen Interesse den einzelnen Beamten in den Vordergrund und meint, ohne diesen Beamten in dieser bestimmten Position nicht auskommen zu können. Man hält es daher für erforderlich, ihn für lange Zeit an sich zu binden, ihn also auf Lebenszeit zu verpflichten. Eine kaum noch zeitgemäße Vorstellung, wenn man bedenkt, daß heute die Industrie in großem Ausmaß unser Leben bestimmt. Eine reibungslose Zusammenarbeit zwischen ihr und der Verwaltung ist daher wünschenswert und kann einmal lebensnotwendig werden. Wie aber soll es zu dieser Zusammenarbeit kommen, wenn auf beiden Seiten Leute tätig sind, die von den Aufgaben und Schwierigkeiten der jeweils anderen Seite häufig eine nur oberflächliche Vorstellung haben? Wäre es nicht viel sinnvoller, wenn zwischen beiden Seiten ein steter Wechsel ermöglicht würde? Größeres Verständnis und damit eine reibungslosere Zusammenarbeit wären die Folge. Einer der Hemmschuhe

---

[1] Vgl. *Mangoldt-Klein* Art. 33 Anm. VII 3 d 3.

für einen derartigen Austausch ist die lebenslange Anstellung der Beamten.

Sie kann auch nicht durch das Argument gerechtfertigt werden, daß der Staat immer eine gewisse, konstante Mindestzahl an „Dienern" zur Verfügung haben müsse, um das Funktionieren der Verwaltung garantieren zu können. Denn es werden zwar sicherlich mehr Beamte als jetzt den Staatsdienst verlassen, wenn sie von vornherein nicht auf Lebenszeit angestellt sind. Andererseits wird es aber wohl auch zu einem größeren Zustrom in die Verwaltung kommen, wenn damit nicht — wie heute — eine Entscheidung getroffen wird, die das gesamte weitere Leben dieser Menschen bestimmt. Es kann dadurch zwischen Verwaltung und Industrie zu einer Fluktuation von Arbeitskräften kommen, wie sie innerhalb der Industrie seit langem üblich ist. Für die Verwaltung würde sich daraus vor allem der Vorteil ergeben, daß sie nicht in Routine erstarrt. Denn eine zu große Routine und die dauernde Benutzung alteingefahrener Geleise verhindern oder erschweren zumindest häufig die Einführung sinnvoller Neuerungen.

Hand in Hand mit der Abschaffung des Beamtenverhältnisses auf Lebenszeit müßte eine Umgestaltung des gesamten Beamtenverhältnisses und des Beamtenrechts gehen, um es den modernen Gegebenheiten anzupassen.

So ist nicht einzusehen, warum ein ganz besonders enges Treueverhältnis zwischen Staat und Beamten bestehen soll. An sich müßte es doch ausreichend sein, wenn beiden Seiten die Treupflichten auferlegt würden, die sich aus einem normalen Dienstvertrag ergeben. Mit der Abschaffung besonderer Treupflichten könnte auch der Beamteneid entfallen. Ebenso erschiene es sinnvoll und für unser Recht systemgerechter, wenn es ein besonderes Disziplinarrecht für Beamte nicht mehr gäbe.

Wollte man all diese Vorschläge auf einmal in die Tat umsetzen, so würde das sicherlich zu großer Unruhe und Unsicherheit in der Beamtenschaft führen. Eine so radikale Änderung des Systems wäre daher nicht durchführbar. Sie soll mit den hier dargelegten Gedanken auch gar nicht vorgeschlagen werden. Diese sollen lediglich dazu dienen, einen Anstoß für ein neues Durchdenken der Stellung der Verwaltung und ihrer Träger in unserem Staate zu geben.

Man muß endlich davon loskommen, ein System, das jahrhundertelang gegolten hat, als im Prinzip unabänderlich und als das von vornherein beste und sachdienlichste anzusehen. Denn man sollte nicht aus den Augen verlieren, daß es damals nur deshalb in der uns bekannten Gestalt geschaffen wurde, weil es *für die damalige Zeit* die sinnvollste Form für die Durchführung der Verwaltung war. Über seine Eignung in der heutigen Zeit ist damit noch nichts gesagt. Man sollte daher ohne Scheu vor den hergebrachten Einrichtungen des Beamtenwesens bemüht sein, es in sinnvoller Weise zu ändern und es der heutigen Zeit anzupassen. Dabei sollten alte Institutionen nicht willkürlich zerstört, sondern nur diejenigen abgeschafft oder geändert und durch neue ersetzt werden, die entweder heute keinen praktischen Wert mehr haben oder die unzeitgemäß sind.

Einer derartigen Umschaffung des Beamtentums scheint insbesondere Art. 33 Abs. 5 GG entgegenzustehen, der die hergebrachten Grundsätze des Berufsbeamtentums im Recht des öffentlichen Dienstes berücksichtigt wissen will.

Immerhin steht diese Vorschrift Neuerungen auf dem Gebiet des Beamtenwesens nicht völlig entgegen, denn sie fordert lediglich die *Berücksichtigung* der hergebrachten Grundsätze des Berufsbeamtentums. Das ist weniger als die *Beachtung* dieser Grundsätze[2], die man also lediglich im Auge behalten muß, ohne fest an sie gebunden zu sein und ohne daß sie der Kernpunkt des Beamtenrechts sein müßten. Art. 33 Abs. 5 GG gewährt somit für die Umgestaltung des Verwaltungswesens einen verhältnismäßig großen Spielraum, ohne die bisherigen Regelungen völlig außer acht zu lassen. Er erreicht damit das, was wohl auch das Sinnvollste und Zweckmäßigste bei der Anpassung des Beamtenwesens an die modernen Verhältnisse ist. Er gestattet schrittweise Änderungen, soweit sie erforderlich sind, und verhindert willkürliche Neuschöpfungen, die von der Sache her nicht gerechtfertigt sind. Er richtet damit unseren Blick auf die Vergangenheit des Beamtentums, ohne Neuerungen auszuschließen.

Auch er kann sich allerdings einmal als Hemmschuh herausstellen, wenn entscheidende Änderungen des Beamtentums und der Verwaltung unumgänglich werden. Man sollte dann nicht vor einer Abänderung der Vorschrift zurückscheuen, sondern sich bei einer Neufassung allein von Zweckmäßigkeitsgesichtspunkten leiten lassen. So wie es vor Jahrhunderten die Landesherren taten, als sie für die Verwaltung des Landes das Beamtentum schufen, weil die Lehnleute nicht mehr den Anforderungen der damaligen Zeit an die Stellung eines Amtsträgers gewachsen waren.

---

[2] *BVerfGE* 3, 137; *Mangoldt-Klein* Art. 33 Anm. VII 2; a. A. *Maunz-Dürig* Art. 33 Rdnr. 58.

Quellen- und Literaturverzeichnis

(Urkunden- und Gesetzessammlungen)

Acta Borussica: Denkmäler der Preußischen Staatsverwaltung im 18. Jahrhundert. Die Behördenorganisation und die allgemeine Staatsverwaltung Preußens im 18. Jahrhundert, bearbeitet von G. Schmoller und D. Krauske, Bd. I—XI, Berlin 1894—1922.

Acta Brandenburgica: Brandenburgische Regierungsakten seit der Begründung des Geheimen Rates, herausgegeben von Melle Klinkenborg — 4 Bände — Berlin 1927—1930.

Altmann: Altmann, Wilhelm: Ausgewählte Urkunden zur Brandenburgisch-Preußischen Verfassungs- und Verwaltungsgeschichte, 2 Teile — 2. stark vermehrte Auflage — Berlin 1914—1915.

Bodemann: Bodemann, Eduard: Die älteren Zunfturkunden der Stadt Lüneburg — Hannover 1883.

Cronhelm: Cronhelm, Friderich Detleff Carl von: Corpus Constitutionum Regio-Holsaticarum — Altona 1749 ff.

Gercken: Gercken, Philipp Wilhelm: Codex diplomaticus Brandenburgensis — Aus Originalien und Copial-Büchern gesammlet — Tomus 1—8 — Salzwedel und Stendal 1769—1785.

Decretum Gratiani: Decretum Gratiani emendatum, et notationibus illustratum — Augustae Taurinorum 1588.

Eckhardt: Eckhardt, Karl August: Sachsenspiegel, Lehnrecht — Göttingen, Berlin, Frankfurt 1956.

Homeyer: Homeyer, C. G.: I.: Des Sachsenspiegels erster Theil oder das Sächsische Landrecht — 2. vermehrte Auflage — Berlin 1835. II, 1: Des Sachsenspiegels zweiter Theil, nebst den verwandten Rechtsbüchern — 1. Band, Das Sächsische Lehnrecht und der Richtsteig Lehnrechts — Berlin 1842. II, 2: Des Sachsenspiegels zweiter Theil, nebst den verwandten Rechtsbüchern. — 2. Band, Der Auctor vetus de beneficiis, das Görlitzer Rechtsbuch und das System des Lehnrechts — Berlin 1844.

KPGS: Gesetz-Sammlung für die Königlichen Preußischen Staaten — Berlin.

Lehmann: Lehmann, Karl: Das Langobardische Lehnrecht (Handschriften, Textentwicklung, ältester Text und Vulgattext nebst den capitula extraordinaria) Göttingen 1896.

LF: Libri Feudorum in der Textausgabe von Karl Lehmann — Göttingen 1896.

MGH Ann.: Annales Bertiniani in Monumenta Germaniae Historica, Scriptores Rerum Germanicarum — recensuit G. Waitz — Hannoverae 1883.

MGH Cap.: Capitularia Regum Francorum in Monumenta Germaniae Historica, Legum Sectio II, Tomus I — denuo edidit Alfredus Boretius — Hannoverae 1883. Tomus II — denuo ediderunt Alfredus Boretius et Victor Krause — Hannoverae 1897.

MGH Form.: Formulae Merowingici et Karolini Aevi in Monumenta Germaniae Historica — Legum Sectio V — edidit Karolus Zeumer — Hannoverae 1886 (Neudruck 1963).

MGH Reg. Gregor VII.: Das Register Gregors VII., herausgegeben von Erich Caspar — Epistolae selectae in usum scholarum ex Monumentis Germaniae historicis, Tomus II, 2. unveränderte Auflage, Berlin 1955.

Mylius: Mylius, Christian Otto: Corpus Constitutionum Marchicarum oder Königl. Preußis. und Churfürstl. Brandenburgische in der Chur und Marck Brandenburg, auch incorporierten Landen publicirte und ergangene Ordnungen, Edicta, Mandata, Rescripta, Berlin und Halle 1737 ff.

NCCM: Novum Corpus Constitutionum Prussico—Brandenburgensium praecipue Marchicarum oder Neue Sammlung, sonderlich in der Chur- und Marck Brandenburg, wie auch anderen Provintzien, publicirten und ergangenen Ordnungen, Edicten, Mandaten, Rescripten usw., Berlin 1753 ff.

Raumer: Raumer, Georg Wilhelm von: Codex diplomaticus Brandenburgensis continuatus — Sammlung ungedruckter Urkunden zur Brandenburgischen Geschichte, 2 Teile — Berlin, Stettin und Elbing — 1831/33.

RGBl.: Reichsgesetzblatt.

Riedel: Riedel, Adolph Friedrich: Codex diplomaticus Brandenburgensis — Sammlung der Urkunden, Chroniken und sonstigen Quellenschriften für die Geschichte der Mark Brandenburg und ihrer Regenten — Berlin 1838 ff. 1. Hauptteil: Geschichte der geistlichen Stiftungen, der adlichen Familien, so wie der Städte und Burgen der Mark Brandenburg. 2. Hauptteil: Urkunden — Sammlung zur Geschichte der auswärtigen Verhältnisse der Mark Brandenburg und ihrer Regenten — Berlin 1843 ff. 3. Hauptteil: Sammlung für allgemeine Landes- und kurfürstliche Haus-Angelegenheiten — Berlin 1859 ff.

Literatur

Ambrosius: Ambrosius, L.: Das Besoldungsrecht der Beamten, Kommentar — 5., vollständig neubearbeitete erweiterte Auflage — Düsseldorf 1954.

Ardizone: Ardizone, Jacobus de: Summa sive epitome iuris feudorum — Colonia 1569.

Bachmann: Bachmann, Georg August: Über die Lehnsfolge der Seitenverwandten in altväterlichen Stammlehnen — 1797.

Bechstein: Bechstein, Friederich: Die Beziehungen zwischen Lehensherr und Lehensträger in Hohenlohe seit dem 13. Jahrhundert — Diss. Tübingen 1965.

Behnke: Behnke, Kurt: Bundesdisziplinarordnung (BDO) in der vom 1. September 1953 geltenden Fassung, Stuttgart und Köln 1954.

Below: Below G. von: Der deutsche Staat des Mittelalters — 2. Auflage — Leipzig 1925.

Beseler: Beseler, Georg: System des gemeinen deutschen Privatrechts — Teil 1—2 — Berlin 1885.

G. L. Boehmer: Boehmer, Georg Ludwig: Principia Iuris Feudalis praesertim Longobardici quod per Germaniam obtinet — Editio tertia emendatior — Goettingae 1775. — Editio octava, quam curavit et observationibus auxit Antonius Bauer — Gottingae 1819.

J. H. Boehmer, dimissio: Boehmer, Justus Henning: Doctrinam de iure principis circa dimissionem ministrorum. Dissertatio: Philippus Adolphus de Munchhausen (1716) — Halae Magdeburgicae 1741 — in Böhmeri Dissertationes Vol. II (1713—1718).

Bornhak, Rechtsgeschichte: Bornhak, Conrad: Preußische Staats- und Rechtsgeschichte — Berlin 1903.

Bornhak, Staatsrecht: Bornhak, Conrad: Preußisches Staatsrecht — 3 Bände — 2. Auflage — Breslau 1911—1914.

Bosl: Bosl, Karl: Das ius ministerialium, Dienstrecht und Lehnrecht im deutschen Mittelalter in Vorträge und Forschungen, Band V, Studien zum mittelalterlichen Lehnswesen, Lindau und Konstanz 1960.

Bosl, Reichsministerialität: *Bosl,* Karl: Die Reichsministerialität der Salier und Staufer — 2 Teile — Stuttgart 1950—1951.

Brand: Brand, A.: Gesetze über die Rechtsverhältnisse der Reichsbeamten — 3., bedeutend erweiterte und vollständig umgearbeitete Auflage — Berlin 1929.

Brunner: Brunner, Heinrich: Deutsche Rechtsgeschichte, 1. Band: 2. Auflage, Leipzig 1906. 2. Band: 2. Auflage; neu bearbeitet von Claudius Freiherrn von Schwerin — München und Leipzig 1928.

Brunner, ZRG: Brunner, Heinrich: Der Reiterdienst und die Anfänge des Lehnwesens in ZRG GA 8 (1887), 1 ff.

Buri: Buri, Friedrich Carl von: Erläuterung des in Deutschland üblichen Lehenrechts. Mit einer Vorrede und berichtigenden Anmerkungen aufs neue herausgegeben von Justus Friedrich Bunde — Band I: Giessen 1788; Band II: Giessen 1783.

Conrad: Conrad, Hermann: Deutsche Rechtsgeschichte, Ein Lehrbuch — Band I: Frühzeit und Mittelalter — 2., neubearbeitete Auflage — Karlsruhe 1962; Band II: Neuzeit bis 1806 — Karlsruhe 1966.

Dahn: Dahn, Felix: Deutsches Privatrecht (mit Lehen-, Handels-, Wechsel- und See-Recht) — Grundriß — Leipzig 1878.

Döhring: Döhring, Erich: Geschichte der deutschen Rechtspflege seit 1500 — Berlin 1953.

Dopsch, Benefizialwesen: Dopsch, Alfons: Benefizialwesen und Feudalität in Beiträge zur Sozial- und Wirtschaftsgeschichte, Gesammelte Aufsätze / Zweite Reihe, herausgegeben von Erna Patzelt — Wien 1938.

Dopsch, Wirtschaftsentwicklung: Dopsch, Alfons: Die Wirtschaftsentwicklung der Karolingerzeit — 3., erweiterte Auflage — 2 Bände — Köln Graz 1962.

Ebel: Ebel, Wilhelm: Über den Leihegedanken in der deutschen Rechtsgeschichte in Vorträge und Forschungen, Band V, Studien zum mittelalterlichen Lehenswesen, Lindau und Konstanz 1960.

Ebert: Ebert, Kurt: Das Recht des öffentlichen Dienstes, Ein Handbuch für die Personalverwaltung und die Personalvertretungspraxis — Berlin 1965.

Ehrenberg: Ehrenberg, Victor: Commendation und Huldigung nach fränkischem Recht — Weimar 1877.

Eichhorn, Allodification: *Eichhorn*, Karl Friedrich: Über die Allodification der Lehen — Göttingen 1828.

Eichhorn, Privatrecht: *Eichhorn*, Karl Friedrich: Einleitung in das deutsche Privatrecht mit Einschluß des Lehenrechts — 5., verbesserte Ausgabe — Göttingen 1845.

Eichhorn, Staatsgeschichte: *Eichhorn*, Karl Friedrich: Deutsche Staats- und Rechtsgeschichte — Fünfte verbesserte Ausgabe — 4 Teile — Göttingen 1843—1844.

Everling: Everling, Friedrich: Der Preußische Beamteneid — Berlin 1915.

Ficker, Heerschild: *Ficker*, Julius: Vom Heerschilde — Innsbruck 1862.

Ficker, Sachsenspiegel: *Ficker*, Julius: Über die Entstehungszeit des Sachsenspiegels und die Ableitung des Schwabenspiegels aus dem Deutschenspiegel — Innsbruck 1859.

Fischbach: Fischbach, Oskar Georg: Bundesbeamtengesetz, 2 Bände — 3. Auflage — Köln, Berlin, Bonn, München 1964/65.

Friesenhahn: Friesenhahn, Ernst: Der politische Eid — Bonn 1928.

Fuhr: Fuhr, Ludwig: Zur Entstehung und rechtlichen Bedeutung der mittelalterlichen Formel „ane argeliste unde geverde" — Diss. jur. Frankfurt a. M. 1962.

Ganshof, Fränkisches Lehnswesen: *Ganshof*, François Louis: Das Lehnswesen im fränkischen Reich; Lehnswesen und Reichsgewalt in karolingischer Zeit in Vorträge und Forschungen, Band V, Studien zum mittelalterlichen Lehenswesen, Lindau und Konstanz 1960.

Ganshof, Lehnswesen: *Ganshof*, François Louis: Was ist das Lehnswesen? — Darmstadt 1961.

Gerber: Gerber, C. F. v.: System des Deutschen Privatrechts — 16. Auflage — Jena 1890.

Gmeiner: Gmeiner, Franz Xaver: Das allgemeine Deutsche Lehnrecht, In wissenschaftlicher Lehrart vorgetragen — Grätz 1795.

Gierke: Gierke, Otto: Das deutsche Genossenschaftsrecht — 1. Band: Rechtsgeschichte der deutschen Genossenschaft, Berlin 1868. 2. Band: Geschichte des deutschen Körperschaftsbegriffs — Berlin 1873.

Grimm: Grimm, Jacob — *Grimm*, Wilhelm: Deutsches Wörterbuch — Leipzig 1854 ff.

Gudian: Gudian, Gunter: Zur rechtlichen Bedeutung der Formel „ane geverde" im Spätmittelalter in ZRG GA 82 (1965), 333 ff.

Hattenhauer: Hattenhauer, Hans: Zur Autorität des germanisch-mittelalterlichen Rechtes in ZRG GA 83 (1966), 258 ff.

Heisch: Heisch, Günter: Verfassungsgeschichte der Schleswig-Holsteinischen Prälaten und Ritterschaft seit 1775 — Diss. Kiel 1964 — Neumünster 1966.

Heusler: Heusler, Andreas: Institutionen des Deutschen Privatrechts — Band 1—2 — Leipzig 1885—1886.

Heyse: Heyse, Joh. Christ. Aug.: Allgemeines verdeutschendes und erklärendes Fremdwörterbuch — 21. Original-Ausgabe mit Nachträgen — Hannover 1922.

Hintze: Hintze, Otto: Geist und Epochen der Preussischen Geschichte — Gesammelte Abhandlungen — Herausgegeben von Fritz Hartung — Leipzig 1943.

His: His, Rudolf: Das Strafrecht des deutschen Mittelalters, zweiter Teil: Die einzelnen Verbrechen — Weimar 1935.

Hübner: Hübner, Rudolf: Grundzüge des deutschen Privatrechts — Leipzig 1908.

Ihering: Ihering, Rudolf von: Der Zweck im Recht — 1. Band — 1. Auflage — Leipzig 1877.

Isaacsohn: Isaacsohn, S.: Geschichte des Preußischen Beamtenthums vom Anfang des 15. Jahrhunderts bis auf die Gegenwart, Band I—III, Berlin 1874—1884.

Keutgen: Keutgen, F.: Aemter und Zünfte. Zur Entstehung des Zunftwesens — Jena 1903.

Kienast: Kienast, Walther: Untertaneneid und Treuvorbehalt in Frankreich und England, Studien zur vergleichenden Verfassungsgeschichte des Mittelalters — Weimar 1952.

Klebel: Klebel, Ernst: Territorialstaat und Lehen in Vorträge und Forschungen, Band V, Studien zum Mittelalterlichen Lehnswesen, Lindau und Konstanz 1960.

Kluckhohn: Kluckhohn, Paul: Die Ministerialität in Südostdeutschland vom zehnten bis zum Ende des dreizehnten Jahrhunderts — Weimar 1910.

Krawinkel, Benefizialrecht: *Krawinkel*, Hermann: Untersuchungen zum fränkischen Benefizialrecht in Forschungen zum Deutschen Recht, Band II, Heft 2 — Weimar 1937.

Krawinkel, Lehnswesen: *Krawinkel*, Hermann: Zur Entstehung des Lehnwesens — Weimar 1936.

Kremer: Kremer, Johann Heinrich Edlen von: Das longobardisch-österreichische Lehenrecht — 2 Teile — Wien 1838.

Küchenhoff: Küchenhoff, Günter und *Küchenhoff*, Erich: Allgemeine Staatslehre — 6. überarbeitete und ergänzte Auflage — Stuttgart, Berlin, Köln, Mainz 1967.

Lasch: Lasch, Richard: Der Eid. Seine Entstehung und Beziehung zu Glaube und Brauch der Naturvölker — Stuttgart 1908.

Leibholz — Rinck: Leibholz, G. — *Rinck*, H. J.: Grundgesetz für die Bundesrepublik Deutschland — Kommentar an Hand der Rechtsprechung des Bundesverfassungsgerichts — Köln, Marienburg 1966.

Lexer: Lexer, Matthias: Mittelhochdeutsches Taschenwörterbuch — 31. Auflage — Stuttgart 1965.

Lindgen: Lindgen, Erich: Handbuch des Disziplinarrechts für Beamte und Richter in Bund und Ländern, 1. Band: Allgemeine Lehren; Materielles Disziplinarrecht — Berlin 1966.

Lotz: Lotz, Albert: Geschichte des Deutschen Beamtentums — 2., durch einen Nachtrag ergänzte Auflage — Berlin 1914.

Mangoldt — Klein: Mangoldt, Hermann v. — *Klein,* Friedrich: Das Bonner Grundgesetz — 2., neubearbeitete und vermehrte Auflage — Band II — Berlin und Frankfurt a. M. 1964.

Maunz: Maunz, Theodor: Deutsches Staatsrecht — Ein Studienbuch — 15., neubearbeitete Auflage — München und Berlin 1966.

Maunz — Dürig: Maunz, Theodor — *Dürig,* Günter: Grundgesetz, Kommentar — München und Berlin — Stand: 1. März 1966.

Mayr: Mayr, Philipp Joseph: Handbuch des gemeinen und Bayerischen Lehnrechts — Landshut 1831.

Melonius: Melonius, Johannes: Thesaurus juris feudalis civilis et criminalis novus — editio quarta — Nürnberg 1677.

Mitteis, Lehnrecht: *Mitteis,* Heinrich: Lehnrecht und Staatsgewalt, Untersuchungen zur mittelalterlichen Verfassungsgeschichte — Weimar 1933.

Mitteis, Prozesse: *Mitteis,* Heinrich: Politische Prozesse des früheren Mittelalters in Deutschland und Frankreich in Sitzungsberichte der Heidelberger Akademie der Wissenschaften, Philosophisch-historische Klasse, Jahrgang 1926/27, 3. Abhandlung — Heidelberg 1927.

Mitteis, Staat: *Mitteis,* Heinrich: Der Staat des hohen Mittelalters, Grundlinien einer vergleichenden Verfassungsgeschichte des Lehnszeitalters — 5. unveränderte Auflage — Weimar 1955.

Mitteis, ZRG: *Mitteis,* Heinrich: Buchbesprechung von Claudio Sanchez-Albornoz y Medicina, En torno a los orígenes del feudalismo in ZRG GA 68 (1951), 525 ff.

Mitteis — Lieberich: Mitteis, Heinrich — *Lieberich,* Heinz: Deutsche Rechtsgeschichte, Ein Studienbuch — 10., ergänzte Auflage — München und Berlin 1966.

Monast.: Monast., Joannes Hauichorstius: Franc. Duareni Commentarius in Consuetudines Feudorum — Editio secunda — Köln 1569.

Mülverstedt: Mülverstedt, G. A. v.: Die ältere Verfassung der Landstände in der Mark Brandenburg vornämlich im 16. und 17. Jahrhundert — Berlin 1858.

Mylerus ab Ehrenbach: Mylerus ab Ehrenbach, Nicolaus: Hyparchologia seu de Officialibus Magistratibus & Administris, Liber singularis — Stutgardiae 1678.

Niese: Niese, Hans: Zum Prozeß Heinrichs des Löwen in ZRG 34 (1913), 195 ff.

Oberländer: Oberländer, Samuel: Lexicon Juridicum Romano — Teutonicum — Nürnberg 1736.

Paetz: Paetz, Karl Wilhelm: Lehrbuch des Lehnrechts — Nach des Verfassers Tode herausgegeben und vollendet von Christian August Gottlieb Goede — Neue Auflage — Göttingen 1832.

Perneder, Lehnrecht: *Perneder,* Andreas: Imp. Caes. Justiniani Institutiones — Das ist ein Ausszug und Anleittung etlicher Keyserlichen und des heyligen Römischen Reichs geschribner Rechten: Sampt angehängtem gerichtlichen Proceß, Lehenrecht, Halßgerichtsordnung usw. — Ingolstadt 1614.

Pistoris: Pistoris, Simonis F.: Modestinus — Consiliorum sive responsorum — vol. 2 — Lipsiae (Leipzig) 1588.

Puchta: Puchta, Wolfgang Heinrich: Erinnerungen aus dem Leben und Wirken eines alten Beamten — Nördlingen 1842.

Redelberger: Redelberger, Oskar: Der Eid des Beamten in DÖV 1954, 397 ff.

Rehm: Rehm, Hermann: Die rechtliche Natur des Staatsdienstes nach deutschem Staatsrecht, historisch-dogmatisch dargestellt in Annalen 17. Band (1884), 565 ff.

Riedel, Geschichte: Riedel, Adolph Friedrich: Geschichte des Preußischen Königshauses — 2 Bände — Berlin 1861.

Römer: Römer, Curt: Bundesdisziplinarordnung nebst Länderdienststrafgesetzen, Kommentar — München und Berlin 1954.

Rosenstock: Rosenstock, Eugen: Königshaus und Stämme in Deutschland zwischen 911 und 1250 — Leipzig 1914.

Rosenthal: Rosenthal, Eduard: Geschichte des Gerichtswesens und der Verwaltungsorganisation Bayerns, Band I — Würzburg 1889.

Roth, Beneficialwesen: Roth, Paul: Geschichte des Beneficialwesens von den ältesten Zeiten bis ins zehnte Jahrhundert — Erlangen 1850.

Roth, Feudalität: Roth, Paul: Feudalität und Unterthanenverband — Weimar 1863.

Roth, Lehenrecht: Roth, Paul: Mecklenburgisches Lehenrecht — Rostock 1858.

Scheidemantel: Scheidemantel, Heinrich Godfried: Repertorium des Teutschen Staats- und Lehnrechts — Zweeter Teil: F-K Leipzig 1783.

Scheyhing: Scheyhing, Robert: Eide, Amtsgewalt und Bannleihe — Eine Untersuchung zur Bannleihe im hohen und späten Mittelalter — Köln, Graz 1960.

Schmidt: Schmidt, Justus v., genannt *Phiseldeck:* Über den Eid — Helmstedt 1798.

Schmoller: Schmoller, Gustav: Preußische Verfassungs-, Verwaltungs- und Finanzgeschichte — Berlin 1921.

Schröder — v. Künßberg: Schröder, Richard — *Künßberg,* Eberhard Frh. v.: Lehrbuch der deutschen Rechtsgeschichte, 7. Auflage (Um einen Literatur-Nachtrag vermehrter Abdruck der 6. Auflage) — Berlin und Leipzig 1932.

Schoetensack: Schoetensack, August: Der Strafprozess der Carolina, Leipzig 1904.

Schulze: Schulze, Hermann: Das Preussische Staatsrecht, auf Grundlage des deutschen Staatsrechts, 2 Bände — 2. Auflage — Leipzig 1888—1890.

Seckendorff: Seckendorff, Veit Ludwig von: Teutscher Fürsten-Staat — Jena 1720.

Stephan — Sautter: Stephan, Heinrich v. — *Sautter,* K.: Geschichte der deutschen Post — Teil 1: Geschichte der Preußischen Post — Berlin 1928.

Stock: Stock, Ulrich: Entwicklung und Wesen der Amtsverbrechen — Leipzig 1932.

Stölzel: Stölzel, Adolf: Brandenburg—Preußens Rechtsverwaltung und Rechtsverfassung, dargestellt im Wirken seiner Landesfürsten und obersten Justizbeamten — Berlin 1888.

Strykius: Strykius, Samuel: Examen juris feudalis — Francofurti 1716.

Stutz: Stutz, Ulrich: Lehen und Pfründe in ZRG GA 20 (1899), 213 ff.

Tellenbach: Tellenbach, Gerd: Der großfränkische Adel und die Regierung Italiens in der Blütezeit des Karolingerreiches in Studien und Vorarbeiten zur Geschichte des großfränkischen und frühdeutschen Adels, herausgegeben von Gerd Tellenbach — Freiburg 1957.

Waitz, Abhandlungen: Waitz, Georg: Abhandlungen zur Deutschen Verfassungs- und Rechtsgeschichte. Herausgegeben von Karl Zeumer — Göttingen 1896.

Waitz, DVG: Waitz, Georg: Deutsche Verfassungsgeschichte — 2. Auflage — Berlin 1885.

Waitz, Lehnwesen: Waitz, Georg: Die Anfänge des Lehnwesens, Sonderabdruck aus „Historische Zeitschrift" Nr. 13 S. 90 ff., München 1865.

Weber: Weber, Georg Michael: Handbuch des in Deutschland üblichen Lehenrechts nach den Grundsätzen Georg Ludwig Böhmer's, Teil 1—4 — Leipzig 1807—1811.

Westphal: Westphal, Ernst Christian: Teutschlands heutiges Lehnrecht, bearbeitet wie das Teutsche und Reichsstandische Privatrecht — Leipzig 1784.

Wiesmann: Wiesmann, Richard: Treueid und Treupflicht der Untertanen im deutschen Staatsrecht — Marburg 1911.

Winter: Winter, Georg: Die Ministerialität in Brandenburg — Untersuchungen zur Geschichte der Ministerialität und zum Sachsenspiegel — München und Berlin 1922.

Winters: Winters, Fritz: Abriss der Geschichte des Beamtentums — Mannheim, Berlin, Leipzig 1929.

Zachariä: Zachariä, Karl Salomo: Handbuch des Königlich Sächsischen Lehnrechts — 2., vermehrte Ausgabe herausgegeben von Christian Ernst Weiße und Friedrich Albert v. Langenn — Leipzig 1823.

Printed by Libri Plureos GmbH
in Hamburg, Germany